경상도 지역
유네스코세계유산의
특성과 문화다양성

UNESCO World Heritage and
Cultural Diversity in Gyeongsang Province

경상도 지역
유네스코세계유산의
특성과 문화다양성

초판 1쇄 인쇄 2025년 7월 10일
초판 1쇄 발행 2025년 7월 15일

지은이 / 엄연석 외 7인
인　쇄 / 북토리

펴낸곳 / 도서출판 **동과서**
경기 고양시 일산서구 송파로 151번길 24
등록번호 / 제22-405호
D.K.S. Publishing Co.
24, Songpa-ro 151 beon-gil, Ilsanseo-gu,
Goyang-si, Gyeonggi-do, Korea

전화 / (02)333-7533
팩스 / (02)6280-2353

값 25,000원

ISBN 978-89-6525-167-5 (93900)

잘못된 책은 교환해 드립니다.

경상도 지역 유네스코세계유산의 특성과 문화다양성

UNESCO World Heritage and Cultural Diversity in Gyeongsang Province

엄연석
강경현
박재현
송은석
양일모
이해임
전성건
조민재

동과서

이 저서는 2024년 대한민국 교육부와 국립안동대학교
글로컬대학사업단 K-인문 프런티어 공동연구 사업의 지원을 받아
수행된 연구임

간행사

본 저서는 한림대학교 태동고전연구소가 2024년 국립안동대학교 글로컬대학사업단의 K-인문 프런티어 공동연구사업에서 「경상도 지역 유네스코세계유산의 특성과 문화다양성 가치 연구」를 주제로 수행한 연구의 결과물이다. 2023년 11월 국립안동대학교는 정부에서 추진한 글로컬대학30에 선정된 후 글로컬대학추진단 K-인문 혁신본부를 설치하여 국내외 한국학 자료수집, 전통문화와 디지털 기술과 AI 기반 인문학, 전통 인문학 도시 관련 문화콘텐츠 등의 연구를 통하여 K-인문에 대한 선도적 역할을 수행하고 인문학을 대중화하는 방안과 융합인문학 문화콘텐츠 분야 연구 기반을 조성하고자 하는 목표를 세웠다. 이에 부응하여 이번 유네스코세계유산에 관한 연구는 지속가능한 전통인문학 도시를 지향한 문화콘텐츠를 산출하는 과정을 통하여 인문학과 사회과학, 정책 방안 도출을 결합하는 융합연구로서의 의미를 갖는다. 이번 연구는 인문학을 대중화하는 방향성을 가지는 만큼 주제와 관련한 전문적 연구와 함께 교양서 집필이라는 두 가지 방향으로 기획되었다.

이 중에 본 저서는 전문적 논문 연구 결과물로서, 경상도 지역의 유네스코세계유산이 어떤 보편적인 탁월성과 특수한 가치를 지니고 있는가를 목표로 하면서 문화콘텐츠를 개발하는 기초연구로서의 의미를 갖는다. 특히 지방 소멸시대에 경상도 지방의 역사문화 유산이 내포하고 있는 가치를 드러냄으로써 로컬의 재생과 문화적 활성화를 목표로 한다. 이 점에서 본 연구는 현대 한국 사회가 직면하고 있는 중앙과 지방 사이에 존재하는 사회문화적 불균등과 비대칭적의 고질적인 문제를 해결할 수 있는 새로운 가치 기준과 방안을 제시하는 불가결한 시의성을 갖는다.

본 연구에서 유네스코세계유산을 핵심 주제로 선정한 이유를 언급할 필요가 있으며, 이를 위해서는 유네스코(UNESCO)와 유네스코세계유산이 어떤 의미를 갖는가를 살펴보기로 한다. 유네스코가 어떤 단체인지는 유네스코헌장 전문에 잘 나타나 있다. 유네스코헌장 전문에는 "문화의 광범한 보급과 정의.자유.평화를 위한 교육은 인간의 존엄에 불가결한 것이며 또한 모든 국민이 상호 원조와 상호 관심의 정신으로써 완수해야 할 신성한 의무이다. 따라서 평화를 잃지 않기 위해서는 인류의 지적 도덕적 연대 위에 평화를 건설하지 않으면 안 된다. 이에 헌장의 당사국들은 세계시민들 사이의 교육적.과학적.문화적 관계를 통하여 국제연합의 설립 목적이며 또한 국제연합 헌장이 선언하고 있는 세계평화와 인류 공동의 복리라는 목적을 촉진하기 위하여 국제연합교육과학문화기구(유네스코)를 창설한다"라고 되어 있다. 요컨대, 유네스코는 전쟁을 탈피하여 지적 도덕적 연대 위에 인류의 평화와 공동의 복리를 실현하기 위하여 설립되었다.

또한 유네스코세계유산은 자연 세계의 지질학적 역사를 포함하여 동서고금의 인류가 산출한 종교 · 철학 · 사상 역사 · 문화 · 예술 등 모든 분야에서 이룩한 탁월한 유형 무형의 유산을 포괄하고 있다. 유네스코 세계유산에 대한 심층적 관찰을 통하여 인류는 세계 종교철학사상, 역사문화 예술의 보편성과 다양성에 대하여 균형감각을 가지고 이해할 수 있게 될 것이다. 특히 유네스코 세계유산의 이념은 탁월한 보편성과 함께 문화적 다양성과 고유성의 가치를 중시하는 만큼, 유네스코세계유산에 대한 심층적 연구는 지방화시대를 추동하는 데 중요한 의미를 갖는다.

이번 연구는 글로컬대학사업의 이념을 대전제로 삼고 있는 만큼, 중앙과 지방의 불균형을 개선하고자 하는 글로컬대학 사업의 취지에 부응하여 조화와 평등, 상호존중, 인간 존엄의 가치를 경상도 지역의 유네스코 유산이 가지고 있는 다양한 문화적 가치를 해명하는 기준으로 삼고자 한다. 경상도 지역에는 유네스코 세계유산으로는 먼저 문화유산으로 유교의 서원과 불교 사찰, 전통 마을이 소재하고 있다. 한국국학진흥원에 소장되어 있는 한국 유교의 책판, 국채보상운동기록물 등도 경상도만의 특수한 문화적 가치를 함축하고 있다. 이들 문화유산과 기록유산은 각각의 특수성을 가지고 경상도 지역에서 이루어진 유산들이다. 이 점에서 이들 유산이 지니는 인류 모두가 공감할 수 있는 탁월한 보편성과 함께 그 고유성과 상대적 특수성에 주목함으로써 문화적 다양성 가치를 해명하고자 한다. 이들 연구를 통하여 경상도 지역의 문화적 가치를 고양하고 이를 문화관광 콘텐츠와 스토리텔링 시나리오 등 문화산업 정책에 반영할 수 있는 방안을 강구하고자 한다.

이에 본 저술은 구체적 장절을 나누었는데, 제1부를 이론편으로 '글로컬과 유네스코세계유산', 제2부를 유교편으로 '경상도 지역의 유교문화 세계유산', 제3부를 불교편으로 '경상도 지역의 불교문화 세계유산'으로 구분하였다. 세부 장절의 주제로 제1부에는 조민재의 「'탁월한 보편적 가치'와 '글로컬'의 초기 기준으로 재조명한 경상도 지역의 세계유산」과 양일모의 「근대 안동의 문화적 사유공간 -유네스코의 보편성과 다양성의 관점에서」가 수록되어 있다. 제2부에는 엄연석의 「퇴계학과 율곡학 유교책판의 문화다양성 가치와 평등 조화의 이념 -『성학십도』와 『성학집요』를 중심으로-」와 전성건의 「도산서원의 보편가치 -치유의 인문학과 공간형 콘텐츠를 중심으로」, 강경현의 「한국의 유교 책판'과 도(道)의 이어짐 -목판으로 제작된 『병명발휘』를 중심으로」가 포함되어 있다. 제3부에는 박재현의 「부석사 연기설화의 심미적 경험과 치유적 기능」, 송은석의 「신라 불국신앙의 기록과 미술」, 이해임의 「신라불교의 수행 윤리로서의 효순 개념과 그 현대적 의의 -원효의 『범망경보살계본사기』과 태현의 『범망경고적기』를 중심으로-」 등이 포함되어 있다.

먼저 이론편에서 조민재는 유네스코 초기의 '국제 협력'이라는 키워드에 유의하여 세계유산에 관한 담론을 '국가'나 '지역'을 강조하기보다 세계유산협약이 지향하는 탁월한 보편성을 강조하는 방향으로 잡아 경상도 지역이 포함된 연속유산 등재를 통해 '연결성'과 '연합'을 강조하고, 지역 단위에서 제공할 수 있는 '보존' 방한을 제시 및 실행하는 것이 필요하다고 보았다. 양일모는 안동의 근대적 사유 공간에는 혁신 유림과 독립운동가들의 독립운동이 있었고, 인간주의적 보편성의 관점에서 동서 사상의 조화를 꾀한 지식인이 있었고, 금계리, 내앞마을, 오미리 등도 문화공간의 의미를 지니는 만큼, 안동의 유네스코 유산은 안동 지역 내의 특정 지역이나 문물, 문화에 한정할 것이 아니라 안동이라는 생활공간 전체를 유네스코 유산으로 등재하는 방안을 모색할 시점이라고 강조하였다.

유교문화 세계유산 편에서 엄연석은 『성학십도』와 『성학집요』는 각각 탁월한 인문적 도덕적 보편성과 조선중기와 후기라는 특수한 정치문화적 상황에서 문화적 다양성을 포용하고 조화시키려는 이념을 지니고 있음을 해명하였다. 이를 기초로 교육적 차원, 인성 함양, 생태론적 관심, 다문화현상, 정치 외교적 문제, 사회 심리적 문제, 평화를 지향하는 이론적 기초, 종교적 수행과 힐링의 방법론 체계 등 다양한 방면의 교육 및 문화적 콘텐츠 구축 가능성을 제시하였다. 전성건은 도산서원의 보편적 가치를 퇴계가 구상한 인간형 및 치유의 관점에서 다루었다. 그는 미래를 예측하기 어렵고 복잡다단한 시대의 현대인에게 퇴계의 마음공부와 도산서원의 자연공간은 치유의 인문학을 위해 마련된 공간이자 공간형 콘텐츠로서의 보편가치를 지니고 있는 공간으로서 의미를 제시하였다. 강경현은 『병명발휘』의 성립과 간행 과정 속에 '한국의 유교책판'이 지닌 세계기록유산으로서의 핵심 가치로서 '선학과 후학이 문헌을 통하여 서로 소통하는 Text Communication의 원형'이자 '공론'에 의한 '공동체 출판' 및 '집단지성'의 성과라는 평가가 구현되어 있음을 해명하고자 하였다.

이어 불교문화 세계유산 편에서 박재현은 부석사 창건 과정에 얽힌 연기설화를 성화(聖化, sanctification), 정화(淨化, Catharsis), 승화(昇華, Sublimation) 등 3가지 심리적, 미학적 코드를 기준으로 조명하였다. 그는 사찰 연기 설화의 내러티브를 통해 이루어지는 심미적 경험이 어떤 치유 효과를 이루어내고, 그것이 인간의 보편성을 구현하는 인문학의 문제와 어떻게 연결되는지를 구체적인 사례를 통해 분석하였다. 송은석은 신라 불국 신앙의 시각적 결과물인 시각문화의 면모를 찾아 이를 정치적, 종교적으로 해석하고 종합하여 원형에 가까운 모습을 재현하고자 하였다. 그는 신라 불국신앙의 틀을 살펴보고 현존하는 미술품과 인멸된 미술품을 직간접적으로 분석함으로써, 신라 불국신앙 미술의 성격과 신앙의 전모를 구명하고자 하였다. 이해임은 유교와 불교의 상호작용 속에서 효순 개념이 어떻게 발전하고 변용되었는지를 검토하고, 특히 『범망경보살계본사기(梵網經菩薩戒本私記)』, 『범망경고적기(梵網經古迹記)』를 중심으로 신라 불교에서 효순이 수행 윤리로 자리 잡는 과정을 원효와 태현의 논의를 중심으로 분석하였다. 그는 효순 개념이 유네스코의 '지속 가능한 교육을 위한 평생학습 모델(SDG4)'과의 연계를 통해, 윤리적 교육과 지속 가능한 사회 구축을 위한 핵심 요소로 활용될 수 있는 가능성을 제시하였다.

유네스코(UNESCO)는 2021년에 『교육을 위한 새로운 사회계약 보고서』를 발간하였다. 이 보고서는 2020년대 이후 디지털 AI 시대에 인류 사회의 지속 가능한 미래를 위해 세대 간 협력과 윤리적 교육과 문화적 다양성에 대한 가치를 강조하였다. 본 저술은 경상도 지역 유네스코세계유산을 중심으로 한 탁월한 보편성과 문화적 다양성과 고유성이 지역사회의 문화적 가치를 고양시킴으로써 지역사회의 지속가능성을 높이고자 하는 이론적 실천적 정책적 탐구를 목적으로 삼고 있다. 이런 점에서 본 연구에서 이루어진 성과가 문화적 다양성과 특수성, 고유성을 강조하는 미래지향적 가치와 정책방안, 문화콘텐츠, 교육프로그램을 도출하는 데 기여할 수 있기를 기대한다.

본 저술이 발간될 수 있도록 연구지원을 해주신 국립안동대학교의 글로컬대학추진단 천명희 K-인문혁신본부장, K-디지털인문센터, 그리고 행정실무진께 깊이 감사를 드린다. 또한 짧은 연구기간 동안 학술세미나와 답사, 중간 및 결과 보고, 저술 출간을 위한 학술회의 등 여러 회의에 참여하여 연구 주제를 적극적으로 논의해 주신 강경현, 박윤미, 박재현, 서세영, 송은석, 양일모, 이해임, 전성건, 정빈나, 조민재 등 연구원들께도 깊이 감사를 드린다. 특히 전문가초청자문회의의 내용을 정리하고 A&HCI 학술지에 논문을 게재하기 위하여 연구팀들의 연구 내용을 종합 요약해 주신 조민재 박사께 각별한 감사를 드린다. 연구기간 동안 여러 번거로운 행정실무를 보조해 주신 이종록 연구원과 홍미진 행정 사무원께도 특별히 감사를 드린다. 아울러 저술 출판을 위하여 여러 가지 번거로운 과정을 내실 있게 정리하여 품격 있는 저술을 출간해 주신 도서출판 '동과서'의 황병기 박사님께도 깊이 감사드린다.

2025년 6월 2일

한림대학교 태동고전연구소 소장 엄연석 識

| 필진 소개 |

조민재(曺民材) :

영국 케임브리지대학교에서 유산학(Heritage Studies) 박사학위를 취득한 후, 현재 서울대학교 아시아연구소에서 HK 연구교수로 재직 중이다. 주요 연구 관심사는 유산 담론의 변화와 이를 둘러싼 사회·정치적 관계로, 유산의 관리, 해석, 대중 소통 방식에 대한 비판적 분석을 수행하고 있다. 저서로는 『The Impacts of Dictatorship on Heritage Management』(Vernon Press, 2020), 『전쟁, 협력, 산업의 키워드로 본 유네스코 세계유산 이야기』(통독원, 2021)이 있으며, 공편저로는 『Asia's Heritage Trend: Examining Asia's Present through Asia's Past』(Routledge, 2023)가 있다.

양일모(梁一模) :

도쿄대학에서 박사학위를 취득하고(1998), 서울대학교 자유전공학부 교수로 재직하고 있다. 한국철학회 차기 회장으로 활동하고 있다. 저역서로 『옌푸: 중국의 근대성과 서양사상』(2008), 『일본 학문의 근대적 전환』(공동, 2022), 『천연론』(일본어, 공역, 2025) 등이 있다. 논문은 「한국적 철학사상을 찾아서 -한국의 1세대 철학교수 박종홍」(2024), 「이상룡의 서양 학문 수용을 위한 유교적 논리」(2023), 「한학에서 철학으로 -20세기 전환기 일본의 유교 연구」(2018), 유교적 윤리 개념의 근대적 의미 전환」(2017) 등이 있다.

엄연석(嚴連錫) :
서울대학교에서 철학박사학위를 취득하고(1999), 한림대학교 태동고전연구소 교수로 재직하고 있다. 한국인문사회연구소협의회 수석부회장으로 활동하고 있다. 저서는 『조선전기경학사상총론』(2022), 『조선경학의 문화다원론적 이념과 실천』(2022)(공저), 『조선전기역철학사』(2013)가 있다. 논문은 「곽종석의 태극이기론과 역학사상의 경학적 함의」(2024), 「유학 경전 속의 '열락'에 대한 심미적 이해와 정치적 교화」(2024), 「황윤석(黃胤錫)의 『이수신편』(理藪新編)에 나타난 이수역학의 문화다원론적 독해」(2023) 등 다수가 있다.

전성건(全聖健) :
고려대학교에서 철학박사학위를 취득하고(2010), 국립경국대학교 미디어문화커뮤니케이션 학과에서 부교수로 재직하고 있다. 저역서로 『정약용의 철학사상과 체제개혁론』(2014), 『다산 정약용의 사례가식』(2015), 『다산 경세학 연구』(공역, 2023) 등이 있다. 논문은 「퇴계 성리학의 특수성-함양론을 중심으로」(2025), 「영남삼로의 역할과 그 위상」(2024), 「반계 경세학에 대한 영남 유학자들의 관심과 수용」(2023) 등이 있다.

강경현(姜卿顯) :
연세대학교에서 철학박사학위를 취득하고(2014), 성균관대학교 유학.동양학과 조교수로 재직하고 있다. 저역서로 『퇴계 이황의 리(理) 철학』(2022), 『명유학안 역주』 1 · 2(공역, 2023) 등이 있다. 논문은 「16세기 조선의 「천명도」와 『중용』 해석의 다양성」(2024), 「북한의 이황 철학 연구」(2023), 「조선시대 경연에서 『상서』 강독의 의미」(2022) 등이 있다.

박재현(朴在顯) :

서울대학교에서 철학박사 학위를 취득하고 현재 동명대학교 선명상치유학과 교수로 일하고 있다. 저서로 『화두, 나를 부르는 소리』(2018), 『만해 그날들: 한용운 평전』(2015), 『깨달음의 신화』(2002) 등이 있다. 박사학위 논문은 「한국불교의 간화선 전통과 정통성 형성에 관한 연구」(2005)이고, 그 외에 「한용운의 시어(詩語) 연구」(2024), 「『서장(書狀)』에 나타난 낭만적 거짓과 선적(禪的) 진실」(2020), 「간화선 수행 관련 술어(述語)에 내포된 은유」(2019) 등의 논문이 있다.

송은석(宋殷碩) :

동국대학교(와이즈) 고고미술사학과 교수, 문화유산연구소 소장. 국가유산청 문화유산위원. 서울대학교 고고미술사학과에서 불교조각사 전공으로 박사학위를 받았다. 태동고전연구소 연수원, 호암미술관과 삼성미술관 연구원, 송광사 성보박물관 학예연구실장, 미국 메트로폴리탄미술관과 Asian Cultural Council의 기금연구원, 동국대학교(와이즈) 박물관장을 지냈다. 저서로 『조선 후기 불교조각사』(2012)가 있으며, 논문으로 「불국사와 석불사의 유기적 관계 재검토」(2023), 「신라 신문왕의 조장지(厝葬址)와 전 황복사지 석탑」(2024) 등이 있다.

이해임(李海任) :

서울대학교에서 철학박사 학위를 취득하고, 현재 상산고등학교 철학 교사로 재직 중이다. 주요 논문은 「『범망경보살계본사기』의 효순 개념 연구 -효순 개념의 유래와 의미를 중심으로」(2014), 「조선전기 중앙관료의 맹자에 대한 인식」(2018), 「성기호설과 성선설 -다산의 맹자 해석」(2019), 「송시열의 춘추관 연구」(2022) 등이 있다. 주요 저서는 「조선경학의 문화다원론적 이념과 실천」(공저)(2022), 「조선경학의 문화다원론적 심화와 대안」(공저)(2022) 등이 있으며, 역서로는 「최명길의 사문록 역해와 심층 연구」(공역)(2022)가 있다.

차 례

제3부 경상도 지역의 불교문화 세계유산 199

서설

엄 연 석

1. 연구목표 및 필요성

본 연구는 “경상도 지역 유네스코세계유산의 특성과 문화다양성 가치 연구”를 주제로 하여 경상도 지역의 유네스코 세계유산이 어떤 보편적인 탁월성과 특수한 가치를 지니고 있는가를 문화콘텐츠를 개발하는 차원에서 연구하고자 한다. 경상도 지역의 서원 사찰 등 유교와 불교 문화유산과 한국국학진흥원에 소장되어 있는 유교전적 판각을 중심으로 하는 기록 유산은 유네스코의 탁월한 보편적 가치와 함께 문화적 다양성의 가치를 내포하고 있다. 이 점에 유의하여 본 연구는 글로컬대학30 사업의 목적과 취지에 따른 이념적 토대와 지향이 유네스코 세계유산의 ‘탁월한 보편적 가치’와 ‘문화적 다양성’ 실현이라는 목적과 일치한다는 점에 착안하여 글로컬대학30 사업이 나아갈 표준적 방향을 제시하고자 하는 목적을 갖는다.

경상도 지역의 유네스코 세계유산이 지니는 탁월한 보편적 가치와 문화적 다양성 가치를 연구해야 하는 목적과 필요성, 시의성은 어디에서 찾을 수 있는가? 본 연구는 현재 인류가 겪고 있는 코로나19 팬데믹과 기후변화 시대에 대한 진단에서 그 시급성을 찾을 수 있다. 기후변화에 따른 환경 변화와 야생동물들의 접촉으로 인하여 현재 전 인류가 겪고 있는 팬데믹의 위기는 많은 경우 삶의 물질적 조건의 충족을 위해 자연을 지나치게 개발하고자 했던 인간의 욕망에 기인한다. 코로나19 팬데믹의 원인을 거슬러 올라가 보면 인간욕망으로부터 자연개발→기후변화→환경오염의 순서로 그 인과 관계가 연결되고 있다.

영국의 사회학자 허버트 스펜서(Herbert Spencer, 1820-1903)는 사회진화론The Theory of Social Evolution을 제시하여 사회질서를 약육강식, 생존경쟁, 적자생존으로 규정하고, 대립과 경쟁, 정복과 승리를 쟁취하는 사회를 이론적으로 정당화했다. 이러한 맥락에서 자본을 쟁취하기 위한 팽창적 침략적 제국주의 시대가 전개되었고, 오늘날의 세계질서가 구축되었다. 이러한 세계 질서 속에서 물질적 풍요를 성취한 국가가 선진국이 되었다. 이러한 산업문명사회는 '자연의 자원은 무한하다'는 신념이 모든 행위의 기준이 되는 사회이다. 산업자본주의 문명론자들은 자연은 무한하기 때문에 복원이 가능하고 대량생산-대량소비-대량폐기를 해도 무방하고, 또한 스스로 정화되므로 환경오염을 걱정할 필요가 없다고 주장하였다. 이런 잘못된 사고와 이론적 전제가 원인이 되어 발생한 사태가 지금 목격하고 있는 기후위기와 코로나19 팬데믹이다.

이렇게 볼 때 현재 인류는 산업자본주의 세계를 긍정하는 철학적 이념으로서 근대 이후 서양의 인간중심주의적 도구적 이성주의로부터 자연과의 조화로운 소통을 강조하는 생명적 정감주의로 세계관의 커다란 전환을 이루어야 할 시점이다. 선진시대 순자(荀子)는 자연으로부터 생산하는 재용은 유한한 데 비하여 인간의 욕구는 무한하기 때문에 상하의 차등적 질서를 규정하는 예(禮)를 통하여 욕구를 적절하게 제어함으로써 재용과 욕구가 균형을 이루게 해야 한다고 강조하였다. 자연생태계가 위기를 겪는 요인은 인간중심주의적인 세계관에 따라 자연을 수단시하고 위계적으로 인간을 위한 수단으로만 취급한 데 대한 반작용이라 할 수 있다.

이러한 문제를 현대 한국 사회의 중앙과 지방 사이의 불균형 상태에 대응시킬 때도 동일한 논리가 적용될 수 있다. 이번 경상도 지역 유네스코세계유산과 관련한 연구가 시의성을 갖는 것 또한 20세기까지 보편적 진리로 여겨졌던 근대적 이성 중심의 세계관으로부터 탈피하여 중심과 주변, 수도와 지방이 균형을 이루는 이념으로서 로컬리티의 특수성과 문화적 다양성을 강조하는 의미를 갖기 때문이다. 이 점에서 본 연구는 경제적 효율성과 실용성이 극도로 강조되면서 드러나고 있는 21세기 한국 사회에 극단적인 불균형을 개선하는 데 필요한 문화다원론적 수평론적 시각을 제시하고 있다는 점에서 절대적인 시의성을 지니고 있다.

2. 연구주제의 창의성

본 저술 연구는 유네스코 세계유산이라는 대상에 대한 연구인 동시에 유네스코 세계유산의 이념에 대한 메타 연구이기도 하다. 본 연구는 전 세계에 산재해 있는 유네스코 세계유산 중에서도 한국에 소재하는 세계유산을 연구하는 것이고, 한국의 유산 중에서도 경상도 지역에 소재하는 유산을 연구하는 것이다. 이 점에서 유네스코 세계유산에 대한 다양성과 특수성을 갖는 연구이다. 이러한 방향의 연구는 확산성을 지니는 연구로서 로컬의 문화적 다양성에 유의한다. 반면 경상도 지역에 소재하는 특수한 공시성을 가지는 유산들을 연구하면서도 이들 유산들에 내포되어 있는 탁월한 보편적 가치에 대한 탐구를 지향한다. 우리가 타국에 소재해 있는 유네스코 세계유산을 체험하면서 감동을 느낄 수 있는 것은 그 유산이 인류가 보편적으로 느낄 수 있는 철학적, 문화적, 종교적 가치를 지니고 있기 때문이다. 따라서 본 연구에서 주제로 삼고 있는 경상도 지역에 소재하고 있는 유네스코 세계유산에 관한 연구는 해당 유산에 담겨 있는 보편적 가치와 특수한 문화적 가치를 소통시키고 연속시키는 글로컬의 관점에서 연구하고자 한다는 점에서 독창성을 갖는다.

그동안 유네스코세계유산과 관련한 연구 성과들은 각각 개별적인 주제들을 가지고 유네스코 세계유산이 지니는 주제와 의미를 다양한 방향에서 해명한 연구가 대부분이었다. 그동안 각 연구들은 유네스코 유산의 이념과 과정을 중심으로 해명하거나, 주제별로 분류하여 설명하고, 문화다양성을 실현하고자 하는 취지에서 회원국의 활동, 한국의 유네스코에 대한 협력의 목표 등을 해명하였다. 또 한국의 기록유산이 지니는 의미, 구체적인 신라 유적과 백제유적에 대한 비교, 21세기 고등교육에서 유네스코의 역할, 세계유산 등재 활동 관련한 내용 등을 해명하였다. 이러한 다양한 관점에서의 연구와 비교하여 본 연구는 유네스코 세계유산을 등재하는 근본 목적으로서 인류의 협력과 평화, 상생과 공존 등을 목표로 특정한 지역에 소재해 있는 유네스코 유산에 대한 특수성과 보편성을 아우르고 소통하는 의미에서 글로컬 이념을 실현하고자 하는 취지로 연구하고자 하였다. 요컨대, 본 연구는 다양성 속에 내재해 있는 보편성을 지향하고, 보편성에 근거하면서도 문화적 다양성의 가치를 드러냄으로써 글로컬 가치를 실현하고자 하는 점에 특성을 갖는다.

3. 연구방법론과 유네스코 이념

본 저술은 경상도 지역에 소재하고 있는 유네스코 세계유산이 탁월한 보편적 가치와 함께 문화적 상대성이라는 특수한 가치를 가지고 있음에 유의하여 이들 유산에 내포되어 있는 글로벌한 보편적 가치와 로컬의 특수한 가치를 아우르는 글로컬 이념을 실현하고자 하는 목적으로 구상되었다. 다시 말하면 본 저술은 한편으로 유네스코 세계유산이 담지하고 있는 인류문명의 보편적 가치를 핵으로 하는 수렴성에 유의하면서, 다른 한편으로는 이러한 보편적 가치가 다양한 문화적 특수성을 발산하는 양상을 검토하고자 하는 것이다. 이런 주제를 효율적으로 연구하는 방법은 연구 주제를 구성하는 핵심적 의미를 잘 정리하는 데 있는 만큼, 다음 세 가지 방향에서 연구 주제를 검토하는 방법론으로 삼고자 한다.

1	**유네스코헌장 내용과 유산협약의 이념적 기초 정립** → 유네스코 헌장의 세계평화와 인류 공동의 복리를 목적으로 유산 선정 기준 검토

경상도 지역의 유네스코 세계유산이 지니는 가치가 세계문화유산을 지정하는 유네스코의 이념을 얼마나 구현하고 있는가를 살펴보기 위해서 유네스코헌장의 내용과 세계유산협약의 '탁월한 보편적 가치'의 구체적 내용을 살펴볼 필요가 있다. 이를 통해 유네스코가 지향하는 탁월한 보편적 가치와 문화적 다양성의 의미를 좀 더 구체적으로 이해할 수 있다. 유네스코헌장의 내용과 세계유산협약에서 규정하는 탁월한 보편적 가치를 아래와 같이 정리할 수 있다.

<table>
<tr><th colspan="2">유네스코헌장The Constitution of UNESCO전문</th></tr>
<tr><td colspan="2">전쟁은 인간의 마음속에서 생기는 것이므로 평화의 방벽을 세워야 할 곳도 인간의 마음속이다. 이제 막 끝난 무서운 대 전쟁은 인간의 존엄, 평등, 상호존중이라는 민주주의 원리를 부인하고, 이러한 원리 대신에 무지와 편견을 통하여 인간과 인종에 대한 불평등이라는 교의를 퍼뜨림으로써 일어날 수 있는 전쟁이었다. 문화의 광범한 보급과 정의.자유.평화를 위한 교육은 인간의 존엄에 불가결한 것이며 또한 모든 국민이 상호 원조와 상호 관심의 정신으로써 완수해야 할 신성한 의무이다. 따라서 평화를 잃지 않기 위해서는 인류의 지적 도덕적 연대 위에 평화를 건설하지 않으면 안 된다. 이에 헌장의 당사국들은 세계 국민들 사이의 교육적.과학적.문화적 관계를 통하여 국제연합의 설립 목적이며 또한 국제연합 헌장이 선언하고 있는 세계평화와 인류 공동의 복리라는 목적을 촉진하기 위하여 국제연합교육과학문화기구(유네스코)를 창설한다.</td></tr>
<tr><td>유네스코창립 키워드 :협력Cooperation</td><td>1,2차 세계대전 이후 국제협력을 통해 평화, 사회정의, 인권과 국제안보를 증진할 것을 선언하고, 고통과 차별, 끝없는 정치적 갈등으로부터 회복과 치유로 나아가며 정치를 대신하는 문화 중심의 국제기구를 구성하고자 하였다.</td></tr>
</table>

<table>
<tr><th colspan="2">세계유산협약The World Heritage Convention·
"탁월한 보편적 가치OUV:Outstanding Universal Value"</th></tr>
<tr><td>정의
Definition</td><td>탁월한 보편적 가치를 가진 유산은 국경을 초월할 만큼 문화와 자연적인 중요성이 매우 뛰어나며, 현재와 미래의 모든 세대에게 공통적으로 중요한 유산이 된다. 따라서 국제 사회 전체는 탁월한 보편적 가치를 가진</td></tr>
</table>

		유산을 영구적으로 보호해야 한다.(세계유산협약:2008:16)
내포의미 Connotation	보편주의 Universalism	모든 개별 사물에 내재한 보편적 가치가 인간과 인간 환경에 두루 편재해 있다고 보는 입장이다.
	예외주의 Exceptionalism	일부 특정 유산은 너무나 예외적으로 가치가 있기 때문에 모든 사람은 그 유산을 동일하게 예외적으로 평가하고 받아들일 수 있다는 입장이다.
	인권 및 문화적다양성	서로 다른 부분을 수용하고 긍정적으로 바라보는 것으로 특정한 문화의 진정성 있고 창의적인 다양한 표현은 세계의 자랑, 자산으로 받아들여야 하며 차별의 대상이 아니다.

위의 유네스코헌장의 내용과 세계유산협약의 '탁월한 보편적 가치'에 내포되어 있는 이념은 문화의 광범위한 보급, 정의.자유.평화를 위한 교육, 인류의 지적 도덕적 연대와 같은 인문적 가치를 지향하고, 인류공동의 복리, 국제안보, 정치적 갈등의 회복과 같은 사회과학적 실용성을 강조하며, 자연유산을 중심으로 하는 생태적 가치의 중요성을 강조하고 있다. 이러한 인문적 가치와 실용적 가치, 생태학적 가치를 강조하는 것은 유네스코 세계유산협약에서 규정하고 있는 세계유산 선정 열 가지 기준 가운데 다음 세 가지 규정에서도 찾아볼 수 있다.

세계유산선정의 세 가지 기준		
학문적 분류	인문적 가치	현존하거나 이미 사라진 문화적 전통이나 문명의 유일하거나 적어도 독보적인 증거가 되는 것
	실용적 가치	특히 되돌릴 수 없는 변화의 영향으로 취약해진 환경이나 인간의 상호작용이나 문화를 보여주는 전통적 정주지나 토지 또는 바다의 이용을 예증하는 탁월한 사례에 해당하는 것
	생태학적 가치	육상, 민물, 해안 및 해양 생태계와 동식물 군락의 진화 및 발전에 있어 생태학적, 생물학적 과정을 보여주는 탁월한 사례에 해당하는 것

2 경상도 유네스코 유산의 문화론적 의미

→ 경상도 지역에 소재해 있는 유네스코 세계유산의 특수한 문화적 다양성 가치 해명

현대 사회는 인간의 욕구 충족을 위한 세계관에 힘입어 물질적 풍요를 누리는 반대급부로 생태계의 기후 환경위기를 겪으면서 동시에 사회문화적인 차별과 불공정, 부정의 등으로 인하여 다양한 계층간 대립과 위화감이 만연해 있으며 이것은 중앙과 지방 사이의 역학관계에도 예외가 아니다. 글로컬대학사업의 이념이 이러한 중앙과 지방의 불균형을 개선하고자 하는 취지를 가지는 데 부응하여 조화와 평등, 상호 존중, 인간 존엄의 가치를 경상도 지역의 유네스코 유산이 가지고 있는 다양한 문화적 가치를 해명하는 기준으로 삼고자 한다. 경상도 지역에는 유네스코 세계유산으로는 먼저 문화유산으로 유교의 서원과 불교 사찰들이 소재하고 있다. 한국국학진흥원에 소장되어 있는 한국 유교의 책판, 국채보상운동기록물 등도 경상도만의 특수한 문화적 가치를 함축하고 있다. 이들 문화유산과 기록유산은 각각의 특수성을 가지고 경상도 지역에서 이루어진 유산들이다. 이점에서 이들 유산이 지니는 특수한 문화적 다양성 가치를 해명하고 이를 문화적 이미지 및 특성과 견주어 검토함으로써 그 다양성과 특수성의 가치를 해명하고자 한다. 이들 연구를 통하여 경상도 지역의 문화적 가치를 고양하고 이를 문화관광 콘텐츠와 스토리텔링 시나리오 등 문화산업 정책에 반영할 수 있는 방안을 모색하고자 한다.

3 평화의 관점에서 본 경상도 문화유산

→ 인류의 보편적 가치를 규명하는 매개로서 경상도 유네스코 세계유산 검토

위에서 언급한 경상도 지역의 유네스코 문화유산으로 유교 서원과 전적을 찍어내기 위한 책판, 불교사찰, 국채보상기록물 등에는 경상도만의 특수한 문화적 가치가 내재해 있을 뿐만 아니라, 이들 유산에는 인(仁)이나 자비(慈悲)와 같은 도덕적 종교적 가치로서 세계평화와 인류공동의 복리, 상생과 융화를 지향하는 이념이 내포되어 있다. 이들 유산은 각각 동아시아의 유교적 이념이 지니는 보편적 도덕적 가치, 남아시와의 불교문화와 종교사상이 지니는 보편적 종교적 가치를 지니고 있다. 또한 유교 전적을 간행하기 위한 책판들 또한 당시에 행해졌던 도덕적 정치적 이념을 학습하고 교육하는 당시의 역사문화적 현상을 이해할 수 있는 유산들이다. 이러한 유산들에 내포되어 있는 보편적 가치와 다양성의 가치를 드러냄으로써 이를 세계화하는 방안들을 점검할 수 있다. 이러한 작업을 이들 문화유산들이 지니고 있는 내용을 유네스코의 유산 선정 규정과 이념과 결합하여 분석함으로써 실행하고자 한다.

4. 연구 내용

본 저술 연구는 경상도 지역에 소재해 있는 유네스코 세계유산과 기록 유산이 지니고 있는 탁월한 보편적 가치와 문화적 다양성의 가치를 글로컬 이념에 입각하여 세계화로 확산되는 가치와 특수한 다양성으로 분화되면서 수렴되는 가치를 아우르는 방향성을 가지고 있다. 본 연구에서는 구체적인 유산과 연관되는 주제가 지니는 의미를 보편적인 이념적 지향과 다양한 문화적 현상을 포괄하여 검토하고자 한다. 특히 본 저술은 한국의 유네스코 세계유산 중에 문화유산과 기록유산이 상호간에 긴밀한 연관성이 있음에 착안하여 이 두 유산 사이에 놓여 있는 긴밀한 의미의 연속성에 유의하여 주제를 연구하고자 한다. 예컨대, 서원이라는 문화유산과 유교 책판의 기록유산이 연결되어 있고, 사찰과 팔만대장경판 또한 연결되어 있다. 그리고 수원화성과 다산의 실학사상과 연속되어 있다. 따라서 본 연구에서는 문화유산과 기록유산, 그리고 특수한 여러 문화적 현상의 측면에 대한 이해를 통하여 주제와 연구 대상 사이가 유기적으로 연결되어 있는 측면에 유의하여 연구가 이루어지도록 할 것이다.

그러면 개별 장절별 구체적인 연구 내용을 살펴보기로 한다. 본 저술은 구체적인 장절을 제1부 이론편 '글로컬과 유네스코세계유산', 제2부 '경상도 지역의 유교문화 세계유산', 제3부 '경상도 지역의 불교문화 세계유산'으로 구분하였다. 먼저 제1부 이론편 서두는 조민재의 「'탁월한 보편적 가치'와 '글로컬'의 초기 기준으로 재조명한 경상도 지역의 세계유산」으로 시작된다. 그는 경상도 지역 유네스코 세계유산을 재조명하는 연구를 탁월한 보편적 가치 및 글로컬 개념으로 경상도 지역의 특성과 문화 다양성 담론을 형성하여 '국가' 또는 '지역'의 이득을 위한 특수성을 강조하는 연구가 아닌 '보편주의'라는 키워드로 돌아가는 것에 두고 있다. 따라서 그는 향후 경상도 지역의 세계유산의 탁월한 보편적 가치 및 문화적 다양성의 담론을 이어가는 과정에서 경상도의 세계유산을 앞세워 '경상도'를 드러내는 데 목표를 두기보다는, 경상도 지역에 있는 세계유산이 인류에게 어떠한 보편성과 예외성을 제공하는지를 정확히 이해하고 알릴 필요가 있다고 보았다. 나아가 경상도 지역의 문화유산, 무형문화유산, 기록유산을 등재할 기준과 방법은 각각 다르지만, '세계유산'이라는 큰 틀 안에서 인류와 미래 자손들을 위해 '보존'을 할 가치와 필요성에 대한 통합적인 인식을 담론화해야 한다고 강조하였다.

양일모는 안동의 유네스코세계유산이 과거의 탁월한 가치와 보편성을 지니는 유산이라는 점을 인정하면서도 이러한 세계유산이 근대 시기에 살아 있는 전통으로 기능하는 측면에 주목하였다. 그는 이 지역의 유산이 박물관의 전시품이라는 의미에 머물러 있지 않고, 현대와 연결되어 살아 있는 정신으로 작동하는 방안을 모색하였다. 안동지역의 유교지식인은 전통의 재발견이라는 측면에서 새로운 유교적 전통을 창조하였고, 망국의 위기에 봉착하여 유교의 인륜에 투철하였고, 다른 한편으로는 서양의 자유주의, 사회주의, 공산주의 등 다양한 사상을 학습하고 이해하면서 조국의 독립을 위해 장렬한 삶과 투쟁을 전개했음을 강조하였다. 그리고 안동의 각 마을을 고립된 문화 집단이 아니었고, 안동이라는 장소 전체가 지식공동체로 기능했다는 것이다. 이런 측면에서 그는 안동은 그 속의 특정 지역이나 문물, 문화에 한정할 것이 아니라 경주와 같이 안동이라는 생활공간 전체를 유네스코 유산으로 등재하는 방안을 고려할 필요가 있다고 강조하였다.

엄연석은 한국국학진흥원의 유교책판 중에 퇴계의 『성학십도』와 율곡의 『성학집요』에 내포된 탁월한 보편적 가치와 문화적 다양성을 실현하는 이론적 개념적 틀을 분석하고, 이를 기초로 평등과 조화, 평화와 번영을 지향하는 이론적 토대를 탐색하였다. 그는 『성학십도』가 선험적인 천리, 리(理)와 인(仁)의 성(性)을 강조하여 인류에 통용될 수 있는 보편적 도덕 이념을 지키고 이를 실현하는 데 필요한 방법론으로서 수양을 강조했다면, 『성학집요』는 도덕적 수양과 함께 치인의 구조를 강조함으로써 특수한 시대적 정치적 상황에서 객관적이고 합리적인 제도적 시스템을 구축하는 것에 중점을 두고 있다고 해석하였다. 이러한 관점에서 그는 『성학십도』와 『성학집요』가 유가적 도덕이념과 심성수양의 방법론적 요소, 도덕 실천을 위한 정치 제도적 요소, 도상(圖象)의 시각적 요소를 통하여 현대의 사회문화적 영역에서 요구되는 교육적 차원, 인성 함양, 생태론적 관심, 다문화현상, 정치 외교적 문제, 사회 심리적 문제, 평화를 지향하는 이론, 종교적 수행과 힐링의 방법론 체계 등 다양한 방면으로 교육 및 문화적 콘텐츠를 구축할 수 있다고 강조하였다.

전성건은 그동안 연구되지 않은 주제로 유네스코세계유산으로서 도산서원이 지니는 탁월한 보편적 가치를 찾고자 하는 목적으로 도산서원을 추모의 공간과 심신(心身)의 병증을 치료하는 공간으로서의 의미를 해명하고자 하였다. 그는 도산서당을 공부와 치유, 추모와 교류, 공간형 콘텐츠 등의 관점에서 살펴보고자 하였다. 퇴계는 은거와 수양의 전체 과정, 곧 공부와 치유의 과정을 위하여 도산서당을 건축하였다. 또한 도산서원은 퇴계의 학덕(學德)을 기리기 위해 제자들에 의해 마련된 추모의 공간이면서 교유의 공간이기도 하였다. 또한 도산서원은 자연 대상 및 인공 구조물 각각에 이름을 붙이고 이상화함으로써 다양한 인문학적 의미를 내포하고 있는 공간형 콘텐츠로서 지위를 갖는다. 요컨대, 그는 공부와 교류, 추모와 치유, 공간형 콘텐츠를 포함한 인문학적 의미 속에 도산서당을 포함한 도산서원의 보편적 가치가 있다고 보았다.

강경현은 '한국의 유교책판' 중 대표적인 성리서이자 비-문집 자료인 이상정의 『병명발휘』를 중심으로, 유학의 도가 어떤 방식으로 이어지며 현재화되는지를 탐색하였다. 그는 '한국의 유교책판'의 세계기록유산으로서의 핵심가치로서 '선학과 후학이 문헌을 통하여 서로 소통하는 Text Communication의 원형'이자 '공론'에 의한 '공동체 출판' 및 '집단지성'의 성과라는 평가가 『병명발휘』의 성립과 간행 과정에 구현되어 있음을 독해하고자 하였다. 특히 『병명발휘』의 경우 유교 책판의 대부분을 차지하는 개인 문집 연구만으로는 포착하기 어려운, 「병명」이라는 단일한 텍스트가 중심이 되어 여러 세대에 걸친 학문적 계승의 과정을 드러내는 점에서 특징적이다. 그는 '이어짐'이라는 키워드는 과거의 것을 답습하는 수동적 의미에 국한되는 것이 아니라, 오랜 시간 동안 당대라는 현재의 시점에서 과거의 사유를 재구성하고 미래의 가치로 창출해 내는 능동적이고 창조적인 과정의 축적으로서 이해된다고 보았다.

박재현은 성화(聖化, sanctification), 정화(淨化, Catharsis), 승화(昇華, Sublimation)라는 세 가지 심리적, 미학적 코드를 통해 유네스코 세계유산인 한국의 산사 중에 하나인 부석사 창건 과정에 얽힌 연기설화를 살펴보았다. 선묘 설화의 서사구조는 인간의 실존적 문제의식인 '상실(loss)'과 그것의 '승화(昇華, Sublimation)'로 요약할 수 있다. 선묘는 먼저 '사랑의 상실'을 보여주며, 이루어질 수 없거나 이루어지지 못한 사랑이다. 선묘의 상실은 고통이나 절망으로 치닫지 않고 용(龍)과 부석(浮石)으로 승화된다. 그는 부석사 연기설화에는 사랑을 잃은 여성 선묘와 생명을 잃은 죽음을 상징하는 아미타불이 있으며, 여기서 상실이라는 인간의 실존적 문제는 설화를 통한 심미적 경험을 거쳐 새로운 의미 찾기로 승화함으로써 치유된다고 보았다.

송은석은 주로 정치적, 종교적 관점에서 해석되었던 신라 불국신앙 연구에 새로운 미술문화적 관점을 더하여 불국신앙을 원형에 보다 가깝게 복원하고자 하였다. 그는 기록에 근거하여 신라 불국신앙의 틀을 살펴보았고, 현존하는 미술 문화를 직간접적으로 분석함으로써, 신라 불국신앙 미술의 성격을 구명하고 나서 신라 불국신앙의 전모를 종합적으로 제시하였다. 연구에서는 문헌 기록과 미술을 통하여 구분된 네 지역의 불국은 석가모니의 탄생지인 가비라국, 석가모니가 출가와 성도 이후 열반 시까지 활동했던 북인도 지역, 여러 불보살들의 상주처인 인도 전역, 수미산을 중심으로 한 소세계 전체 등이다. 각각의 불국에 대응하여 신라와 금성(경주)에 다양한 불국적 요소가 상정되었고, 이를 통하여 신라의 불국화가 기도되었다. 그는 황룡사, 사천왕사, 불국사, 석굴암, 낙산, 오대산 등 인도의 각 불국과 연결된 신라 불국신앙의 대상지들은 대부분 현재 세계문화유산으로 지정되어 있으며, 신라 불국신앙은 이들 세계문화유산적 가치 형성에 중요 부분을 이루고 있음도 확인되었다고 설명하였다.

이해임은 중국의 『범망경』에 연원을 둔 효순 개념이 유교와 불교의 상호작용 속에서 어떻게 발전하고 변용되었는지를 검토하고, 특히 신라 불교에서 효순이 수행 윤리로 자리 잡는 과정을 원효의 『범망경보살계본사기(梵網經菩薩戒本私記)』과 태현의 『범망경고적기(梵網經古迹記)』의 논의를 중심으로 분석하였다. 그는 『범망경』 출현 전후 유교와 불교의 관계 변화, 유교의 효순 유래, 원효와 태현의 효순 개념 비교, 효순 개념의 현대적 적용 가능성을 논의하였다. 특히, 유네스코의 『교육을 위한 새로운 사회계약 보고서(2021)』에서 제안하는 세대 간 협력과 연대 교육과의 접점을 분석하며, 효순 개념이 단순한 전통 윤리가 아닌 사회적 연대와 공동체 윤리의 핵심 원리로 확장될 가능성을 탐색하였다. 이를 통해 유교와 불교의 상호작용이 단순한 사상적 교류를 넘어 동아시아 문명의 정체성을 형성하는 데 기여했음을 논의하였다. 또한, 효순의 통섭적 가치를 현대 사회와 유네스코가 제시하는 교육의 미래 비전 속에서 재조명함으로써 전통 사상이 오늘날에도 유의미한 지침이 될 수 있음을 밝혔다.

위의 연구 성과들은 유네스코세계유산의 이념을 기초로 경상도지역의 유네스코세계유산이 지니는 의미를 다양한 주제적 시각에서 논의하였다. 제1부 이론편, 이론편 '글로컬과 유네스코세계유산'에서 한 장에서는 유네스코 세계유산이 탁월한 보편적 가치와 문화적 다양성과 특수성에 따른 가치를 함께 가지고 있는데, 이 두 가지 가치 중에 보편적 가치가 세계인들에 의해 공감을 받도록 하는 활동을 해야 한다는 취지를 강조하였다. 다른 장에서는 안동 지역의 유네스코 세계유산이 간직하고 있는 가치가 근대적 공간에서 계승되는 양상과 함께 그 공간의 포괄성에 따라 안동이라는 공간 자체가 전체적으로 세계유산으로 평가되어야 한다는 취지를 강조하였다. 이 두 장에서는 특수성과 보편성 가운데 보편적 가치에 대한 집중을 통하여 세계인들의 전체적인 공감을 얻는 것의 중요성 과거에 통용되었던 가치를 통시대적으로 계승하는 것의 중요성을 검토하였다.

제2부 '경상도 지역의 유교문화 세계유산'에 관한 한 장에서는 탁월한 보편적 가치와 문화적 특수성에 따른 가치를 담지하고 있는 유교책판의 의미를 현대 사회의 여러 실천적 정책적 문화콘텐츠로 전환시키는 것의 중요성을 언급하였다. 또 한 장에서는 유네스코 세계유산으로서 도산서원의 공간과 건축구조, 내적 기능을 중심으로 은거와 수양, 공부와 치유의 과정, 추모와 교유, 공간의 인문학적 의미를 표상함으로써 문화콘텐츠의 산출을 탐색하였다. 또 다른 장에서는 마음을 수양하는 내용을 담은 『병명발휘』의 성립과 간행 과정을 매개로 하여 '공론'에 의한 '공동체 출판'과 '집단지성'에 대한 보편화를 해명하였다.

제3부 '경상도 지역의 불교문화 세계유산'에 관한 한 장에서는 산사승원으로 부석사에 얽힌 연기설화를 통하여 사랑과 생명의 상실을 극복하고 승화를 통하여 치유에 이르는 심미적 체험을 논의함으로써 인

류의 보편적 감정을 제시하였다. 또 한 장에서는 미술 회화 자료를 기초로 신라의 불국신앙을 인도와 신라의 공간적 유비와 일치를 통하여 설명함으로써 불국신앙의 보편적 가치를 해명하였다. 다른 장에서는 유교와 중국 불교, 그리고 신라 불교의 종교적 유산에서 나온 효순(孝順) 개념을 통하여 유교와 불교의 상호작용이 단순한 사상적 교류를 넘어 동아시아 문명의 정체성을 형성하는 데 기여했음을 논의하였다.

5. 경상도지역 유네스코세계유산의 특성

경상도지역의 유네스코세계유산은 유형문화유산, 무형문화유산, 기록유산으로 이루어져 있다. 철학사상과 종교문화를 대표하는 유교문화와 불교문화 유산이 대부분을 차지한다고 해도 과언이 아니다. 경주의 남산에 소재하고 있는 수많은 불교 유물과 유적, 불국사와 석굴암, 사천왕사, 역사 유적 지구의 사찰과 능원과 양동마을, 상서장 등 유교문화 유산이 이것을 보여주고 있다. 안동 또한 예외가 아니다. 한국국학진흥원의 유교책판과 도산서원과 병산서원, 하회마을 등이 유교문화유산을 대표한다면, 봉정사와 영주 부석사는 불교문화 유산을 대표한다고 하겠다. 뿐만 아니라 여러 지역에 소재하고 있는 서원과 산지 승원, 대표적인 불교 기록 문화유산으로 해인사의 팔만대장경 장경판전, 그리고 가야 고분군 등이 경상도 지역의 유네스코 세계유산으로 빛나고 있다. 이 밖에 국채보상운동기록물, 내방가사 등 기록유산과 하회별신굿탈놀이와 같은 무형문화유산이 포함되어 있다.

경상도지역의 여러 유형의 세계유산은 각각 개별적이고 단절적으로 존재하는 것이 아니라, 그 지역 문화권에서 유산 사이에 유기적인 종교와 철학사상 역사문화적 연관성을 가지고 전체적인 체계 속에서 공통의 의미를 산출하기 위하여 움직이는 것으로 하나의 부분적 요소로 작용하고 있다. 따라서 현재적 시점에서 경상도 지역을 비롯하여 한국의 유네스코세계유산을 연구하고 이를 이용하며 문화적으로 향유하는 정책방안을 제시하기 위해서는 각각의 개별적인 유산을 각각 독립적인 의미를 지니는 것으로 바라보는 것을 탈피하여 전체적인 역사문화적 의미를 고려하여 종합적 전체적 시각에서 유산을 평가하고 상호 의미연관 관계를 세밀하게 검토해야 할 것이다.

2024년 10월 16~18일에 안동국제컨벤션센터(ADCO)에서 열린 「유네스코 지정유산 국제학술대회: 안동 하회마을을 중심으로」라는 대주제에 '유네스코 지정유산 정책-범주를 넘어 통합으로'를 주제로 한 국제학술대회가 개최되었다. 여기에서 유네스코 한국위원회 한경구 사무총장은 "2023년 11월 나폴리 회의에서는 자연유산과 문화유산, 유형유산과 무형유산의 구분을 극복하고, 모든 유산 요소가 상호의존적임을 전제로 전체론적 접근방식에서 인위적인 구분이 없는 전체인류유산으로 바라보고 국제사회가 함께 노력을 경주한다는 계획이 도출되었다. 경북 안동을 비롯하여 세계유산, 무형문화유산, 세계기록유산 등 유무형의 다양한 유산 요소를 지니고 있는 유산도시들이 세계 곳곳에 존재하는데 최근의 정책적 통합 운용 가능성 논의에 착안하여 유산을 매개로 상호 연결되고 긴밀한 협력과 지속가능한 성장을 이루어야 한다"[1]고 언급하였다. 또 유네스코 남아시아지역 뉴델리사무소

1) 안동시, 『유네스코 지정유산 국제학술대회 -안동 하회마을을 중심으로- 발표자료집』, UNESCO Inscribed Heritage Conference-Hahoe Folk Village in Andong, 2024. 10, 21쪽.

팀 커티스(Tim Curtis) 소장은 "역사적 건축물과 기념물은 공동체의 정체성을 상징하는 반면, 의식, 예술, 문화적 표현 등의 무형유산은 이러한 유적에 현대적 의미를 부여하고 기록물, 비문, 서류 등의 기록유산은 과거를 이해하는 데 중요한 역할을 한다. 공동체는 문화유산을 총체적으로 인식하기 때문에 각 공동체의 문화를 유형, 기록 또는 무형으로 구분하지 않고 통합적으로 이해한다. 따라서 유산들 사이의 상호의존성과 통합적인 보존 방법을 개발하여 공동체의 다양한 이야기를 존중하는 것이 필요하다"[2]고 강조하였다.

이제 경상도지역의 유네스코세계유산뿐만 아니라 한국에 소재하는 모든 유산과 세계에 산재해 있는 유네스코 세계 유산을 연구하고 이를 모든 인류가 그 가치를 평화롭게 향유하기 위해서는 유산 사이에 내포되어 있는 유네스코 고유의 이념으로서 탁월한 보편성과 문화적 다양성의 가치를 동시에 그리고 통합적으로 체험할 수 있는 방향으로 정책 방안을 설계해야 할 것이다. 이렇게 하여 유네스코 세계유산이 문화적 인문적 가치를 실현함으로써 미래 세계 인류의 평화와 협력, 공동의 번영에 기여할 수 있기를 기대한다.

2) 안동시, 위 자료집, 19쪽.

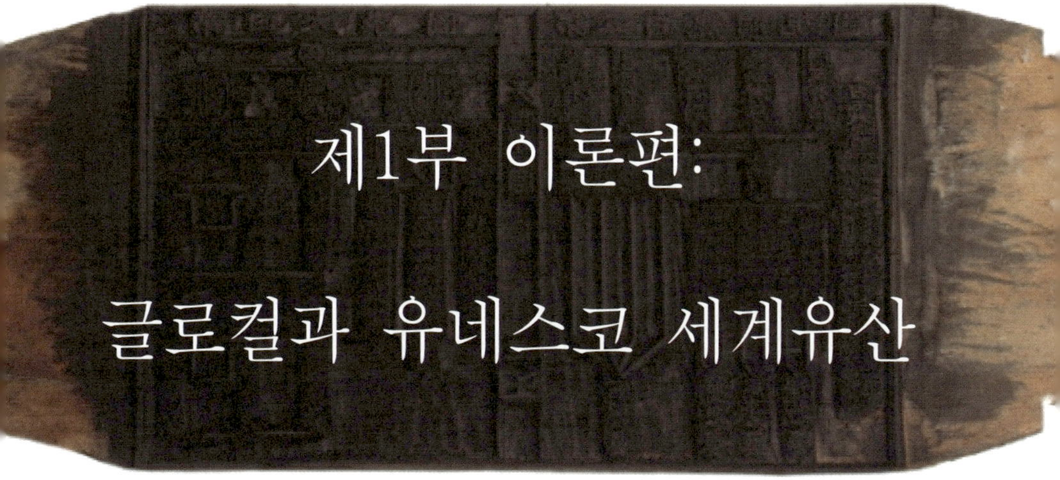

제1부 이론편:

글로컬과 유네스코 세계유산

'탁월한 보편적 가치'와 '글로컬'의 초기 기준으로 재조명한 경상도 지역의 세계유산

조 민 재

1. 머리말

본 연구는 〈경상도 지역 유네스코 세계유산의 특성과 문화 다양성 가치 연구〉의 방향성을 탁월한 보편적 가치 및 글로컬 개념이 말하는 실제 의미와 목표를 조명함으로 향후 경상도 지역의 세계유산을 어떠한 담론으로 이어갈 필요가 있는지 제시하는 것이 목표이다. 세계유산이라는 개념이 처음 도입된 1970년대 초반과 1980년대에는 대체로 등재 동기가 '보존'이었다면, 1990년대 중·후반부터는 세계유산 등재를 국가사업 및 지역 산업으로 삼아 명성과 대중성 및 특성을 확보해 다양한 이득을 취하는 것이 주 동기가 되었다고 볼 수 있다. 여기서 말하는 이득은 국제적 이미지 상승과 경제적 이득을 말한다. 세계 여러 국가와 일부 지역들은 이러한 이득을 취득하기 위해 장기적으로 전략을 세워 전문가 및 예산을 투입하는 경우가 많다. 세계유산 등재와 국제적 명성과 지역적 이익이 밀접하게 연관된 만큼 오늘날의 세계유산 등재는 정치적인 경쟁이 되었다고 할 수 있다. 여기서 말하는 정치적 경쟁은 단지 국가 간 범위에서뿐만 아니라 국가 내부의 지역별 경쟁을 포함한다. 세계유산 등재를 통해 하나의 '로컬'이 '글로벌'적으로 알려질 수 있기 때문이다. 세계유산 등재와 이에 따르는 이득이 다양하고 큰 만큼 우리나라 또한 국가 차원 및 지자체 차원에서 등재를 위해 '전략'을 세우고, 등재 이후에도 등재된 세계유산을 통해 그 지역의 명성과 차별성을 어떻게 확장해 나아갈 수 있을지 꾸준히 고민하는 사례들을 확인할 수 있다.

그러나 세계유산협약이 1972년에 설립되었을 때에는 내 · 외부적 경쟁과 전략보다는 세계 곳곳에 있는 탁월하고 예외적인 유산을 인류와 미래 후손들을 위해 국제사회가 함께 보호함으로 국제 협력과 세계 평화를 지속하는 것이 핵심 목표이자 의미였다. 세계유산협약은 공식적으로 1972년에 설립되었고, 1977년에는 세계유산협약의 핵심 개념이자 기준인 '탁월한 보편적 가치(Outstanding Universal Value)'가 도입되었다. 유네스코 세계유산협약이 말하는 탁월한 보편적 가치의 정의는 다음과 같다:

> "탁월한 보편적 가치를 가진 유산은 국경을 초월한 만큼 문화와 자연적인 중요성이 매우 뛰어나며, 현재와 미래의 모든 세대에게 공통으로 중요한 유산이 된다. 따라서, 국제사회 전체는 탁월한 보편적 가치를 가진 유산을 영구적으로 보호해야 한다." (세계유산협약 2008:16).

탁월한 보편적 가치는 단지 하나의 정의와 개념에서 머물지 않고,

국가 유산이 세계유산으로 해당하는지 심사 기준이라 할 수 있다. 이 기준은 하나의 목록으로 정리가 되어 있는데, (i)에서 (vi) 목록에 하나 또는, 하나 이상에 해당할 경우 '세계문화유산'으로 등재되고, (vii)에서 (x) 목록에 하나 또는 하나 이상에 해당할 경우 '세계 자연유산'으로 등재될 수 있다.

세계유산 선정의 10개 기준

(i)	인간의 창의성으로 빚어진 걸작에 해당하는 것	문화
(ii)	특정한 시기 또는 특정한 문화권 내에서 건축이나 기술, 기념비적인 예술, 도시 계획이나 조경 디자인의 발전에 있어 인류 가치의 중요한 교류를 보이는 것	문화
(iii)	현존하거나 이미 사라진 문화적 전통이나 문명의 유일하거나 적어도 독보적인 증거가 되는 것	문화
(iv)	인류 역사에 있어 중요 단계를 예증하는 건물 양식, 건축적 또는 기술적 총재, 경관의 탁월한 사례에 해당하는 것	문화
(v)	특히 되돌릴 수 없는 변화의 영향으로 취약해진 환경이나 인간의 상호 적용이나 문화를 보여주는 정 주지나 토지 또는 바다의 이용을 예증하는 탁월한 사례에 해당하는 것	문화
(vi)	탁월한 보편적 중요성이 있는 사건이나 살아있는 전통, 시상이나 신앙, 예술 및 문학 작품과 직접 또는 유형적으로 연관된 것	문화
(vii)	최상의 자연 현상이나 뛰어난 자연미와 미학적 중요성을 지닌 지역을 포함하는 것	자연
(viii)	생명의 기록이나, 지형 발전상 중요한 지질학적 주요 진행 과정, 지형학이나 자연지리학의 특징물 등 지구 역사상의 주요 단계를 보여주는 탁월한 사례에 해당하는 것	자연
(ix)	육상, 민물, 해안 및 해양 생태계와 동식물 군락의 진화 및 발전에 있어 생태학적, 생물학적 과정은 보여주는 탁월한 사례에 해당하는 것	자연

(x)	과학이나 보전의 관점에서 볼 때 탁월한 보편적 가치가 있는 현재 멸종 위기에 처한 종 등 생물학적 다양성의 현장 보존을 위해 중요하고 의미가 큰 자연 서식지를 포괄하는 사례에 해당하는 것	자연

이 정의와 목록 내용에 따라 탁월한 보편적 가치의 초기 목표와 의미는 하나의 국가 또는 지역을 강조하지 않고, 국경을 초월하기 위한 공동의 목표를 형성하기 위해 나섰다. 또한, 매우 뛰어나고 예외적인 문화와 자연유산을 통해 현대와 미래를 연결하기 위한 노력이었다고 말할 수 있다. '인류'와 '보편성'을 강조한 이유에는 세계유산협약의 역사적 배경과 문맥이 담겨있다. 세계유산협약은 유네스코 재단의 일부로 설립되었는데, 유네스코 재단은 1945년 세계 2차 대전 후, 다시는 전쟁이 없는 세상을 만들고, 국제 협력, 안보 및 문화적 존중과 다양성을 지속할 수 있게 만들겠다는 다짐으로 설립되었다(Duedahl 2016:3).

유네스코가 말하는 문화적 다양성을 한마디로 정의하자면, 서로의 다름과 다양함을 상호 존중하자는 의미와 목표를 말한다. 앞서 두 번에 세계 전쟁을 경험한 세계는 정치, 경쟁, 민족주의에서 벗어나 보편성을 갖추고 국경을 초월하는 제도를 설립하고 유지하기 위해 깊이 고민하였다. 그 고민 끝에 유엔(United Nations)(1945년), 유네스코(UNESCO)(1945년), 인권 헌장(Universal Declaration of Human Rights)(1948) 세계유산협약(World Heritage Convention)(1972년), 그리고 탁월한 보편적 가치(Outstanding Universal Value)(1977)가 같은 문맥과 목표를 담아 설립 및 선포되었다. 이 선포 내용 안에는 전쟁 없는 새로운 세계와 시대를 열겠다는 다짐이 있었다.

그러나 전쟁의 기억과 공포가 희미해진 오늘날에는 유네스코 세계유산협약의 탁월한 보편적 가치를 국제 협력과 상호 존중으로 이해하고 실행하기보다는 국가 명성 및 지역 산업의 목표와 의미를 지니게 되었다고 볼 수 있다. '글로컬'이라는 개념도 이러한 문맥에서 볼 수 있다. '글로컬'이라는 개념은 오늘날 다양한 차원에서 사용된다. 학계에서부터 정치 정책까지 오늘날에는 상황과 필요에 따라 글로컬이라는 개념을 사용한다고 볼 수 있다. 글로컬이라는 단어는 형용사로 사용하고, 정의상: '지역적 고려사항과 글로벌 차원에 고려사항을 모두 반영하거나 특징지음'이다. 또한, '생각은 글로벌, 행동은 지역적'으로라는 의미도 있다. 다시 말해, 지역에 관심을 잃지 않으면서 국가적 문제에 연결하는 방법을 배우는 것을 '글로컬'이라 설명할 수 있다(Miller 1983:180).

하지만 글로컬이라는 개념도 탁월한 보편적 가치 개념과 같은 맥락에서 초심을 잃고 현대 지역과 국가의 상황과 관심에 맞춤형으로 해석되고 국제사회에 보편성을 고려하기보다는 내부적 이득을 위해 재해석되었다고 지적할 수 있다. 그렇다면 이 시점에서 초심과 원점으로 돌아가 국가 명성과 지역 특성 및 차별성 중심으로 담론을 이어가기보다는 탁월한 보편적 가치와 글로컬의 초기 의미와 목표를 재검토하여 세계유산 등재를 통해 한 국가와 지역이 어떠한 방양과 어떠한 관점에서 그의 유산의 예외성과 탁월함을 세계적으로 알릴 수 있는지를 조명해볼 필요가 있다. 경상도 지역의 세계유산을 앞세워 '경상도'를 강조하기보다는, 경상도 지역에 있는 세계유산으로 인해 국제사회에 어떠한 예외성, 영감, 창의성, 그리고 보편성을 제공할 수 있는지를 고민할 필요가 있다는 것이다. 이를 위해서는 먼저 '탁월한 보편적 가치' 및 '글로컬'의 초기 목표와 의미를 검토할 필요가 있다. 또한, 오늘날 이 두 개념이 어떻게 현대의 상황과 필요에 따라 변질하였는지도 볼 필요가 있다.

2. '탁월한 보편적 가치'의 초기 목표와 의미

오늘날 '탁월한 보편적 가치'를 표면적으로만 보면 국가 유산이 세계유산으로 등재되기 위한 '등재 조건'으로 이해할 수 있다. 그러나 '탁월한 보편적 가치'를 포괄적으로 이해하기 위해서는 이에 역사적 배경과 초기 목표와 의미를 돌아볼 필요가 있다. 탁월한 보편적 가치는 유네스코 재단의 기반에서 설립되었는데, 유네스코 재단의 절대적 전제 지식은 세계 1, 2차 대전이다. 두 차례 세계 전쟁이 왜 발발했는지 크게 이유를 말하자면 첫째, 극단적 민족주의 둘째, 우월주의 셋째, 편견 그리고 마지막으로 인종차별을 꼽을 수 있다. 1914년에 세계 1차 대전의 원인은 그 당시 세르비아(Serbia)는 발칸반도에서 슬라브족의 통일 국가를 세우려 했는데, 오스트리아-헝가리 세르비아의 형제 나라인 보스니아와 헤르체고비나를 합병하면서 세르비아에는 반오스트리아-헝가리 감정이 확산함에 따라 정치적 갈등이 깊어지면서 마침내 여러 나라의 합류로 전쟁으로까지 이어졌다(조민재 2021:53). 세부적이고 복잡하게 세계 1차 대전의 원인을 볼 수 있지만, 크게 봤을 때 전쟁의 원인은 극단적 민족주의와 편견이라고 볼 수 있다. 세계 1차 대전 이후 세계 2차 대전의 시작 원인 또한 우월주의와 민족주의로 인해 시작되고, 지독한 인종차별로 인해 인간 차별의 혐오가 끝까지 가본 '홀로코스트'[1]라는 6백만 명에 유대인 대학살을 역사에 남기게 되었다.

---

1) 홀로코스트는 원래 '인간이나 동물을 대량으로 태워 죽이거나 대학살 하는 행위'를 의미하는데, 지금은 세계 제2차 대전 중 나치 독일에 의해 자행된 유대인 대학살을 뜻하게 되었다(조민재 2021:77). 홀로코스트는 인간의 폭력성, 잔인성, 배타성, 광기를 극단적으로 보여주었다는 점에서 20세기 인류 최대의 치욕적인 사건이라 할 수 있다.

두 차례 전쟁과 홀로코스트라는 끔찍한 인간 차별의 공포를 경험한 세계 지도자들은 1945년 전쟁의 폐허를 딛고 함께 모여 기본 의제를 넘어 교육과 문화의 다양성, 그리고 이해를 통해 평화가 증진되는 일에 뜻을 모으기 시작했다(조민재 2021:84). 때문에, 유네스코 재단의 초기 목표는 두 말 필요 없이 '협력'을 통해 세계 평화와 국제 안보를 지속하는 것이었다.[2)]

1914년부터 1945년까지 세계는 서로의 차이에 대한 존중과 수용의 개념이 아예 무너졌었다고 볼 수 있다. 이 부분을 인식하고 유네스코 재단은 세계 2차 대전 이후 잃어버린 인류애를 회복해야 함을 강조했다(Betts 2015:227). 유네스코 재단의 초기 목표는 더 나아가 국가들이 연합할 수 있는 플랫폼을 만드는 것이었다. 이 때문에 국가들이 이 플랫폼을 국가적 이득을 위해 이용해 그들의 민족성을 강화하는 것은 유네스코 재단의 목표와 의미에 반대임을 강조할 필요가 있다.

국제사회가 협력하여 함께 보편성을 만들어 간다는 맥락에서 세계유산협약 또한 설립되었다고 볼 수 있다. 세계유산협약이 공식적으로 설립되기 이전에 세계 곳곳에 있는 예외적인 장소들을 함께 보호할 필요가 있다는 인식은 존재했다. 하나의 예로, 유네스코의 설립 위원회는 전문가 그룹과 1950년대에 이어 특별한 가치가 있는 지역의 보호를 잠재적으로 적합한 국제 시스템을 논의하기 위해 15개 이상의 다양한 회의에 대한 자세한 설명을 제공했다(Titchen 1995:36, 74). 이 결과 1950년대 작성된 보고서를 보면 그 후 세계유산협약이 설립된 맥락을 이해할 수 있다. 1950년 4월 17일에 유네스코 문서에 '세계적으로 중

---

2) 유네스코는 1946년 20개국이 비준함으로 출발했으며, 유네스코의 첫 번째 총회는 1946년 11월 19일에서 12월 10일까지 프랑스 파리에서 열렸다.

요한'(UNESCO 17, April, 1950), 또는 '보편적 관심'(UNESCO 22, August 1952)이라는 용어들이 언급되어 있는데, 이러한 고민이 그 후 세계유산협약 및 탁월한 보편적 가치라는 개념을 형성하는 데 중요한 뿌리가 되었다고 볼 수 있다.

세계유산협약 및 탁월한 보편적 가치라는 개념과 기준이 설립되고 도입되는 데 있어 핵심 계기는 이집트의 누비아 유적이 1950년대부터 60년대 잠수 위기에 처하면서부터였다. 간략히 이 내용을 살펴보면, 1959년 이집트 정부는 나일강의 범람을 조절하고 농업을 발전시켜 빈곤을 퇴치하겠다는 목표를 가지고 나일강에 '아스완 하이 댐(Aswan High Dam)'을 건설하겠다는 계획을 세웠다. 그런데, 이 댐의 건설은 이집트의 아스완에서부터 수단의 달 카타렉(Dal Cartaract) 지역까지 강의 방향이 변경되면서 거대한 누비아 유적이 있었던 아부심벨신전이 인공 호수에 잠기는 일이 발생했다. 댐 건설로 피해를 인식하게 된 이집트 정부와 수단 정부는 유네스코 재단의 지원을 각각 1959년 4월과 10월에 요청했다(조민재 2020:94). 이 요청은 곧 '누비아 캠페인(International Campaign to Save the Monuments of Nubia)'으로 이어지고, 국제사회의 협력으로 인해 누비아 유적을 '이집트의 유적'만이 아닌 인류의 유산이라는 새로운 개념으로 퍼지기 시작했다. 다시 말해, 유네스코는 '누비아 캠페인'을 통해 '인류의 유산'을 세계의 재산으로 보존, 보호 및 증진하기 위해 국제적으로 협력하는 게 중요하다는 것을 회원국에 알렸다(조민재 2020:96). 누비아 캠페인은 결국 전 세계 60여 개국으로부터 약 8천만 달러가 모금되는 기적 같은 일이 일어나게 했고, 이로 인해 누비아 유적을 구하게 된 이 캠페인은 한 나라의 유산이자 동시에 인류의 세계유산을 지키고 보존하는 프로젝트의 기본이 되었고, 더 넓은 차원에서는 1972년 1월

6일 파리에서 열린 제17차 정기총회에서 '세계유산협약'을 채택함으로 유네스코 헌장을 실현하는 데 결정적인 역할을 했다(조민재 2020: 97). 이렇게 1972년에 세계유산협약이 공식적으로 설립되었지만, 국가 유산을 세계유산으로 등재할 수 있는 '탁월한 보편적 가치'라는 기준은 몇 년 후인 1977년에 발표되었고, 그 사람 다음 해인 1978년에 첫 12개에 세계의 문화 및 자연유산이 선정되었다.

탁월한 보편적 가치의 초기 목표를 살펴보면 매우 예외적인 일부 유적지를 말하면, 이러한 유적지들은 전 세계 모든 사람이 해당 개념의 관점을 통해 동등하게 평가할 수 있도록 기준을 제공했다고 유네스코는 주장했다(Labadi 2013:11). 이것은 즉시, 그리고 세계 곳곳에 있는 예외적인 장소들을 '탁월한 보편적 가치'에 해당하는지에 따라 동등하게 평가하여 선정하겠다는 목표를 가지고 있었음을 파악할 수 있다. 이 논리에 따르면 인간은 사회경제적 지위, 지리적 기원, 문화적 준거틀의 차이와 관계없이 특정하고 특별한 장소에 대해 같은 가치를 공유하고 같은 방식으로 감상해야 한다는 것이다(Labadi 2013:11). 탁월한 보편적 가치는 세계유산협약의 운영 지침(Operational Guidelines)안에 속한다. 이 운영지침은 초기 단계에서부터 유연하고 실용적인 목적으로 만들어진 만큼, 지난 50년 동안 12번 이상 수정되었다. 1977년에 발표된 탁월한 보편적 가치는 이처럼 진화적 해석의 원칙을 고려해 도입되었지만, 초기 단계부터 오늘날까지 유지된 핵심은 국경을 초월하는 탁월한 예외적인 유산을 국제사회가 협력하여 보존하자는 취지다.

3. '탁월한 보편적 가치'의 변질한 의미와 목표

국가들이 연합하여 세계 곳곳에 있는 매우 예외적이며 탁월한 유산을 한 국가의 유산을 넘어 인류의 공동 소유와 책임이라는 정신과 목표를 담아 '탁월한 보편적 가치'라는 개념 및 기준을 1977년에 제시했지만, 시간이 지날수록 국가들은 이 개념의 실제 의미보다는 이 개념을 사용해 각 국가의 명성과 이득을 취하는 방향으로 실제 의미와 목표를 변질하기 시작하였다고 볼 수 있다. 하나의 예를 보면, 2010년 이후 위원회가 지역선정 과정에 있어 점점 더 국가의 정치적 영향력과 국가들의 이해관계에 의해 주도되고 있다는 점을 발견하고 이를 지적한 것이다(Bertacchina et al 2016:96). 초창기 세계유산 위원회는 지시된 권고사항 및 기준을 엄격히 따랐지만, 세월이 지날수록 위원회의 결정이 자문 기관의 과학적 의견이 서로 다르다는 보고가 몇몇 평가자들에 의해 나오기 시작했다(Bertacchina et al 2016:96; Jokilehto 2011; Meskell et al 2014). 2010년에 'The Economist'에서 보도된 내용을 보면, 브라질리아에서 열린 제34회 세계유산위원회에서 유엔은 그들의 자체 규칙을 회원국의 압력으로 인해 왜곡하고 있다는 평을 받았다. 또 하나의 큰 문제점은 세계유산 관련 결정들이 세계유산 전문가의 결정과 판단으로 이루어지기보다는 외교관들이 주도하고 있다는 점이다(Von Droste 2011; Bertacchina et al 2016:96). 이 부분을 해석해보면, 세계유산의 등재는 전문적 판단으로 승인되기보다는 정치적인 '거래'가 되었다는 아주 심각한 점이다(Bertacchina et al 2016:96).

앞서 언급하였듯이, 이토록 세계유산 등재가 '정치적인 거래'가 된

원인을 살펴보면 세계유산 등재와 함께 너무나 많은 경제적, 그리고 이미지적 이득이 따르기 때문이다. 민족주의가 아닌 보편주의를 향해 만들어진 세계유산이라는 플랫폼은 한 바퀴 돌아 다시 민족주의의 위험에 빠졌다고 비판할 수 있다. 이 부분은 상당히 아이러니하다. '탁월한 보편적 가치'라는 제도를 통해 세계유산을 등재하고 국가들이 협력하여 과학적, 기술적 자원을 서로 제공하는 것이 목표이자 의미였는데, 어느 시점부터 탁월한 보편적 가치란 국가 명성과 지역 특성을 제공해줄 수 있는 하나의 절차이자 조건으로 여겨지게 되었다. 1980년대 후반까지만 해도 세계유산 등재 신청의 주된 동기는 유적지의 보호와 보존이었다. 그러나 1990년대 중반부터 세계유산 등재와 관련된 사회경제적 혜택이 점점 드러나면서 등재 동기가 변질하기 시작했다(VanBlarcom and Kayahan 2011:146). 세계유산 등재와 함께 국제 범위에서 관광객들이 그곳을 찾는 현상이 명확해지자 세계유산 등재는 '방문객의 자석'이라는 이미지가 굳어졌다. 또한, 세계유산 등재는 '사실상 방문자 수가 증가한다는 보장'(Shackley 1998)이라는 이미지가 1990년대 중후반에 퍼지기 시작했다. 2001년에 세계 자연유산 118곳을 조사한 결과, 연간 총 6,300만 명에 가까운 방문객 기록을 남겼다(Thorsell and Sigaty 2001). 이처럼 세계유산 지정은 시간이 흐르면서 보존만이 목적이 아닌 등재되는 순간 세계적인 브랜드가 되는 형식이 되었다(Ryan and Silvanto 2009:290). 말 그대로 세계유산 지정은 브랜드, 보증, 그리고 품질 인증이 되었다(Ryan and Silvanto 2009:292). 다시 말해 세계유산 지정은 품질 보증 또는 '승인 도장'으로 가장 잘 인식되었다고 볼 수 있다.

관광객 대부분은 세계문화유산의 문화적 독창성과 중요성을 스스로 판단할 수는 없지만, 세계유산 전문가가 조사를 거쳐 모범적인 중요성을 지난 것으로 확인되었다는 점이 그 국가와 지역, 그리고 도시 이미지와 브랜드를 만드는 데 필수가 되었다고 볼 수 있다(Ryan and Silvanto 2009:290). 이 때문에 국가들은 세계유산 등재를 이용해 자국의 유산을 관광지로 홍보하는 사례가 많아졌다(Bertacchina et al 2016:96; Frey et al 2013; Johnson and Barry 1995). 이러한 맥락에서 '탁월한 보편적 가치'의 의미와 목표를 검토하면, 표면적으로만 보편성을 강조하고, 실제로는 국가와 그 국가의 지역의 차별적인 브랜드를 만드는 형태가 되었다고 할 수 있다. 국경을 초월할 만큼 예외적이고 탁월한 유산을 세계가 함께 보호하고 보존하자는 의미는 오늘날 국경을 초월하는 나라와 지역의 자랑 및 검증된 브랜드가 되었다고 할 수 있다. 현대 사회에서 '탁월한 보편적 가치' 개념은 국가들이 그들의 유산을 통해 국민성과 국경의 특성을 확보하는데 통과되어야 하는 하나의 절차라고 여기게 되었다.

4. '글로컬' 개념의 시작과 형성 과정

'글로컬'이라는 단어와 개념은 현대 사회에서 여러 분야에서 다양하게 사용되고 있다. 다양하게 사용되는 만큼 '글로컬'이라는 개념은 어느새 모호해졌다고 할 수 있다. 글로컬이라는 용어의 시작을 살펴보면, '글로벌(global)'과 '로컬(local)'의 합성으로 1980년대 비즈니스 분야에서 글로벌 상품의 현지화를 위한 마케팅론에서 처음 언급되었다(Ronald 1992:173; 장원호, 송정은 2016:9). 다시 말해, 세계화(globalization)와 지역화(localization)를 합친 개념이 '글로컬'이라고 할 수 있다. 이 개념의 도입은 일본이 SONY를 "글로벌 로컬라이제이션(global localization)"을 회사 구호 및 마케팅 전략으로 수립하면서부터였다고 할 수 있다. 그 때문에 옥스퍼드 신어사전(Oxford Dictionary of New Words)에 따르면 글로컬이란 원해 농업 기술을 현지 조건에 맞게 조정하는 농업 원칙인 일본의 '도차쿠카(dochakuka)' 개념에서 유래한다고 한다(Roudometof 2015:775). 일본어 단어인 도차쿠카는 '깊이 뿌리내린다.'라는 의미로 글로컬에 영감을 준 단어라고 한다(Tullock 1991:134; Roudometof 2015:775).

SONY에 시작된 '글로컬라이제이션'은 다국적 기업의 마케팅 전략으로써 활용되기 시작했다(전미경 2024:117). 그리고 1990년 초에 이 개념이 본격적으로 상품의 현지화와 영향력을 바탕으로 사회 문화적 현상을 설명하기 위해 확대되었다(장원호, 송정은 2016:9). 이처럼 글로컬의 초기 문맥은 경영 마케팅 분야에서 한정적으로 사용된 것을 볼 수 있다. 그러나 90년대 이 개념이 확산하기 시작하면서 마케팅 분야로 한정하지 않고, 글로컬이라는 개념을 앞세워 지역과 관계성을 맺게 되고, 이어서 사회과학, 정치학 등으로 확대되었다(전미경 2024:117). 다시 말해, 글로벌 현상의 지역적 측면을 강조하기 위해 '글로컬'이라는 개념을 세계화 연구에서 사용하기 시작했다.

로날드 로버트슨(Ronald Robertson)이 '글로컬'과 '일원론'을 연관시키면서 글로컬이라는 개념은 사회학 분야에서 사용되기 시작했다. 일원론이란 현존하는 것의 다양성을 하나의 관점에서 설명할 수 있다는 이론이다. 따라서 로버트슨이 주장하기로는 세계화는 로컬이라는 구체적인 형태로 실현되는 것이기 때문에 세계화와 로컬은 분리되는 것이 아닌 내부에서 함께 실존한다는 것이다(전미경 2024:117). 이처럼 글로컬이라는 개념이 학계에 들어오기 시작하면서 학자들은 글로컬을 세계적 특성과 지역적 경향의 교차와 보편성과 특수성의 동시성을 강조하게 되었다(장원호, 송정은 2016:10). 다시 말해, 학계에서 말하는 '글로컬화'는 지역의 독자적 역량과 지역 간의 커뮤니케이션과 교류를 통한 '새로운 공동체간 수평적 관계의 형성'을 지향한다는 것이다. '문화'에 적용해보면, 보편성과 특수성이 함께 내재 되어있으며, 초국적인 소비를 가능하게 한다는 점이다(장원호, 송정은 2016:10). 흐름으로 보면 글로컬이란 개념은 현지 상품을 국제적 마케팅 차원에서 시작하여 세계 지역화를 의미하는 단어로 형성하였다고 볼 수 있다. 특히 세계화의 보완적 대안으로 제시된 개념으로 자리를 잡게 되었다. 이는 단지 효율성만을 중시하는 것이 아니라, 각 문화의 고유가치를 정의하고 이를 수호하는 활동을 함께 진행되어야 함을 의미한다(배은석 2010:340).

이처럼 글로컬이란 개념의 핵심은 세계와 지역의 상호 작용인 '세계의 지역화'와 '지역의 세계화'라는 두 관점이지만, 문화산업에서는 모호성이 나타난다(손수연, 황시석, 2018). 전미경은 로컬에서 글로벌로 확산하는 분야는 그 반대 상황보다 질적으로, 양적으로도 부족한 모습을 보인다고 지적한다. 그리고 이러한 모습은 문화산업에서 특히 여실히 나타내고 있다고 한다(2024:116). 아이러니하게도 글로컬화 과정에서 문화는 국제 기준에 맞는 '문화상품'으로 변형되고 있다고 볼 수 있다. Salazar(2010:188)는 오늘날 관광은 전통적인 영토, 사회, 문화적 경계를 흐릿하게 하고 'hybrid' 형태를 만들어내는 글로벌 흐름의 대표적인 표현 중 하나로 '글로컬'을 사용한다고 주장한다. 이것은 전 세계 여행지는 급변하는 글로벌 방향과 시장에 적응하는 동시에 지역적 특색을 유지하거나 강화하기 위해 노력하고 있기 때문이라 할 수 있다. 물론 이 모든 것의 중심에는 경제적 '수익'이 있다. 따라서 각 지역은 관광객들이 그들의 지역을 찾을 수 있도록 글로벌 마케팅을 하는 동시에 그 지역의 특색을 드러내기 위해 전략을 세운다고 볼 수 있다.

요약하자면 글로컬이라는 개념은 탁월한 보편적 가치와 비슷하게 끊임없는 변화와 적응 및 융합의 과정이라고 해석할 수 있다. 시작은 현지 상품을 국제적으로 확장해 나아갈 수 있도록 도입되었다면, 오늘날엔 글로컬이라는 개념은 현지 상품보다는 지역 마케팅과 연관되었다고 볼 수 있다. '로컬을 통해 굴절된 세계화'로 정의되는 '글로컬라이제이션'은 글로벌 현상 내에서 다양성과 증거의 로컬 특성에 대한 강조가 증가함에 따라 개발되었다(Gonzalez 2021:96).

5. 초심으로 돌아가 재조명한 경상도 지역의 세계유산

'탁월한 보편적 가치'와 유사하게 '글로컬'이라는 개념도 역사가 그리 길지 않다. 탁월한 보편적 가치라는 개념은 1977년도에 선포되었고, 글로컬이라는 개념은 1990년 이전에는 존재하지 않았던 비교적 신생용어다. 물론 두 개념의 문맥과 목표는 완전히 다르게 생산되었지만, 공통점은 두 개념 결국 세계적 관점과 영향력을 말하고 또한 사회와 문화 현상을 설명하는 데 사용될 수 있다는 것이다(Roudometof 2015: 776). 더 나아가, 국제사회의 상황과 각 국가 및 지역들의 필요에 따라 꾸준히 맞춤형으로 변화되는 개념들이라 볼 수 있다.

오늘날 세계유산 등재와 등재 이후 국가들과 지역들이 추구하는 방향성을 보면 보편성, 연결성 및 연합성보다는 세계유산을 앞세워 국제적으로 그 지역을 알릴 수 있을 차별성과 특별성명을 강조하고 있다고 볼 수 있다. 사실 세계유산은 관광은 떼려야 뗄 수 없는데, 관광 경계 지역은 지역에 관한 것인 동시에 그곳에서 수행되는 모든 것에는 세계적인 교차 흐름이 있다고 할 수 있다(Salazar 2010:192). 국제적 공동체라는 개념은 1990년대부터 수십 년 동안 논의되었지만 '지역화'와 '지역성'의 차별성과 이득이라는 주제에서 구별하기 어렵다는 차원에서 세계유산협약의 '탁월한 보편적 가치' 기준과 같은 맥락과 문제점을 가지고 있다고 지적할 수 있다. 각 지역은 세계유산 등재와 동시에 그 지역 정체성을 국제적으로 마케팅함에 따라 많은 경제적 이득을 얻을 수 있기에 연속유산(serial nomination)일 경우에도 개별적으로 그들의 지역을 강조하는 경향을 우리나라 사례에서도 찾을 수 있다. 이는 '탁월한 보편적 가치'라는 검증을 통해 국제사회에게 특정 지역을 개별적으로 강조되는 현상이 강화되고 있다는 의미이다. 탁월한 보편적 가치와 글로컬이 처음 도입된 배경과 동기를 살펴보면 세계가 다양성을 받아들여 함께 확장해 나아가는 것임을 알 수 있다. 특히 탁월한 보편적 가치는 국가와 지역의 경계를 흐려, 국경을 초월한 만큼 탁월하고 예외적인 유산을 세계의 공동 유산으로 지정하여 협력을 통해 보존하자는 취지를 담고 시작했지만, 오늘날에는 한 지역의 특성을 들어내기 위해 초기 의미와 목표를 너무나 많이 변질했다고 말할 수 있다.

세계유산을 앞세워 '지역'의 산업이 강조되는 추세와 문맥 가운데 탁월한 보편적 가치와 글로컬의 초기 의미와 목표를 조명할 필요가 있다. 특히 안동대학교가 글로컬 대학으로 선정되면서 시작하게 된 〈경상도 지역 유네스코 세계유산의 특성과 문화 다양성 가치 연구〉를 통해 향후 경상도 지역에 등재된, 그리고 앞으로 등재될 세계유산이 어떠한 방향성과 목표 의식을 가질지 이 시점에서 고려해볼 필요가 있다. 물론 탁월한 보편적 가치와 글로컬의 초기 목표와 의미가 온전한 '정답' 또는 '해답'이라고는 할 수 없다. 시대와 상황이 바뀌면서 탁월한 보편적 가치와 글로컬의 해석과 응용 또한 다양해지고 발전한다는 점은 너무나도 당연하고 자연스러운 과정이라 볼 수 있다. 그러나, 민족주의와 지역주의가 아닌 '보편주의'와 '보편성'을 위한 노력과 연합이라는 핵심 의미와 목표가 희미해진다면 결국 세계유산 등재는 인류의 자산과 자랑이 되기보다는 현대가 과거의 일부를 사용(악용)해 깊은 분열을 만들어 가는 위험성을 인지할 필요가 있다. 이 때문에 어느 특정 지역의 세계유산에 관한 연구를 할 때는 탁월한 보편적 가치의 초기 의미인 '국경을 초월함' 그리고 '보편성'과 글로컬이 말하는 지역과 세계의 상호 관계에 기반을 두어 그 지역의 우월성을 강조하는 것이 아니라 그 지역의 보편적 그리고 다양한 가치를 핵심 담론화할 필요가 있다는 것이다.

〈경상도 지역 유네스코 세계유산의 특성과 문화 다양성 가치 연구〉를 위해 제시하고자 하는 세 가지 향후 담론과 방향성은 먼저 '연속유산(serial nomination)'에 대한 포괄적인 이해다. '연속유산'에 해당하는 부분은 유형으로 나타나는 문화, 자연 및 복합유산이다. 유네스코의 연속유산 정의는 운영지침(19항)에서 찾을 수 있다. 운영지침(Operational Guidelines) 내용을 보면, 연속유산은 둘 이상의 연결되지 않은 영역으로 구성된 지명이다. 여기에서 핵심은 '연결되지 않은 영역(unconnected areas)'이다.

단독유산 등재와 연속유산 등재의 차이를 구분하기 위해서는 우리나라 세계유산 목록을 통해 구별해볼 수 있다([표-1] 참고).

(i): 같은 역사-문화 집단
(ii): 해당 지리적 구역의 특징인 같은 유형의 재단; 또는
(iii): 같은 지질학적, 지형학적 구조, 같은 생물 지리적 영역 또는 같은 생태적 유형이며, 각 구성 요소가 반드시 개별적으로 취해진 것이 아니라 연결된 경우 탁월한 보편적 가치가 검증된.
(유네스코 운영지침 19항)

[표-1] 한국의 문화유산 가운데 단독 유산(single nomination)과 연속유산(serial nomination)
Republic of Korea – UNESCO World Heritage Convention

문화유산명	등재 연도	단독유산/연속유산 여부
석굴암, 불국사	1995	단독
해인사 장경판전	1995	단독
종묘	1995	단독
화성	1997	단독
창덕궁	1997	단독
경주역사유적지구	**2000**	**연속**
고창, 화순, 강화 고인돌 유적	**2000**	**연속**
조선 왕릉	**2009**	**연속**
한국의 역사마을 하회와 양동	**2010**	**연속**
남한산성	**2014**	**연속**
백제역사유적지구	**2015**	**연속**
선사, 한국의 산지승원	**2018**	**연속**
한국의 서원	**2019**	**연속**
가야고분군	**2023**	**연속**

[표-1]에서 보이는 바와 같이 한국에서 문화유산으로 등재된 14개의 지명 가운데 9개 지명이 연속유산으로 등재되어 있다. 이처럼 연속유산은 단독유산과는 달리 둘 이상의 연결되지 않은 영역으로 구성된 지명이어야 하지만, 단독유산과 같은 하나의 등재 취급해야 한다. 연속유산에는 두 가지 범주가 존재한다. 첫 번째 범주는 국내 범위 안에서 존재하는 연속유산이다. 우리나라 고창, 화순, 강화 고인돌 유적을 예로 보면, 둘 이상의 연결되지 않은 영역으로 구성된 지명이고, 같은 역사와 문화 집단 안에 속한다. 연속유산 지명은 단일 회원국 내에서 지방, 지역 또는 국가 차원에서 이루어질 수 있다. 연속유산의 두 번째 범주는 국경을 넘은 다른 당사국에 있는 두 개 이상의 구성 요소를 포함한 연속유산을 말한다. 국경을 초월한 연속유산은 영문으로 'Transboundary and Transnational Nominations'이고, 일반적으로 2~3개의 유네스코 협약 회원국의 영토에 걸쳐 응집력 있고 폐쇄된 지역으로 확장되는 광대한 세계유산을 의미한다.

연속유산의 조건 내용을 살펴보면, 가장 기본적인 조건은 위에서 살펴본 바와 같이 2개 이상의 장소가 문화적, 사회적 또는 기능적으로 명확하게 연결되어 있어야 한다. 각 유적은 명확하게 구별할 수 있어야 하며 유산의 탁월한 보편적 가치에 공여해야 한다. 구성 요소가 파편화되지 않도록 개별 요소의 지정, 선택 및 결합은 유산의 공유된 정체성과 통합된 유지 관리 및 공동 유지 또는 관리가 촉진되거나 보장될 수 있는 방식으로 설계되어야 한다. 연속유산의 세부 조건 내용 안으로 들어가면 국가 주권 및 관리 내용을 찾을 수 있다. 세계유산협약이 각 서명자가 지킬 것으로 예상하는 유산 규범을 상세히 기술하는 법적 틀을 제공하는 반면, 국가 주권은 문서에 강력하게 통합되어야 한다(Francioni and Lenzerini 2008). 경상도 지역의 문화유산을 보면 한국의 서원 (2018년도 등재), 가야 고분군 (2023년도 등재)와 같이 경상도 단독으로 있는 등재가 아닌 한국 곳곳에 있는 곳들을 하나의 '연속유산'으로 등재되어 있음을 볼 수 있다. 따라서 경상도 지역은 큰 틀에서는 탁월한 보편적 가치의 '보편성' 그리고 세부적으로는 '연속유산'의 연결성을 고려해 경상도의 서원 또는 경상도의 가야 고분군을 별개로 연구하기보다는 인류 및 글로벌 차원에서 경상도 지역이 한국 내에서 그리고 세계 안에서 어떠한 보편성과 연결성을 가졌는지를 핵심 담론으로 삼을 필요가 있다.

두 번째는 경상도 지역에 있는 세계유산으로 등재된 그리고 앞으로 등재될 문화유산, 무형문화유산, 그리고 기록유산을 각각 다른 협약과 카테고리에 속하는 목록으로 여기기보다는 인류와 미래 자손을 위해 '보존'해야 하는 유산으로 통합적인 접근이 필요하다. 문화유산, 무형문화유산 그리고 기록유산을 등재할 기준과 방법은 각각 다르지만, '세계유산'이라는 큰 틀 안에서는 인류와 미래 자손들을 위해 '보존'을 할 가치와 필요가 있다는 통합적인 인식을 담론화할 필요가 있다는 것이 두 번째 제시 · 제안하는 점이다. 그리고 마지막으로는 세계유산을 경상도 지역의 노골적인 산업으로 여기기보다는 지리적 차원에서 국내·외 관광객들이 경상도를 방문하였을 때 인류와 미래의 후손들을 위해 예외적이고 탁월한, 그리고 보편적인 다양성을 선보이는지를 강조할 필요가 있다. 향후 경상도 지역의 세계유산의 탁월한 보편적 가치 및 문화적 다양성의 담론을 이어가는 과정에서는 경상도의 세계유산을 앞세워 '경상도'가 드러나고 조명받는 데 목표를 두기보다는, 경상도 지역에 있는 세계유산이 인류에게 어떠한 보편성과 예외성을 제공하는지를 정확하게 이해하고 알릴 필요가 있다. 다시 말해, 경상도가 지닌 세계적 예외성과 보편성을 핵심으로 조명할 필요가 있다.

6. 맺음말

본 연구의 목표는 〈경상도 지역 유네스코 세계유산의 특성과 문화 다양성 가치〉 연구를 통해 변질한 탁월한 보편적 가치 및 글로컬 개념으로 경상도 지역의 특성과 문화 다양성 담론을 형성하기보다는 초기 의미와 목표를 조명하여 국가 또는 지역의 이득을 위한 연구가 아닌 '보편주의'라는 핵심 키워드로 돌아가는 것이다. 앞서 말한 바와 같이 어느 세계유산의 특성과 문화 다양성 가치를 연구할 때에는 그 국가와 지역의 특성이 아닌 인류 차원에서의 예외성과 보편성을 강조해야 한다는 것이다. 그러기 위해서는 세계유산협약의 탁월한 보편적 가치의 초기 문맥을 잊어서는 안 된다. 유네스코 세계유산협약이 만들어진 핵심 이유가 유네스코 재단 설립 이전에 있었던 전쟁의 피해, 파괴, 혐오, 그리고 차별이 있었기에 그 후 유네스코는 '국제 협력'이라는 키워드가 나왔다는 점을 상기할 필요가 있다. 때문에, 이 시점에서 세계유산을 앞세워 '국가' 또는 '지역'을 강조한다면 원점에서 너무 많이 벗어나 세계유산이라는 정체성이 희미해질 수 있는 위험이 있다. 경상도 지역이 지닌 특성과 문화 다양성을 오늘날 국가 명성과 지역 차별성을 위함이 아닌 세계유산협약이 지향하는 담론과 방향으로 다시 잡는다면, 경상도 지역이 포함된 연속유산 등재를 통해 '연결성'과 '연합'을 강조하고, 지역 단위에서 제공할 수 있는 '보존' 방안을 제시 및 실행하고, 마지막으로 지리적 차원에서 경상도 지역을 세계 관광객들이 찾았을 때 어떠한 예외적인 영감과 창의성을 제공할 수 있는지를 담론화할 필요가 있다.

【참고문헌】

조민재, 「전쟁, 협력, 산업의 키워드로 본 유네스코 세계유산 이야기」, 『통독원』, 2021.

전미경, 「글로컬과 지역 문화자원의 산업화에 관한 연구 동향 분석: 키워드 네트워크 분석을 중심으로」, 『지역과문화』 11, 2024.

장원호, 송정은, 「글로컬 문화의 개념과 한류」. 『문화콘텐츠연구』 8, 2016.

Adie, B, A.. Franchising our heritage: The UNESCO World Heritage Brand. Tourism Management Perspective, (24), 2017.

Adie, B. A. and Amore, A. Transnational World Heritage, (meta)governance and implications for tourism: An Italian case. Annals of Tourism Research (80), 2020.

Bai, N., Nourian, P., Lui, R., and Roders, A. P. "What is OUV" revisited: A computational interpretation on the statements of outstanding universal value. ISPRS Annals of Photogrammetry, Remote Sensing and Spatial Information Sciences, VIII-M-1-2021, 2021.

Betts, P. Humanity's New Heritage: UNESCO and the Rewriting of World Heritage. Past and Present. 228 (1): 2015.

Bertacchina, E. E. and Saccone, D. Toward a political economy of World Heritage. J Cult Econ 36: 2012.

Bertacchini, E., Liuzza, C., Meskell, L., and Saccone, D. The politicization of UNESCO World Heritage decision making. Public Choice. (167): 2016.

Blasco, D., Guia, J., and Prats, L. Emergence of governance in cross-border destinations. Annals of Tourism Research, 49, 2014.

Bom. A. K. When heritage tourism goes glocal - The Little Mermaid in Shanghai. Journal of Heritage Tourism, 7(4): 2012.

Buckley, H. Reconfiguring environmental governance: Towards a politics of scales and networks. Political Geography, 24, 2005.

Cameron, C. The UNESCO impirmatur: creating global (in)significance. International Journal of Heritage Studies. 26(9): 2020.

Cameron, C. and Rossler, M. Many Voices, One Vision: The Early Years of the World Heritage Convention. Routledge, 2013.

Cleere, H. The 1972 UNESCO World Heritage Convention. Heritage and Society.

4(2): 2011.

Duedahl, P. (eds.). A History of UNESCO: Global Actions and Impacts. Palgrave Macmillan, 2016.

Francioni, F. and Lenzerini, F. (eds). The 1972 World Heritage Convention: A Commentary. Second Edition. Oxford University Press, 2023.

Francioni, F. "Introduction." In Francioni, F. and Lenzerini, F. (eds.). The 1972 World Heritage Convention: A commentary. Oxford University Press, 2008.

Frey, B. S., Pamini, P. and Steiner, L. Explaining the World Heritage List: an empirical study. International Review of Economics 60(1): 2013.

Francioni, F. and Lenzerini, F. "The future of the World Heritage Convention: Problems and prospects." In Francioni, F. and Lenzerini, F. (eds.). The 1972 World Heritage Convention: A commentary. Oxford University Press, 2008.

Gonzalez, R. M. The Global, The Local, and the Global: A New Reading of the Priapus Mosasic from the Hispano-Roman Villa of Bobadilla (Antequera, Malaga). Memoirs of the American Academy in Rome (66): 2012.

Hall, C. M. Tourism Planning: Policies, processes and relationships, Pearson Education Limited, 2008.

Hassan, F. A. The Aswan High Dam and the International Rescue Nubia Campaign. African Archaeological Review. 24: 2007.

ICOMOS. Charter on the interpretation and presentation of cultural heritage sites, 2006.

Ioannides, D., Nielsen, P.A., and Billing, P. Transboundary collaboration in tourism: The case of the Bothnian Arc. Tourism Geographies, 8(2), 2006.

Jessop, B. "Metagovernance." In Bevir, M. (eds.). The Sage Handbook of Governance London: Sage Publications Ltd, 2011.

Jokilehto, J. World Heritage: Defining the outstanding universal value. City and Time 2(2): 2006.

Jokilehto, J. (eds.). The World Heritage List. What is OUV? Defining the Outstandung Universal Value of Cultural Properties. Monuments and Sites. XVI, 2008.

Jokilehto, J. The World Heritage List: What is OUV? Defining the Outstanding Universal Value of Cultural World Heritage Properties. An ICOMOS study compiled by Jukka Jokilehto, 2008.

Labadi, S. A review of the global strategy for a balanced, representative and credible World Heritage list 1994-2004. Conservation and Management of Archaeological Sites 2(7), 2005.

Labadi, S. UNESCO, Cultural Heritage, and Outstanding Universal Value: Value-based Analyses of the World Heritage and Intangible Cultural Heritage Conventions. Altamira Press, 2013.

Lee, S. Seowon, Korean Neo-Confucian Academies, Historic Villages of Korea: Hahoe and Yangdong, and Sansa, Buddhist Mountain Monasteries in Korea. Special Review, 2021.

Mihr, A. Glocal Governance: How to Govern in the Anthropocene? Springer, 2022.

Meskell, L. States of Conservation: Protection, Politics and Pacting within UNESCO's World Heritage Committee. Anthropological Quarterly. 87(1): 2014.

Meskell, L., Liuzza, C. Bertacchini, E. and Saccone, D. Multilateralism and UNESCO World Heritage: Decision-making, states parties and political processes. International Journal of Heritage Studies, 21(5): 2014.

Muzaini, H. Informal heritage-making at the Sarawak cultural village, East Malaysia. Tourism Geographies, 19(2): 2017.

Parent, M. Comparative Study of Nominations and Criteria for World Cultural Heritage, Principles and Criteria for Inclusion of Properties on the World Heritage List. Paris: UNESCO, 1979.

Prosper, L. Wherein lies the heritage value? Rethinking the heritage value of cultural landscapes from an aboriginal perspective. The George Wright Forum, 24(2): 2007.

Roudometof, V. The Glocal and Global Studies. Globalizations. 12(5): 2015.

Ryan, J. and Silvanto. S. The World Heritage List: the making and management of a brand. Place Branding and Public Diplomacy. (5): 2009.

Ryan, J., and Silvanto, S. A brand for all the nations: The development of the World Heritage brand in the emerging markets. Marketing Intelligence and Planning, (29), 2011.

Salazar, N. B. "From Local to Global (and Back): Towards Glocal Ethnographies of Cultural Tourism." In: Richards, G. and Munsters, W. (eds.). (2010). Cultural Tourism Research Methods. 2010.

Schmitt, T. M. Global cultural governance. Decision-making concerning World

Heritage between politics and science. Erdkunde, 63(2): 2009.

Schmitt, T.M. UNESCO as a Red Cross or as a notary of World Heritage? Structures, scale-related interactions and efficacy of UNESCO's World Heritage regime. MMG Working Paper 15-05, 2015.

Smith, A. World Heritage and Outstanding Universal Value in the Pacific Islands. International Journal of Heritage Studies, 21(2): 2015.

Stoffelen, A. Tourism trails as tools for cross-border integration: A best practice case study of the Vennbahn cycling route. Annals of Tourism Research, 2018.

Timothy, D. J. Cross-border partnership in tourism resource management: International parks along the US-Canada border. Journal of Sustainable Tourism, 4(3-4), 1999.

Tucker, H. and Carneige, E. World Heritage and the contradictions of 'universal value,' Annals of Tourism Research, 47: 2014.

VanBlarcom, D. L. and Kayahan, C. Assessing the economic impact of a UNESCO World Heritage designation. Journal of Heritage Tourism. 6(2): 2011.

Von Droste, B. The concept of outstanding universal value and its application: "From the seven wonders of the ancient world to the 1,000 world heritage places today." Journal of cultural heritage management and sustainable development, 1(1): 2011.

UNESCO. "Convention for the Protection of Cultural Property in the Event of Armed Conflict (Hague Convention), 1954.

UNESCO. "Convention on the Means of Prohibiting and Preventing the Illicit Import, Export and Transfer of Ownership of Cultural Property," 1970.

UNESCO. "Convention Concerning the Protection of the World Cultural and Natural Heritage (World Heritage Convention)," 1972a.

UNESCO. "Convention Concerning the Protection of the World Cultural and Natural Heritage (World Heritage Convention)," 1972b.

UNESCO. "Operational Guidelines for the Implementation of the World Heritage Convention," 1977.

UNESCO. Convention Concerning the Protection of the World Cultural and Natural Heritage. World Heritage Committee, Thirty second Session, Quebec City, Canada, 2-10 July 2008. Item 10B. Point of Information on the preparation of serial transnational Nominations, Paris: UNESCO, 2008.

UNESCO. Convention Concerning the Protection of the World Cultural and Natural Heritage. World Heritage Committee, Thirty-Fourth session, 25 July - 3 August, 2010.

UNESCO. Operational guidelines for the implementation of the World Heritage Convention. Paris: UNESCO., 2016.

근대 안동의 문화적 사유공간

-유네스코의 보편성과 다양성의 관점에서-

양 일 모

1. 서론: 전통과 전통주의

안동은 전통을 자랑하는 도시이며, 현재에도 조선시대에 성립된 유교적 인문 정신이 전승되고 있다. 이러한 전통에 기반하여 안동시는 2006년 '한국정신문화의 수도'라는 브랜드를 특허청에 등록하였으며, 지역학으로서 '안동학연구'를 활발하게 추진하고 있다. 나아가 2014년부터 매년 '21세기 인문가치포럼'을 개최하여 유교 전통을 중심으로 정신문화의 현대적 가치를 모색하는 학술 활동을 전개하고 있다. 현대사회의 복잡한 문제를 해결하기 위한 단서로서 전통의 의의를 탐구하는 활동에 매진하고 있다는 점에서 안동은 한국 사회에서뿐만 아니라 전지구적 차원에서도 문화도시 만들기 사업에서 선도적 역할을 담당하고 있다.

안동이 문화도시의 역할을 자임하고 나설 수 있었던 것은 무엇보다도 안동을 중심으로 하는 경상도 북부 지역의 문화적 자산이 풍부하기 때문이며, 아울러 이러한 문화유산을 보존하고 관리할 수 있는 행정 능력을 갖추고 있기 때문이다. 지난 2010년 7월 하회마을을 시작으로, 2018년에는 봉정사, 2019년에는 조선시대의 유교적 교육기관으로 안동의 도산서원과 병산서원을 포함한 전국의 9개 서원이 유네스코 세계유산으로 등재되었다. 2015년 10월에는 한국국학진흥원의 장판각에 소장되어 있는 유교책판이 유네스코 기록유산으로 등재되어 인류 공동으로 지켜가야 할 소중한 세계문화유산이 되었다. 2022년에는 하회마을에서 전승되어 온 국가무형유산으로 지정된 탈놀이가 마침내 유네스코의 인류무형문화유산으로 등재되었다.

유네스코의 유산 등재 정책은 세계유산(World Heritage), 무형문화유산(Intangible Cultural Heritage of Humanity), 세계기록유산(Memory of the World) 등 3개의 카테고리로 구성되어 있으므로, 안동은 유네스코가 지정한 세계유산의 각 영역을 망라하는 영광을 누리게 되었다. 1972년 유네스코 총회에서 결정된 '세계 문화 및 자연유산의 보호에 관한 협약'에 의하면, 세계유산은 탁월한 보편적 가치(Outstanding Universal Value)를 지닌 것이며, 세계기록유산은 진정성(Authenticity)과 완전성(Integrity)을 갖춘 귀중한 기록물을 보존하고 활용하기 위한 것이다. 2003년에 제정된 '유네스코 무형문화유산 보호 협약'에 의하면, 무형문화유산은 문화적 다양성에 주목하면서 전통과 현대의 공존, 과거에서 현재, 미래로 연결하는 공동체의 문화를 중시하고 있다.[1)]

1) 조민재, 『유네스코 세계유산 이야기』, 통독원, 2021, 156-159쪽.

안동의 유네스코 유산은 분명 다른 어떤 것과도 대체할 수 없는 탁월한 가치를 지니고 있고 문화적 다양성을 지니고 있다. 그렇지만 유네스코 유산이 과거의 문화와 문물을 중시하면서도, 이러한 전통의 보존에 그치지 않고 전통문화의 창조적 계승을 강조하고 있다는 점에도 주목해야 할 것이다. 안동의 세계유산은 지나간 시대의 문화유산을 대상으로 하고 있기 때문에, 이러한 유산이 현대사회와 연결되어 살아 있는 정신으로 작동할 수 있는 방안을 모색할 필요가 있다. 이야말로 안동의 유네스코 유산을 과거에서 현재로, 그리고 미래의 가치로 이어갈 수 있는 방안을 모색하기 위한 학문적 탐구가 요청되는 까닭이다.

이 연구는 안동의 유네스코 유산의 창조적 계승을 위한 방안으로서 시간적, 그리고 공간적 확장 가능성을 검토하고자 한다. 시간적으로는, 안동의 문화유산이 현대사회로 이어지는 과정을 검토하기 위해서는 근대로의 이행 과정에 주목하고자 한다. 20세기 전후 망국의 위기에 직면하여 안동의 유교적 지식인은 서양의 자유주의, 사회주의, 공산주의 등 다양한 사상을 학습하면서 조국의 독립을 달성하고 나아가 인륜의 실현이라는 보편적 가치를 실천하고자 하였다. 공간적으로는, 안동의 유네스코 유산이 특정 지역 즉 하회마을, 도산서원, 병산서원, 봉정사, 유교책판(한국국학진흥원 장서각) 등 각각 분산된 형태로 등록되어 있다는 점에 착안하여 이러한 문화유산을 전체적으로 조망할 수 있는 방안을 강구하고자 한다. 문화와 문화유산은 고립적이지 않고 항상 지역과 사회 속에서 살아 있다. 이러한 문화유산은 안동이라는 지역 전체의 생활문화권 속에서 상호 영향을 주고받으면서 만들어진 인공물이다. 따라서 안동 지역에서 세계문화유산으로 등재된 지역과 그렇지 않은 지역 사이의 상호연관성을 밝힘으로써 안동이라는 생활공간 전체를 유네스코 유산으로 등재하는 방안을 고려할 필요가 있다.

안동 지역 세계유산의 시간적 그리고 공간적 확장 작업은 안동의 특수성을 강조하는 것이 아니라, 오히려 확장된 안동 지역의 문화유산이 유네스코에서 강조한 보편적 가치와 문화다양성을 보여줄 수 있다고 가정하기 때문이다. 유교적 지식인이 도덕적 실천을 바탕으로 서양사상을 수용하고 이해하고자 했다는 점에서, 안동 지역의 근대적 사유 공간은 동서사상의 융합과 보편 가치의 추구를 보여주는 하나의 사례가 될 수 있을 것이다. 이것이 곧 안동의 문화유산이 주목해야 할 시간적 확장이다. 공간적 확장이란, 안동의 문화유산이 특정 집단의 산물이 아니라, 안동, 나아가 경상도 북부 지역 전체를 포함하는 지식/문화공동체가 공동으로 노력한 결과라고 할 수 있다. 안동의 근대 공간이 이러한 문화공동체의 유기적 연관성을 보여줄 수 있다고 가정하기 때문이다.

이 연구는 '경상도 지역 유네스코 세계유산의 특성과 문화다양성 가치 연구'의 일환으로 안동의 문화도시로서의 확장 가능성을 모색하고자 한다. 물론 이러한 작업이 안동이라는 한국의 특수한 지방의 사례를 논하고 있기 때문에, 무엇보다도 지역우선주의, 나아가 국가주의적 발상의 위험성에서 벗어날 수 있어야 한다. 이러한 위험성을 극복할 수 있는 방안은 곧 유네스코에서 내세우고 있는 문화유산의 보편적 가치와 문화의 다양성이다. 따라서 이 글에서는 보편적 가치와 문화의 다양성에 대한 학계의 논의를 참조하고, 나아가 안동의 근대적 사유공간의 특징을 탐구하면서 이러한 특징이 유네스코의 이념에 합당할 수 있는지 검토해 보고자 한다.

2. 문화유산의 보편성과 다양성의 지양

유네스코 문화유산은 인류의 공동 자산으로서 보편적 가치를 지니며, 동시에 각 문화의 고유한 다양성을 반영한다. 보편성(universality)과 다양성(diversity)은 유네스코 문화유산의 핵심 개념이지만, 이 두 개념은 종종 상충하는 것으로 간주되기도 한다. 보편성은 특정한 시간이나 공간의 제한 없이 두루 통용되는 보편적 가치를 의미하며, 다양성은 각 문화의 고유한 특성과 차이를 인정하는 것을 의미한다. 따라서 유네스코 문화유산이 지닌 보편성과 다양성을 이해하기 위해서는 이 두 개념이 어떻게 상호보완적으로 작용할 수 있는지에 관해 논의할 필요가 있다.

보편성은 모든 인류에게 통용되는 보편적 가치를 의미한다는 점에서 일종의 절대주의(Absolutism)이며, 이는 특정한 맥락에 따라 가치나 원칙이 달라질 수 있음을 의미하는 상대주의(Relativism)와 구별된다. 절대주의는 적어도 어떤 진리나 가치가 모든 시대, 장소 또는 사회적, 문화적 틀에 적용된다는 관점이며, 역사적 상황이나 사회적 조건에도 구속되지 않는 것을 말한다.[2] 일반성(Generality)은 특정한 조건에서 혹은 특정한 지역에서 일반적으로 적용되는 원칙을 의미한다. 이에 비해 보편성은 이러한 조건이나 맥락도 초월하여 모든 인류에게 적용되는 절대적인 가치를 지칭한다.

유네스코 문화유산은 이러한 보편성을 기반으로 선정된다. 예를 들어, 이집트의 피라미드나 중국의 만리장성은 특정한 지역이나 문화

2) "Relativism", *Stanford Encyclopedia of Philosophy*, https://plato.stanford.edu. 검색일 2024.10.10.

에 속하지만, 그 가치는 전 세계적으로 인정받는다. 이는 이러한 유산이 인류 전체의 역사와 문화를 대표하며, 모든 인류에게 공통적으로 중요한 의미를 지니기 때문이다. 따라서 보편성은 유네스코 문화유산이 지닌 가장 중요한 특성 중 하나이다. 1972년 유네스코는 설립 초기부터 강조되어 온 '세계적으로 중요한', 또는 '보편적 관심', 혹은 '보편적 가치(Universal Value)'라는 문구에 '탁월한(Outstanding)'을 추가하여 세계유산협약의 핵심 개념으로 채택했다. 문화유산의 보편성을 강조하는 이러한 규정은 Kant를 비롯한 계몽주의 철학에 뿌리를 두고 있으며 유네스코의 기본 정신이기도 하다.[3]

한편, 문화유산의 다양성은 각 문화의 고유한 특성과 차이를 인정하고 존중하는 것을 의미한다. 유네스코는 2001년 11월 파리에서 열린 유네스코 제31차 총회에서 채택된 '만국 문화다양성 선언'(UNESCO Universal Declaration on Cultural Diversity)을 통해 문화다양성의 중요성을 강조하였다. 이 선언에 따르면, 문화다양성은 언어, 의상, 전통, 사회 구조, 도덕, 종교, 그리고 주변 환경과의 상호작용 등 다양한 요소를 포괄한다. 문화다양성이야말로 인류의 창의성과 혁신의 원천이며, 지속가능한 발전을 위한 필수적인 요소이기 때문이다. 각 문화는 고유한 지식과 기술, 예술적 표현을 가지고 있으며, 이러한 다양성이 인류 전체의 문화적 풍요로움을 이끌어낼 수 있기 때문이다. 따라서 유네스코는 문화다양성을 보호하고 증진하는 것을 중요한 목표로 삼고 있다.

특히 유네스코의 무형문화유산협약이 문화다양성을 강조하면서 기존에 견지되어 왔던 '인류의 보편성'의 원칙에 약간의 조정이 요청

3) 조민재, 「유네스코 세계유산협약의 '탁월한 보편적 가치' 시작과 전개 과정」, 『인문논총』 81권 4호, 2024.

되었다. 즉 기존에 문화다양성은 유럽중심주의적 편견(Eurocentric bias) 혹은 서양의 억견(Western doxa)의 관점에서 평가되어 열등한 것, 비서구적인 것으로 이해되었다. "인류의 다양성은 극복해야 할 장애물이었고, 문화적 다양성은 열등성을 함의"[4]한 채 해소되어야 할 것으로 간주되었다. 1985년 이후 유네스코는 이와 같은 이념의 변화를 천명함으로써, "전통적 차이와 민족적 정체성을 보존하려는 비(非)서구 사회 혹은 소수집단의 손을 들어주기로 한 것이다."[5] 모든 인류에게 통용되는 절대적이고 보편적인 가치를 강조할 것인가, 이와 달리 각 문화의 고유한 특성과 차이를 존중하는 다양성을 인정할 것인가 하는 문제는 여전히 논의가 필요한 주제이다. 유네스코에서 보편성과 다양성을 함께 강조하는 것은 이들 두 개념이 상호보완적인 관계를 지닐 수 있다고 판단했기 때문이다.

첫째, 보편성은 다양성을 포용하는 틀을 제공할 수 있다. 보편적 가치는 각 문화의 고유한 특성을 인정하고 존중하는 것을 전제로 한다. 예를 들어, 유네스코 문화유산은 각 문화의 고유한 유산을 보호하면서도, 이를 인류 전체의 공동 자산으로 간주한다. 이는 보편성이 다양성을 배제하는 것이 아니라, 오히려 다양성을 포용하고 강화하는 역할을 할 수 있음을 보여준다. 둘째, 다양성은 보편성을 풍부하게 만드는 요소이다. 각 문화의 고유한 특성과 차이는 인류 전체의 문화적 풍요로움을 이끌어낼 수 있다. 예를 들어, 다양한 문화의 예술, 음악, 문학, 건축 등은 인류 전체의 문화적 유산을 구성하며, 이를 통해 보편적 가치가 더욱 풍부해진다. 따라서 다양성은 보편성을 단순히 제

4) Stoczkowski, Wiktor. "UNESCO's Doctrine of Human Diversity: A Secular Soteriology?", *Anthropology Today* 25(3), 2009, p.9.

5) 정수진, 「무형문화유산의 문화정치학 -유네스코 체제에 대한 한국의 대응을 중심으로」, 『실천민속학연구』 26, 2015.

한하는 것이 아니라, 오히려 이를 확장하고 심화하는 역할을 할 수 있다.

안동의 유네스코 세계유산은 보편성과 다양성의 조화를 잘 보여주는 사례이다. 예를 들면, 하회마을은 한국의 전통 마을로서 조선시대의 건축 양식과 생활 문화를 잘 보존하고 있다. 한국의 전통 가옥인 한옥과 자연 환경이 조화를 이루는 독특한 경관은 한국의 전통문화를 대표하는 중요한 유산이다. 아울러 하회마을은 한국의 고유한 문화적 특성을 보여주면서, 동시에 전 세계적으로 전통 마을의 보존과 지속가능한 발전에 대한 중요성을 일깨워주는 보편적 가치를 지니고 있다. 마찬가지로 도산서원과 병산서원은 조선시대의 유교적 교육기관이라는 특수성을 지니고 있지만, 인의예지(仁義禮智) 등의 가치를 구현하는 교육 이념은 인류 전체의 도덕적, 윤리적 기준으로서의 의미를 지닌다. 봉정사는 한국의 전통 사원이라는 특수성을 지니지만, 불교의 평화와 자비의 정신을 표상하는 보편적 가치를 구현하고 있다.

여기에서 한 가지 주의할 점은 유네스코가 문화다양성의 의미를 강조하면서 탈서구화, 탈중심화의 경향이 나타나며, 나아가 사라져갈 위험이 있는 소수문화에 대한 새로운 인식을 요청하고 있다는 점이다. 그럼에도 한국을 비롯한 동아시아의 사례에서 보이듯이, 국가주의적 요인이 강하게 대두하는 위험성에 유의할 필요가 있다. 즉 동아시아 지역에서는 "자국의 유형유산은 물론 무형문화유산을 가능한 많이 유네스코 목록에 등재함으로써, 자국문화의 탁월성을 국제사회에 입증하고, 이를 인증받기를 원한다"[6]는 것이다. 문화유산을 계승하고 보존하는 문화집단의 주체는 현재의 국가, 더구나 근대의 국민국가와

6) 박선희, 「문화다양성의 역설: 유네스코 무형문화유산협약과 국가주의」, 『문화와 정치』 제6권 제4호, 2019.

도 일치하지 않으며, 또한 현재의 지방 단위, 마을 단위와 일치하지 않을 수도 있다. 이러한 의미에서 문화집단은 근대적 국민국가, 혹은 일국 중심주의에서 벗어나 공동체, 혹은 모든 공간이 국민국가의 틀을 넘어 다양하고도 중층적인 방식으로 탈영토화(de-territorialization)하는 관점에서 접근할 필요가 있다.[7]

과거의 문화유산에 대해 민족국가 혹은 지역 단위의 관점에서 유구한 역사와 전통을 자랑하는 형태로 이해한다면, 이는 살아있는 '전통'이 아니라 죽어 있는 '전통주의'라고 할 수 있을 것이다. 미국의 역사신학자 펠리칸(Pelikan, Jaroslav, 1923~2006)은 기독교 신학의 역사를 통해 전통(Tradition)과 전통주의(Traditionalism)를 구별하면서, "전통은 죽은 자의 살아 있는 신앙이요, 전통주의는 산 자의 죽은 신앙이다"[8]라고 주장했다. 지나간 전통을 자랑거리로 전시하는 것이 전통주의이며, 이러한 전통주의는 전통을 올바르게 계승하는 것이 아니라 살아있는 이들의 죽은 신앙에 불과하다. 반면에 지나간 전통을 재발견하고 계승해 가면서 현재와 미래를 위한 사유의 소재로 기능하도록 할 수 있을 때 비로소 전통의 가치가 될 수 있다는 것이다. 안동의 세계유산뿐만 아니라 세계 각지의 유네스코 세계유산 또한 죽은 전통이 아니라 현재를 위해, 그리고 미래를 위한 보편 가치로의 의미를 지닐 수 있는 새로운 해석이 필요하다.

---

7) 미첼, 돈 지음, 류제헌 외 역, 『문화정치, 문화전쟁 -비판적 문화지리학』, 살림, 2011, 547-561쪽.

8) 야로슬라프 펠리칸 지음, 강성윤 옮김, 『전통을 옹호하다: 전통의 의미와 재발견, 회복에 관하여』, 비아, 2024, 115쪽.

3. 안동의 근대적 사유공간

1) 근대 안동의 유교적 의리론

유교의 본고장이요 정신문화의 수도인 안동 지역에서 전통과 현대의 연속성을 살펴보기 위해서는 19세기 중엽 이후 전근대와 근대의 과도기를 살아간 유교적 지식인을 살펴보는 것이 유효한 방법이라고 할 수 있다. 이 시기는 제국주의적 성격을 지닌 서양 열강이 식민지를 확보하기 위해 동아시아 지역으로 진출하고 있었다. 그 이전에도 유럽의 천주교와 과학 지식을 중심으로 하는 서학(西學)이 동아시아에 전래되었지만, 유교의 가르침은 한국의 정치와 사회, 사상과 문화 등 모든 영역에서 중심적인 역할을 담당했다. 그렇지만 20세기를 전후한 시기에 동아시아의 각 지역은 서학에 저항하면서, 한편으로는 서학을 수용하지 않을 수 없는 상황을 맞이하였다.

한국의 근대는 서학과의 대결이 서양과의 대결이라기보다는 오히려 동아시아 내부에서 발생한 새로운 제국주의 일본과의 대결이었다. 일본의 침략이 노골화되면서 조선의 유림은 항일운동에 나섰고, 식민지로 전락한 이후에는 독립운동의 전선에 뛰어들었다. 일본의 침략에 맞서 유림은 의병투쟁에 앞장섰다. 1894년 7월 갑오농민혁명을 진압하기 위해 들어온 일본은 경복궁을 기습적으로 점령하는 변란을 일으켰으며, 고종을 핍박했다. 공주 유생이었던 서상철(徐相轍, 1859~1932)은 갑오변란에 항의하여 일본 적군을 토벌하기 위해 7월 25일 안동부 명륜당, 즉 향교에서 거의(擧義)하자는 격문을 보냈다. 최초의 항일 의병으로 계획되었던 안동 의거는 안동부에 의해 강제로 정지당하였다.[9] 그렇지만 안동의 갑오의병은 19세기 말 한국 독립운동사의 서막을 장식하는 위대한 성전이었다.

석주 이상룡(石洲 李相龍, 1858~1932)은 한국 근대사의 격변기를 살아온 대표적인 지식인이자 독립운동가이며, 유교적 의리론에 투철한 인물이었다. 그는 서산(西山) 김흥락(金興洛, 1827~1899)의 문하에서 유교 교육을 받으며 성장했다. 1868년 대원군이 서원 철폐를 시행하자 그는 「서원의 복원을 주장하는 상소」를 올려 반대 의견을 표명했다.[10] 1895년 10월 8일 일본이 경복궁을 습격하여 명성황후를 시해하는 천인공노할 만행을 저지르자, 그는 1895년 이후 안동 지역의 유림이 주축이 된 의병운동에 뜻을 같이했다. 1905년부터 의병부대의 양성과 지원에 참여하였으며, 각지에서 활동하고 있던 의병부대들과의 연대를 모색했다.[11]

을미사변 당시 일본의 침략과 만행에 저항하는 유림의 의병 활동은 유교적 의리에서 나온 장렬한 실천 운동이었다. 망국의 위기에서 유생이 가야 할 길에 대해 유인석(柳麟錫, 1842~1915)은 의병을 일으키거나, 나라를 떠나거나, 자결하는 3가지 선택이 있을 뿐이라고 주장하였다. 즉 그는 유생이 어려운 시기에도 유교의 이념을 지키기 위해서 해야 할 세 가지 방향의 실천적 행위, 즉 처변삼사(處變三事)로 의병거의[擧義掃淸], 해외망명[去之守舊], 순국자진[自靖遂志]을 들었다.[12] 의병

---

9) 김상기, 「조선말 갑오의병전쟁의 전개와 성격」, 『한국민족운동사연구』 3, 1989.

10) 『石洲遺稿』, 「請書院復設疏」, 53쪽.

11) 김정미, 「이상룡의 국권회복운동론 -대한협회 안동지회 활동을 중심으로」, 『한국근현대사연구』 11, 1999.

12) 『毅菴先生文集』 卷二十四, 「書」, 「答湖西諸公著」. "聞變之初, 卽與士友議得處變三事. 曰擧義而掃淸也, 去之而守舊也, 自靖而遂志也. 然衆皆謂不可掃淸而後去守, 不可去守而後自靖, 自靖固極安靜光潔, 處身盡道, 無復餘憾, 而不及其他矣."

으로 일어나 적군을 토벌하고, 다음에는 해외로 망명하여 도(道)를 지키고, 그래도 여의치 않으면 자진하여 도(道)와 함께 한다는 것이다.

처변삼사라는 유학자의 원칙을 실행에 옮긴 이는 바로 안동의 근대를 상징하는 유학자요 퇴계의 후손인 향산(響山) 이만도(李晩燾, 1842~1910)였다. 1894년 안동에서 의병 투쟁이 처음으로 시작되었을 때, 그는 갑오의병 논의에 참가하였고, 다음 해 1895년 을미사변과 단발령이 터지자 예안의병장으로 활약하였다. 1905년 을사늑약으로 조선의 외교권이 박탈당하자 을사오적을 참수할 것을 청하는 상소문, 즉 「청참오적소(請斬五賊疏)」를 올렸고 안동 예안을 중심으로 한 선성의진(宣城義陣)을 주도했다. 1907년 음력 7월 일본이 안동 지역의 의병 활동을 억누르고자 퇴계의 종택을 불태우는 무도한 도발을 자행하자, 그는 나라도 망하고 종택도 불탄 마당에 갈 길은 목숨을 걸고 싸우는 자진(自盡)뿐이라고 생각하였다.[13] 조국이 강제로 일본에 병합되었다는 소식을 접한 그는 단식을 결행하면서 다음과 같이 일기를 남겼다.

> 내가 나라에 두터운 은혜를 입었지만 처음에 을미사변 때 죽지 않았고, 두 번째로 을사늑약 때 죽지 않고 산으로 들어가 목숨을 연장한 것은 그래도 까닭이 있었다. 지금은 이미 희망이 사라졌으니 죽지 않고 무엇을 기다릴 것인가? 망국의 소식을 듣고도 여러 날 동안 지체한 것은 자진하는 방법을 알지 못했기 때문이다. 이제 뜻이 정해졌으니 장차 명동에서 죽고자 한다.[14]

13) 조동걸, 『한국근현대사의 이해와 논리』, 지식산업사, 1998, 217-219쪽.

14) 李晩燾, 『靑丘日記』 필사본, 8월 14일자. "吾受國厚恩, 一不死於乙未, 再不死於乙巳, 入山苟延, 猶有以也. 今已無望矣, 不死何待. 聞變有日, 而尙此遲延者, 未得自盡之方. 今志已定矣, 將就盡於明洞."

이만도는 유교적 의리론(義理論)에 입각하여 의병투쟁에 종사하였다가 결국 순국의 길을 걸었다. 안동의 독립운동사를 장식한 이상룡 또한 독립운동에 매진한 안동의 유림과 마찬가지로 의병 투쟁에 종사했다가, 의병운동이 실패로 돌아가자 "주나라 왕실을 높인 공자와 제나라와 양나라 임금에게 왕 노릇을 하도록 권한 맹자, 천하를 구제하기 위해 자기 집 앞을 지나면서도 들어가지 않은 우임금, 누추한 마을에서 안빈낙도한 안연이 제각기 시의(時宜)가 있었다"[15]라고 하면서 시의론(時宜論)에 기반하여 량치차오(梁啓超, 1873~1929)의 저서를 탐독하면서 서양 학문과 자유주의 사상, 그리고 사회진화론을 적극적으로 수용하였다. 나아가 그는 "고칠 것은 고치고 받아들일 것은 받아들여 옛것과 새것을 참작하고 지와 덕을 병행하면 유교가 어둠에 묻히지 않고 조국은 부흥할 것이다"[16]라고 하면서, 유교의 텍스트 속에서 실지(實地)를 궁구하여 실학(實學)을 숭상하고, 신식 학교 교육을 통해 문명을 실현할 수 있는 논리를 발견하고자 했다.

이상룡은 서양을 비판하면서 유교적 의리를 수호하기 위해 의병 활동에 종사하였지만, 유교적 시의론과 실학에 의거하여 서양 학문을 적극적으로 평가하면서 신학, 즉 서양의 학문을 학습하고 가르치며, 유교적 지식인의 실천을 강조하였다.[17] 그렇지만 망국의 현실 속에서 그는 변란에 처한 유학자의 실천적 행동으로 국외망명의 길, 즉 식민

15) 『石洲遺稿後集』, 「先府君遺事」, 386쪽. "尊周勸王, 過家處巷, 各有時宜." 이상룡 문집의 번역은 『국역 석주유고』(안동독립운동기념관 엮음, 경인문화사, 2008)를 참조하여 적절히 수정하였으며, 이하 동일함.

16) 『石州遺稿』, 「與姜碧梧丈」, 71쪽. "可革者革之, 可采者采之, 參酌新舊, 智德竝進, 則庶幾吾道不夜, 而祖國復興矣."

17) 양일모, 「이상룡의 서양 학문 수용을 위한 유교적 논리」, 『한국실학연구』 45, 2023.

지 조국을 떠나 도(道)를 수호하는 길을 선택했다. 1911년 1월 가족과 친지를 이끌고 만주로 망명했다. 국내에서 삶을 정리하고 고난의 길을 선택한 까닭을 그는 다음과 같이 회상했다.

> 내가 무엇 때문에 전답과 가택을 헌신짝처럼 버리고 일가와 친척을 멀리하고, 쓰디쓴 마음을 참아가며 궁벽하고 황폐한 간도 땅으로 가려고 하는가? … 작년 가을에 나라가 이미 망했다. 그런데 7척 단신으로 다시 도모할 일이 없다. 이제 남은 것은 다만 한 번의 죽음일 뿐이다. 선택의 기로에 있을 때 항상 의(義)를 따른다는 것은 예로부터 우리 유가에서 날마다 외우고 있는 말이다. 미련이 있는 것이 아니라 아직 결단할 수 없었기 때문이며, 두려움이 있는 것이 아니라 결정하지 못했기 때문이다. 다만 대장부의 철석같은 의지로써 백절불굴의 자세가 필요하기 때문이다.[18)]

이상룡은 만주에서 동포사회의 사회 경제적 안정을 도모하기 위한 노력을 경주하였고, 독립운동의 근거지가 될 자치기구로서 경학사(耕學社)를 조직하였고, 민족교육을 위해 신흥강습소를 설립하였고, 군사훈련을 위한 병영을 설치했다.[19)] 유교적 지식인이 만주 벌판에서 삶과 교육, 그리고 독립운동을 이끌어가는 것은 헌신적인 자세와 견고한 신념이 있어야만 가능한 일이었다. 그가 지키고자 한 것은 의로운 길은 곧 유교의 가르침인 도(道)라고 할 수 있다. 그가 망명지에서 한 실천적 행위는 고난에 처한 한민족의 특수성을 반영하고 있지만,

---

18) 『石州遺稿』「西徙錄」, 269쪽. "然則余何為而作此擧, 弊徙吾田宅, 路人吾親戚, 忍此梅酸蘗苦之懷而自投於窮島絶溦之間哉. … 至於昨秋而國事遂已, 顧此七尺残軀, 無復可為底事, 而所欠只一死耳. 熊魚取舍, 自是吾儒家茶飯誦說, 則非有所係戀而不能斷裁也, 非有所恐怖而不能決定也, 特以丈夫鐵石之志, 政須百折不挫."

19) 강윤정, 「난세의 지식인 석주 이상룡의 공부」, 『안동학』 13, 2014.

도의 수호라는 인륜의 보편성의 관점에서 평가할 수 있을 것이다.

유교의 의리론에서 출발한 이상룡은 서양 학문을 학습하고, 나아가 간도에서 동포들과 함께 독립운동의 전선에 뛰어들고, 상해 임시정부에서 초대 국무령에 취임하였다. 결국 그는 중국 땅에서 불귀의 객이 되었다. 그는 일생동안 유교적 삶을 견지하였고, 때로는 성리학적 세계관을 넘어서 서양의 학문을 학습하고 심지어 사회주의 사상까지도 수용하면서 보편적 관점에서 세계를 이해하고자 하였다. 1920년대 저술된 것으로 보이는 『광의(廣義)』는 유교의 이상향인 대동사상을 통해 사회주의를 이해한 것이다. 그는 소련의 사회주의 혁명이 플라톤의 공산설과 마르크스의 사회사상이 발전된 것으로 보고, 이것을 약소민족의 복음이라고까지 하였다.

> 대도(大道)는 대동(大同)의 도(道)이다. 하늘이 사람을 낼 때 본래 평등하였으나 불평등이 생긴 것은 사람이 그렇게 한 것이다. 대체로 세계에는 인류가 생긴 후부터 경쟁이 없을 수 없다. 경쟁이 있으면 강자와 약자가 나뉘고, 경쟁이 있으면 승패가 없을 수 없다. 강하여 승리한 자는 행복을 얻고, 약하여 패한 자는 그 행복을 잃으니, 이것은 대개 자연의 형세라 피할 수 없다. 그러므로 세상에서 정치를 논하는 자는 반드시 인민의 행복을 얻는 숫자의 다소에 비례하여 문명의 차이를 규정하고, 행복을 얻는 자가 다수이면 좋은 정치로 간주하고, 행복을 얻는 자가 소수이면 불량한 정치로 간주한다.[20]

20) 『石洲遺稿後集』, 123쪽. "大道者, 大同之道也. 天之生人, 本自平等, 旣有不平等, 乃人之所爲也. 蓋自世界之有人類, 不能無競爭, 旣有競爭, 則不能無强弱. 旣有强弱, 則不能無勝敗. 於是强而勝者, 得其幸福, 弱而敗者, 失其幸福, 此蓋自然之勢, 不可逃避者也. 故世之論政治者, 必以人民得幸福之多少數, 爲文明差率之正比例. 得幸福者多數, 則爲良政治, 得幸福者小數, 則爲不良政治."

이상룡은 유교의 대동사상이 곧 사회주의가 표방하는 평등사상이라고 보았다. 이는 유교를 통해 사회주의의 평등을 이해한 것이고, 또한 사회주의가 기치로 내걸고 있는 평등한 사회를 대동의 이념으로 실현하고자 한 것이다. 그는 인류사회가 경쟁으로 말미암아 발생한 불평등을 없애고 인류의 다수가 행복을 추구할 수 있는 세상을 구현해야 한다고 주장했다. 결국 사회주의 이상이 실현된 세계는 공자가 이미 수천년 전에 묘사한 천하대동의 시대, 즉 대동세(大同世)였다. 물론 그는 사회주의가 가족과 국가의 해체를 주장하고, 자유연애를 주장하고 있는 점에 대해서는 비판적이었다. 이는 "유교적 가치관의 바탕 하에서 서양 근대 사상을 통해 유교를 혁신하고 사회를 개혁하고자 하는 당시의 유교 개혁론"[21]이라고도 할 수 있다. 이상룡의 대동주의는 서양의 사회주의와 동일한 것은 아니었으며, 어디까지나 가족의 중요성을 버리지는 않는 공동체를 희구한 것이었다. 그는 유교의 사회주의를 통해 새로운 관점에서 이상세계를 사유하면서 보편의 질서를 사유한 것이다.

유교적 지식인으로서 전통과 근대를 이어간 이상룡은 전통적인 유교 교육을 바탕으로 학문적 기반을 다졌으나, 서양 사상과 사회주의까지 포용하며 시대적 변화에 적극적으로 대응했다. 그의 삶과 사상은 유네스코가 정의한 보편성과 다양성의 관점에서 재조명될 필요가 있다. 그는 유교적 가치를 통해 보편적 가치를 실현하려 했으며, 서양의 근대 사상과 사회주의를 통해 다양성을 실현하려 했다. 그의 이러한 사상적 다양성은 단순히 다양한 사상을 혼합한 것이 아니라, 각 사상의 고유성을 인정하고 존중하며, 이를 통해 보편적 가치를 실

21) 한성구, 「석주 이상룡의 자유설과 대동사상」, 『한국철학논집』 77, 한국철학사연구회, 2023, 271쪽.

현하려는 노력이었다. 그의 삶과 사상은 유네스코가 강조하는 보편성과 다양성의 조화를 잘 보여주는 사례로서, 오늘날 우리에게도 중요한 교훈을 제공한다. 아울러 그의 사상과 실천은 전통과 현대, 동양과 서양의 사상을 조화롭게 수용하며, 보편성과 다양성을 동시에 실현한 인물로 평가될 수 있다.

2) 안동의 문화공동체와 지식인 네트워크

안동에서 가장 널리 알려진 마을은 하회마을이다. 하회마을에 관해서는 기존의 연구 또한 풍부하며, 이 마을이 지니고 있는 문화적 가치가 상세하게 서술되어 왔다. 즉, 첫째 사람의 창조적 천재성이 만들어낸 걸작으로서 하회탈, 둘째 오랜 시간 동안 안동지역 안에서 기념비적 예술의 발전에 영향을 미친 하회탈춤, 셋째 사라진 문화적 전통을 입증하는 독보적 증거로서 하회별신굿, 넷째 인류 역사의 중요한 단계를 보여주는 문화유산의 탁월한 사례로서 유교문화 경관, 다섯째 환경과 사람의 상호작용을 보여주는 대표적인 거주지로서 하회마을 자연경관과 지리적 입지를 들 수 있다.[22] 이처럼 하회마을에 대한 기존의 연구는 상당히 충실하다고 할 수 있다. 그렇지만 하회마을의 문화가 안동이라는 지역을 중심으로 하는 생활문화권 내에서 형성되었다는 점에 대해서는 주목하는 연구는 거의 없다. 안동의 유네스코 유산이 각각 독립적인 가치를 지니고 있다는 점은 부정할 수 없지만, 이러한 문화유산이 지역문화의 상호 연관성 속에서 배태된 점 또한 무시할 수 없을 것이다.

---

22) 임재해, 「세계문화유산으로서 하회마을 민속의 문화적 가치」, 『국학연구』 13, 2008.

하회마을에서 가까운 병산서원은 도산면의 도산서원, 그리고 임하면의 호계서원과 학문적으로 교류하던 교육 공간이었다. 봉정사는 불교문화를 상징하는 대표적 사찰이지만, 퇴계 이황(李滉, 1501~1570)이 봉정사에서 강학했던 명옥대(鳴玉臺)를 보더라도 유교적 지식인들과 밀접하게 연결되어 있었다. 봉정사는 유학자들의 독서와 강학 공간으로 활용되었고, 문인들의 문집을 발간하는 장소로도 활용되었으며, 사찰로서의 기본적 속성 이외에 사대부와 사족들의 문화공간으로도 기능하였다.[23] 유교책판은 이러한 학문적 전통을 기록하고 보존하는 역할을 했다. 따라서 안동의 유네스코 유산은 단순히 개별 유적의 집합이 아니라, 안동이라는 지역 전체의 문화적, 역사적 맥락을 반영하는 유기적 네트워크로 이해되어야 한다.

안동 지역의 사회적 문화적 교류 관계는 조선시대뿐만 아니라 근대로 이행되는 시기에도 지속적으로 진행되었다. 특히 19세기 말 이후 한국이 위기에 봉착하고 심지어 식민지로 전락했을 때 인적 네트워크가 더욱 강화되었다. 유교적 지식인은 일본의 침략 행위가 노골화되자 의병투쟁에 나섰으며, 의병투쟁의 의협심만으로는 저항하기 어렵게 되자 국외로 망명을 시도했다. 1910년 나라가 망한 이후에 전국에서 목숨마저 버리면서 순국한 의사(義士)가 70명에 이르렀으며, 안동 출신이 10여 명이 있었다. 1907년 순국한 김순흠(金舜欽, 1840~1910, 풍산 오미리 출생), 1910년에 단식으로 순국한 이만도(1842~1910, 예안 하계 출생), 류도발(柳道發, 1832~1910, 풍천 하회 출생) 등은 유교적 지식인으로 목숨을 바쳐 유교의 도와 국가의 명을 지키고자 하였다. 이들 의사들 사이에 직접적인 교류가 없었다 할지라도 "안동인의 의리정신과 저항정신, 그리고 정통지향성"[24]이라는 이 지역의 사상적, 정신적

23) 황만기, 「조선 중후기 사대부의 봉정사 공간 향유 양상」, 『남명학연구』 64, 2019.

교감이 있었다고 할 수 있다.

앞에서 서술한 이상룡은 안동 지역에서 유교적 지식인 교류의 중심에 있었다. 그는 조부 이종태(李鍾泰, 1820~1894)의 처남인 김흥락(金興洛, 1827~1899)의 문하에서 수학하였다. 김흥락은 안동시 서후면 금계리에서 태어났으며, 금계리에는 그가 강학하던 소계서당(邵溪書堂, 안동시의 문화유산 제17호)이 있다. 그는 이황과 김성일(金誠一, 1538~1593)로 이어지는 "퇴계 학맥의 마지막 봉우리"[25]였다. 김성일은 임하면 천전리에서 태어났지만, 부친의 3년상을 치르고 처가인 금계리로 거처를 옮겨 잠시 거주하였다. 금계리에는 경상북도 기념물 제112호로 지정된 의성 김씨 학봉 종택이 있다. 이상룡은 고성 이씨의 명문가문으로 법흥동에 있는 임천각(대한민국의 보물 제182호)에서 태어났지만, 의성 김씨의 집성촌인 금계리로 왕래하였다. 근대화의 물결이 휘몰아치던 시절, 유교적 지식인들은 안동이라는 근대적 사유 공간 속에서 활발하게 교류하고 있었다. 이상룡이 의병활동에 열성적으로 참여한 것 또한 그의 스승인 김흥락의 영향이었다.

천전리(내앞마을)는 하회마을보다 덜 알려진 동네이지만, "독립운동으로 산화한 마을", "독립운동으로 스러진 겨레의 성지"로 평가되고 있으며, 이 마을 출신으로 독립 유공자 포상을 받은 인물은 일동 김동삼(金東三, 1878~1937)을 포함해 20명에 가깝다. 뿐만 아니라 조국의 독립을 위해 만주로 망명한 사람은 150여 명이 넘는다.[26] 2007년 8월 안동독립운동기념관을 여기에 설립하게 된 것은 바로 이 마을이 한국의 독립운동에서 담당했던 역할을 기념하고자 한 연유라고 할 수

---

24) 김희곤, 『안동 사람들의 항일투쟁』, 지식산업사, 2007, 25쪽.

25) 안동대학교 안동문화연구소, 『안동 금계 마을 -천년불패의 땅』, 예문서원, 2000, 130쪽.

26) 김희곤, 『안동 내앞마을 -항일 독립운동의 성지』, 지식산업사, 2012, 11-16쪽.

있다. 20세기 초 천전리가 안동에서 주목받기 시작한 것은 안동문화권에 "혁명의 바람을 일으킨 곳"[27]이기 때문이다. 1907년 이 마을에 호계서원의 재원과 천전의 의성 김씨 문중을 비롯한 안동 지역 여러 문중의 재원으로 신식교육을 위한 협동학교가 설립되었다.[28] 학교에서는 서양사상을 소개하는 량치차오의 『음빙실문집』 등을 주요 교재로 사용하였으며, 안동 유림의 자제들에게 신학, 즉 새로운 학문을 교육시키고자 하였다.[29] 『황성신문』에서는 협동학교의 설립 취지를 다음과 같이 보도하였다.

> 오호라, 우리 안동의 인사들이여. 우리 안동은 고대에 유현(儒賢)이 줄이어 배출되었으며, 일찍부터 문운이 열려 조정의 예우와 국인(國人)의 기대가 가장 두터운 땅이었다. 그렇다면 우리 안동 사람은 국가에 대한 책임이 가장 무겁지 않겠는가? 우리 안동 사람이 가장 중요한 책임을 지고도 스스로 깨닫지 못하고 있다. 각지에서 경고의 소리가 울려 퍼지는데 우리는 홀로 어두운 길을 걷고 있으며, 각지의 등불이 앞장서고 있는데 우리는 홀로 암흑 속에 빠져있다. 지금까지도 학교의 설립이 늦어지고 있으니, 우리 안동 사람들이 무슨 얼굴로 다른 사람들을 대할 수 있겠는가. 오늘 비록 늦었으나 일을 추진하고자 동지들이 떨쳐 일어나 이 학교를 설립하였다. 국가는 동국이요, 군은 안동이요, 면은 임동이요, 학교 이름은 협동(協東)이라 하였다. 이름을 생각하고 의리를 생각하니 어찌 자중하지 않겠는가. 오라, 우리 안동 사람들이여. 일제히 힘을 합쳐 이 학교에 모든 정성을 다 바쳐 국혼(國魂)을 배양하고, 큰 근본을 확립하여, 학문을 발전시켜 기준을 세우며, 지성으로 움직여, 하늘이 도와 국가가 중흥하면, 우리 안동 사람들도 국가의 일원으로서 책임을 다하고,

27) 위의 책, 25쪽.

28) 이경자·김은혜, 「안동지역 근대교육의 전개양상 -협동학교를 중심으로」, 『한국학연구』 79, 고려대학교 한국학연구소, 2021.

29) 조동걸, 「안동 유림의 도만 경위와 독립운동상의 위치」, 『대구사학』 15, 1978.

농사지으며 남는 여유 속에서 즐겁게 노래를 부를 것이다. 그렇지 않으면 도도히 흐르는 동해 바다에 몸을 던져 깨끗이 사라질 것이다. 오라, 안동 사람들이여![30]

의병운동에서 한 걸음 물러나 새로운 방향을 모색하던 이상룡은 유인식(柳寅植, 1865~1928), 김동삼(金東三, 1878~1937) 등과 함께 협동학교설립에 관여하였다. 전국적으로 보면 안동에서 신식학교의 설립은 늦은 편이지만, 유교의 전통이 강하게 지속되어 온 지역인 만큼 황성신문의 보도 또한 이례적이었다. 협동학교 설립의 의미는 의병활동의 발상지요 유교의 이념에 철저했던 영남 지역에 신식 교육이 출현했다는 점에서 찾아볼 수 있지만, 무엇보다도 이러한 신식 교육 기구를 설립하고자 했던 안동 지역 유림의 의식 전환도 중요하다. 이상룡은 협동학교 설립에 관여했지만, 오히려 협동학교를 설립하면서 보수적 유림에서 혁신 유림으로 전회할 수 있었다고 할 수 있다.[31] 이러한 혁신유림의 출현은 유교적 지식인에서 나온 것이지만 전통과 현대, 동양과 서양을 아우르는 보편적 성격을 지닌다고 할 수 있다.

(안동이) 500년을 수호하고 길러온 유학을 버린 것은 아니다. 유학을 새 시대에 맞게 재해석하여 새로운 생활윤리로 존중하였다. 주자학적 종교성은 탈피하면서 유가 가례는 준수하였다. 그래서 안동 유림을 혁신유림이라 일컫는 것이다. 유림이라는 점에서 보면 보수성을 가졌지만 혁신이라는 점에서 보면 진보성을 가지고 있었다. 여기서 안동에는 보수와 진보가 양존하게 된 단서를 열었다. 뿐만 아니라 한 사람의 머리에 두 가지 사상이 공존한 경우를 흔히 볼 수 있다. 그것이 이상할 것은 없다.

---

30) 『황성신문』 1908년 9월 27일.

31) 양일모, 「주자학과 사회진화론의 융합적 사고 - 이상룡의 「진화집설」, 「합군집설」을 중심으로」, 한정길 외, 『사회사상과 동서접변』, 동과서, 2019.

문제는 양존 또는 공존을 발전의 동력으로 조화하고 재구성할 수 있었느냐 하는 점에 있다. 발전의 동력은 사람에 따라 다르겠지만 필자는 그 기준을 보편적 인간주의에 두고 있다. 보편적이라는 말을 강조하는 것은 독존적이거나 배타적이어서는 인간주의가 안 되기 때문이다.[32]

협동학교가 보수와 진보의 공존을 가능하게 했고, 이 또한 보편적 인간주의를 지향하고 있다는 점은 안동의 근대적 사유공간이 지니는 주요한 의미라고 할 수 있다. 협동학교의 또 하나의 의미는 '협동'이라는 명칭이 임동면, 임현내면, 임북면, 임서면, 길안면, 동후면, 와룡면 등 안동의 동쪽에 위치한 7개 면의 인력과 재력을 협력하여 설립했다는 것이다.[33] 20세기에 들어와 안동의 유교적 지식인들은 더욱더 활발하게 지역적 네트워크를 활성화하였으며, 보편적 인간주의와 함께 새로운 공동체를 구상하였다. 망국의 위기 속에서 안동 지역 유림 중 만주 망명을 주도한 진영은 협동학교에 참여한 인사들이었다. 류인식, 김대락(金大洛, 1845~1914), 김동삼 등은 협동학교 교무회의에서 망명을 논의하였다. 김동삼은 천전리 출신으로 자신의 집을 협동학교 기숙사로 사용하게 한 인물이며, 아울러 이상룡의 처남이었다.

황성신문에서는 영남 지역의 이러한 변화에 대해 "이렇게 특별한 의로운 행동이 있었으니, 이는 수구파가 선각자가 되었다는 것으로 널리 영향을 끼칠 것이다. 그래서 우리는 특별히 이를 기록하여 칭찬한다. 교남 인사들과 그 밖에 국내의 수구파 사람들은 모두 이에 감화를 받고, 이를 계기로 일어나 대한 세계에서 문명 사업이 빠르게 발전하고 훤하게 새로워질 것을 옹축해 마지않는다"[34]라고 보도했다.

---

32) 조동걸, 『안동역사의 유교성향』, 역사공간, 2010, 88-90쪽.

33) 조동걸, 「전통 명가의 근대적 병용과 독립운동 사례 -안동 천전문중의 경우」, 『대동문화연구』 36, 2000.

황성신문 기자의 관점에서 안동에서 협동학교가 설립되고 혁신유림이 등장한 것은 '의거'였다. 유교적 전통으로 어느 지역보다도 보수적이라고 평가되었던 유림이 완고한 꿈에서 각성하면서, 전통에 충실했던 그 역량이 오히려 새로운 문명 실현을 촉진하는 기제로 작동하고 있다고 해설하였다. 안동 유림의 혁신적 변화는 한국의 독립운동사를 장식하였고, 아울러 만주라는 이국만리에서 새로운 공동체를 구상하는 저력이 되었다. 식민지를 살아간 한국의 지식인들에게 새로운 공동체 구상은 다양한 사상을 음미하지 않을 수 없었다. 안동의 유림 또한 3·1운동 이후 차츰 사회주의 노선에 관심을 가졌다.

이상룡이 망명지인 간도에서 사회주의에 관심을 가졌다고 한다면, 국내에서도 사회주의 운동이 궤도에 오르기 시작했다. 안동 오미리 출신의 김재봉(金在鳳, 1891~1944)은 만주일보 경성지사 기자로 활동하였으며, 1920년대부터는 노동운동에 뛰어들었다. 1922년 그는 모스크바에서 개최된 극동민족대회에 조선노동대회 대표로 참석하였다. 조선노동대회는 조선노동공제회와 함께 당시 노동운동을 대표하는 단체였다. 여기에는 안동 출신의 이준태(李準泰, 1892~미상, 풍산읍 상리리 출생), 안상길(安相吉, 1892~1958, 와룡면 출생)도 가입해 있었다.[35] 1924년 한국의 사회주의 운동을 본격적으로 전개한 신사상연구회는 김재봉 등 간부들을 중심으로 모여 서울에서 화요회(火曜會)를 구성하였다. 안동에서는 김남수(金南洙, 1899~1945, 와룡면 출생)가 화성회(火星會, 율세동 금남여관에서 창립)를 운영했고, 안상길(安相吉, 1892~미상)이 화화사(火花社) 잡지 활동을 담당했고, 이준태와 권오설(權五卨, 1897~1930, 풍산읍 출생)이 안동의 농민단체인 풍산소작인회(풍천면

34) 『황성신문』, 1909년 5월 8일, 「嶠南教育界에 新赤幟」.

35) 김희곤, 『조선공산당 책임비서 김재봉』, 경인문화사, 2006, 40쪽.

가곡리 소재)를 맡았다.[36] 안동지역 최초의 노동운동 단체인 조선노동공제회 안동지회에서는 협동학교 설립에 관여한 류인식(예안면 출생)이 주도했다.

이 밖에도 안동 출신으로 혁신적 활동을 전개한 인물로서는 이육사(李陸史, 1904~1944, 예안 출생)와 류림(柳林, 예안 출생)을 들 수 있다. 이육사는 잘 알려진 문인이며, 1932년 의열단이 난징에서 설립한 조선혁명군사정치간부학교에서 공부하였다. 류림은 1920년대 베이징에서 설립한 조선공산무정부주의자연맹을 결성했던 아나키스트였다. 1930년대에 들어와 일본은 각종 사회단체에 대해 감시와 통제를 강화해 갔으며, 안동에서도 사회운동은 소강상태로 접어들었다. 그럼에도 불구하고 1931년 안동콤그룹을 결성하여 새로운 방향을 모색하였다. 책임비서 안상윤(1911~1949)은 임하면과 와룡면, 교양부 위원 이필(李鉍, 1909~미상), 도산면 출생)은 예안면과 도산면, 조직부 위원 권중택(1906~미상)은 안동읍의 세포조직을 담당하기로 했다.[37]

20세기에 안동은 새로운 사회와 국가를 구상하기 위해 자유주의, 사회주의, 무정부주의, 공산주의 등 서양의 다양한 사상을 학습하고 수용하고자 하였다. 이런 측면은 안동이 유교의 본고장이면서도 사상적 포용성과 다양성을 지니고 있다는 점을 보여준다. 그럼에도 불구하고 독립운동가도, 무정부주의자를 지향한 사람도, 공산주의를 표방한 사람도 망명지에서 제사와 같은 유교적 의례를 잊지 않았다.[38] 안동의 근대적 지식인이 유교적 전통을 바탕으로 서양의 각종 사상을 독립운동에 활용했다고 할 수 있다.

---

36) 위의 책, 61-62쪽.

37) 김희곤, 『안동사람들의 항일 투쟁』, 지식산업사, 2007, 48-51쪽.

38) 조동걸, 『안동역사의 유교성향』, 역사공간, 2010, 78쪽.

4. 결론: 안동 세계유산의 근대적 계승과 확대

안동은 유네스코 세계유산, 무형문화유산, 세계기록유산을 갖고 있는 명실상부한 문화도시이다. 유네스코는 지나간 시대의 전통적인 문화유산의 보존에서 출발하였지만, 점차로 이러한 전통에 대한 창조적 계승을 강조하고 있다. 따라서 안동의 문화유산도 박물관의 전시품이라는 의미에 머물러 있지 않고, 현대와 연결되어 살아 있는 정신으로 작동할 수 있는 방안을 모색할 필요가 있다. 이 연구에서는 안동이 문화유산을 창조적으로 계승하기 위한 방안으로 안동의 역사와 문화에 대해 시간적으로, 그리고 공간적으로 확대할 수 있는 가능성을 모색하였다.

안동의 문화유산에 대한 시간적 확대는 곧 조선시대의 문화유산이 살아있는 정신으로 20세기 전후의 근대에까지 이어져 오는 과정을 확인하는 작업이다. 안동에서는 조선시대의 유교적 전통이 20세기까지 면면히 이어져 왔으며, 이러한 전통의 지속은 근대 안동의 새로운 역사와 문화를 창출했다. 안동 지역의 유교적 지식인은 망국의 위기에 봉착하여 서양의 자유주의, 사회주의, 공산주의 등 다양한 사상을 학습하면서 조국의 독립을 위해 장렬하게 투쟁하였고, 한편으로 인륜의 실현을 위해 노력했다. 근대라는 위기의 시대에 유교적 의리론은 보편성의 관점 속에서 조국의 독립과 세계의 평화를 위한 정신으로 승화할 수 있었다.

안동의 문화유산의 의미를 20세기까지 시간적으로 확대하면서 또 하나 주목할 만한 점은 안동의 문화와 유적이 특정 공간에 한정된 산물이 아니라 안동이라는 지역 전체의 생활문화권과 밀접하게 연관되었다는 것이다. 현재 안동의 세계유산은 등록되는 시기와 방법에 따라 독자적으로 나열되어 있지만, 서원과 사원을 비롯한 세계유산은 안동의 생활권, 혹은 안동의 문화공동체라는 틀 속에서 형성되어 왔다. 그렇지만 안동에는 세계문화유산에 등록된 문화유산보다도 등록되지 않은 문화유산이 더 많다. 따라서 현실적으로는 세계문화유산에 등록된 것과 등록되지 않은 것에 대해 일종의 차별 혹은 위계 등의 문제가 발생할 수도 있다. 문화라는 것이 본래부터 고립된 것이 아니라 공동체의 산물이라는 점을 고려한다면, 안동의 문화유산 또한 안동이라는 공간 전체, 즉 문화공동체의 산물로 파악되어야 할 것이다. 이처럼 안동문화권을 하나의 문화공동체로 조망하는 작업은 지역 내의 문화유산에 대한 위계적 이해가 발생할 수 있는 한계를 극복할 수 있는 방안이 될 수 있을 것이다.

안동의 문화유산이 조선시대로부터 근대시기에 이르기까지 장기간에 걸쳐 형성된 문화공동체의 산물이라는 점은 앞으로도 계속해서 탐구되어야 할 주제이다. 이상의 연구를 통해 볼 때, 안동의 문화유산은 근대로 이행하면서 공동체적 성격을 강하게 드러내는 모습을 포착할 수 있었다. 대표적인 사례로서 20세기 초 안동의 인적 네트워크가 지식공동체와 문화공동체로 성장하고 있었다는 것을 들 수 있다. 국권을 상실하기 이전에 전개된 의병운동, 그리고 그 이후에 시작된 독립운동을 살펴보면, 금계리, 내앞마을, 오미리 등은 안동이라는 지식공동체, 그리고 문화공동체의 창출에 기여했다. 따라서 안동 지역 내의 특정 지역, 혹은 문물과 문화에 한정할 것이 아니라 안동이라는 생활공간 전체를 유네스코 유산으로 등재하는 방안을 고려할 필요가 있다.

이 연구는 안동의 문화유산이 조선시대로부터 20세기까지 시대적으로, 그리고 공간적으로 확장된 사유 공간 속에서 유네스코의 기본 이념으로 설정된 평화와 협력, 탁월한 보편성과 문화적 다양성의 관점을 드러낼 수 있다는 것을 밝히고자 한 것이다. 특히 제국주의 침략을 맞이하여 유교적 지식인이 유교와 서양 학문 사이에서 갈등하고 대화하는 모습을 통해 근대 안동의 지식인이 추구한 보편적 휴머니즘의 실상을 분명하게 찾아볼 수 있었다. 유교적 전통이 강하게 지속되고 있는 "안동에는 근현대(modernity)가 없다"라는 비판이 있지만, 이 연구는 안동에 근현대가 있다는 주장을 할 수 있는 기초적인 연구가 될 것이다. 안동의 근대적 사유공간에는 혁신유림의 독립운동이 있었고, 인본주의적 보편성의 관점에서 동서 사상의 조화를 꾀한 지식인 공동체가 있었다. 전통이 강한 안동에서 가장 많은 독립운동가가 배출되었다는 것은 안동의 지식공동체와 문화공동체가 지니는 보편성이 있었기 때문일 것이다.

【참고문헌】

(1) 사료

『石洲遺稿』, 서울: 高麗大學校 出版部, 1973.

『石洲遺稿: 後集』, 서울: 石洲李相龍紀念事業會, 1996.

안동독립운동기념관 엮음, 『국역 석주유고』, 경인문화사, 2008.

李晩燾, 『靑丘日記』, 필사본.

Stanford Encyclopedia of Philosophy, https://plato.stanford.edu.

(2) 연구단행본

김희곤, 『안동 내앞마을 -항일 독립운동의 성지』, 지식산업사, 2012.

김희곤, 『안동 사람들의 항일토쟁』, 지식산업사, 2007.

김희곤, 『조선공산당 초대 책임비서 김재봉』, 경인문화사, 2006.

미첼, 돈 지음, 류제헌 외 역, 『문화정치, 문화전쟁 -비판적 문화지리학』, 살림, 2011.

안동대학교 안동문화연구소, 『안동 금계 마을 -천년불패의 땅』, 예문서원, 2000,

야로슬라프 펠리칸 지음, 강성윤 옮김, 『전통을 옹호하다: 전통의 의미와 재발견, 회복에 관하여』, 비아, 2024.

조동걸, 『안동역사의 유교성향』, 『조동걸 저술전집』 12, 역사공간, 2010.

조동걸, 『한국근현대사의 이해와 논리』, 지식산업사, 1998

조민재, 『유네스코 세계유산 이야기』, 통독원, 2021.

Pelikan, Jaroslav Jan. *The Vindication of Tradition*, New Haven : Yale University Press, 1984.

(3) 연구논문

강윤정, 「난세의 지식인 석주 이상룡의 공부」, 『안동학』 13, 2014.

김상기, 「조선말 갑오의병전쟁의 전개와 성격」, 『한국민족운동사연구』 3, 1989.

김정미, 「이상룡의 국권회복운동론 -대한협회 안동지회 활동을 중심으로」, 『한국근현대사연구』 11.1999.

박선희, 「문화다양성의 역설: 유네스코 무형문화유산협약과 국가주의」, 『문화와 정치』 제6권 제4호, 2019.

양일모, 「주자학과 사회진화론의 융합적 사고 -이상룡의 「진화집설」, 「합군집설」을 중심으로」, 한정길 외, 『사회사상과 동서접변』, 동과서, 2019.

양일모, 「이상룡의 서양 학문 수용을 위한 유교적 논리」, 『한국실학연구』 45, 2023.

이경자 · 김은혜, 「안동지역 근대교육의 전개양상 -협동학교를 중심으로」, 『한국학연구』 79, 고려대학교 한국학연구소, 2021.
임재해, 「세계문화유산으로서 하회마을 민속의 문화적 가치」, 『국학연구』 13, 2008.
정수진, 「무형문화유산의 문화정치학 -유네스코 체제에 대한 한국의 대응을 중심으로」, 『실천민속학연구』 26, 2015.
조동걸, 「안동 유림의 도만 경위와 독립운동상의 위치」, 『대구사학』 15, 1978.
조민재, 「유네스코 세계유산협약의 '탁월한 보편적 가치' 시작과 전개 과정」, 『인문논총』 81권 4호, 2024.
한성구, 「석주 이상룡의 자유설과 대동사상」, 『한국철학논집』 77, 한국철학사연구회, 2023.
황만기, 「조선 중후기 사대부의 봉정사 공간 향유 양상」, 『남명학연구』 64, 2019.
Stoczkowski, Wiktor. "UNESCO's Doctrine of Human Diversity: A Secular Soteriology?", *Anthropology Today* 25(3), 2009.

제2부

경상도 지역의 유교문화 세계유산

퇴계학과 율곡학 유교책판의 문화다양성 가치와 평등 조화의 이념

-『성학십도』와 『성학집요』를 중심으로-

엄 연 석

1. 머리말

이 글은 한국국학진흥원 유교책판에 담긴 문화적 다양성 가치와 보편적 가치의 평등 조화론을 퇴계학과 율곡학을 비교하는 시각에서 고찰하고자 한다. 구체적으로 본고의 목표는 한국국학진흥원의 유교책판 가운데 퇴계학파와 율곡학파의 핵심 자료가 지닌 보편적 가치와 문화적 다양성 가치를 실현하는 이론적 개념적 틀을 분석하고, 이를 기초로 평등과 조화, 평화와 번영을 지향하는 이론적 토대를 탐색하는 데 있다. 조선의 유교책판에는 유학사상의 도덕적 실천과 정치적 이상이 반영되어 있는 만큼, 먼저 본 논문에서는 이러한 이론적 관점이 지니는 문화적 다양성 가치와 보편적 가치를 해명하고자 한다. 이어서 본 논문은 유교책판이 조선시대에 어떻게 문화적 현상을 포함하고 있는가를 해명하고자 한다. 나아서 본고에서는 유교책판에 반영되어 있는 문화적 특성을 동서 문명의 인쇄술 발전이라는 관점에 유의하고자 한다. 조선의 유교책판이 중국을 중심으로 하는 동아사아 인쇄문화와 서양의 인쇄문화와 비교하는 시각에서 그 특수한 의미를 고찰하는 것은 조선의 유교책판이 지니는 보편적 의미와 특수한 의미를 동시에 해명해 줄 수 있을 것이다.

본고에서는 조선의 유교책판 퇴계학과 율곡학 자료를 중심으로 하되 퇴계학과 율곡학의 핵심을 이루는 이기심성론의 특성을 정치경세론과 연관하여 그 상대적 특성을 검토하고자 한다. 여기에서 이기심성론과 경세론을 비교하되 퇴계의 『성학십도』와 율곡의 『성학집요』가 지향하는 경세론적 특성을 유네스코의 탁월한 보편성과 문화적 다양성 이념의 관점에서의 의미를 검토하고자 한다. 『성학십도』와 『성학집요』는 이황과 이이가 선조가 통치를 행하는 데 필요한 수양과 정치적 제도완비를 통하여 성왕에 이르는 길을 제시하고자 한 저술들이다. 하지만, 이 저술들은 근본 목적에 있어서 동일한 성학(聖學)과 성왕의 경지를 제시하고 있으면서도 각각 지향하고 강조하는 관점과 방향이 구별된다. 이 점을 비교함으로써 『성학십도』와 『성학집요』가 각각 지니고 있는 정치문화적 상대성과 특성을 고찰하고자 한다.

나아가 이 글에서는 이러한 퇴계학과 율곡학의 특성이 특수한 문화콘텐츠를 산출할 수 있는 가능성을 탐색하고자 한다. 예컨대, 성(誠)과 경(敬)의 수양과정을 현대사회에 필수적인 문제를 해결하는 철학적 기초로서 재구성해 보는 것을 생각해 볼 수 있을 것이다. 현재적 관점에서 『성학십도』와 『성학집요』는 교육적 의미로서 인성교육, 교육개발과정, 리더십, 문화적 콘텐츠, 힐링, 종교적 수행 등과 같은 여러 영역에서 활용할 수 있는 방법에 대한 응용연구가 활발하게 진행되고 있다. 이 점에 유의하여 이 두 저술이 지니는 미래적 가치기준을 산출할 수 있는 방법을 모색할 필요가 있다.

이제 다음 제2장에서는 『성학십도』와 『성학집요』에 관한 선행 연구성과를 개관하고자 한다. 다음 제3장에서는 『성학십도』와 『성학집요』의 책판 또는 목판의 현존 상황과 그 인쇄문화사적 가치를 검토하고자 한다. 제4장에서는 『성학십도』와 『성학집요』가 담고 있는 유학의 보편적 이념과 특수한 정치사상적 특성을 두 저술이 지니는 동이점을 분석함으로써 해명하고자 한다. 제5장에서는 『성학십도』와 『성학집요』 두 저술이 내포하고 있는 탁월한 보편성과 문화다양성을 포괄하는 가치가 문화콘텐츠로 전환되어 현대사회의 여러 문제에 대응할 수 있는 방법을 모색하고자 한다.

2. 『성학십도』와 『성학집요』에 관한 선행 연구성과 요약

그동안 성학십도와 성학집요에 관한 선행연구 성과는 다양한 주제로 비교적 적지 않은 논문이 발표되었다. 이제 이들 선행 연구 성과를 개관함으로써 본 논문이 목표로 삼는 주제를 보완하고 논지를 선명하게 하고자 한다.

먼저 『성학십도』에 관한 연구는 도덕철학, 도덕교육, 인성덕목의 교육적 의미, 마음공부, 성군의 덕목, 일본에서 수용 양상, 생태주의 교육원리, 체질의학적 응용, 도상의 후대 계승양상, 다른 그림과의 비교연구, 경 사상과 평화실천, 다문화 사회 등을 주제로 한 연구들이 이루어지고 있다. 오지환은 퇴계(退溪)의 『성학십도』에 나타난 도덕철학적 기반을 검토하였다. 그는 『성학십도』 10개 그림 중에 앞의 5개의 그림은 천도(天道)가 뒤의 5개의 그림은 인도(人道)가 주가 되고 있다고 보고, 퇴계의 『성학십도』에는 유가철학의 천인합일의 사상적 배경과 성리학의 덕성함양과 심성수양의 도덕철학적 기반이 잘 적용되어 나타나고 있다고 보았다.[1] 장병희 · 이경자는 퇴계의 『성학십도(聖學十圖)』에 나타난 인성덕목의 교육적 의의를 해명하였다. 이들은 『성학십도』에서 볼 수 있는 인성덕목은 주로 인(仁), 효제(孝弟), 서(恕), 경(敬)으로 파악하고 그 방법을 제시하였다. 첫째 극기복례를 통한 인의 체득과 실천을 통해, 자기 통찰력을 함양시키고, 둘째 효제와 서를 실천하여 부모를 공경하고 형제간에 우애 있게 지내며 다른 사람을 헤아린다는 것이다. 셋째 경을 통한 수양으로 사회 · 정서적 능력을 함양할 수 있다고 보았다.[2]

안동렬은 퇴계의 『성학십도』에 내포된 마음공부의 의미를 분석하였다. 곧 "마음공부란 학습자가 자신의 형이상학적 본성을 지각하고 이를 실현함으로써 자신을 전인적으로 완성해나가는 학습의 원리하고 보았다. 그는 이러한 인식을 기초로 할 때 교육에서 학습이 단지 인식론적 차원이 아닌 존재론적 차원의 바탕에서 이루어져야 한다[3]고

1) 오지환, 「퇴계(退溪) 『성학십도』의 도덕철학적 기반」, 『동서철학연구』 76, 동서철학회, 2015, 135-165쪽.

2) 장병희 · 이경자, 「『성학십도(聖學十圖)』에 나타난 인성덕목의 교육적 의의」, 『한국학연구』 67, 고려대학교세종캠퍼스 한국학연구소, 2018, 193-222쪽.

3) 안동렬, 「퇴계의 『성학십도』에서 마음공부의 의미」, 『미래교육학연구』 33, 연세대

강조하였다. 지준호는 『성학십도』 체계와 내용을 중심으로 한 퇴계 이황의 도덕교육론을 해명하였다. 그는 『성학십도』에서 표방하는 교육의 목적은 성인(聖人)이 되는 데 있으며, 이는 성찰적이며 실천적인 도덕인이 되고자 하는 도덕교육의 목적과도 궁극적으로 그 궤를 같이 한다[4]고 강조하였다. 박연규는 유교 경(敬) 사상에 의한 집중력 향상을 중심으로 한 청소년 인성교육 프로그램 요소를 『성학십도』에서 찾아보고자 하였다. 그는 『성학십도』의 「경재잠」을 통하여 경(敬) 사상이 인성의 중요 덕목인 집중력 향상과 감정조절 그리고 배려의 정신까지 어떻게 연결되어 설명되어 있으며, 『숙흥야매잠』을 통해서 그 프로그램의 효과성을 구체적으로 구현할 수 있다[5]고 보았다.

신현승은 퇴계의 『성학십도』와 즙산(蕺山) 유종주(劉宗周)의 『성학종요』를 비교 연구하였다. 그에 따르면, 퇴계는 철저하게 중국 주자학적 견해에 근거하면서도 자신만의 독특하고 새로운 주자학적 학술 체계(성학 체계)를 재구성한 데 비하여, 즙산은 비록 주자학적 견해에 근거하면서도 양명학의 창시자 왕수인을 자신의 성학 체계 안에 끌어들

교육연구소, 2020, 153-170쪽. 강보승은 "「숙흥야매잠도」에서 제시된 수양의 조목들이 대수롭지 않은 듯 보여도 이것이야말로 근본적인 것이며, 성인(聖人)으로 가는 유일한 길이요, 더딘 듯해도 지름길임을 천명한 것이다. 그동안의 퇴계사상과 『성학십도』에 대한 연구는 거의 모두 논리와 논설에 집중되었다. 그러나 퇴계가 평생 관심을 두고 실천한 것은 고원한 이론의 탐구가 아니라 지금 바로 여기에서의 부단한 자기반성과 바른 몸가짐의 실천을 통한 본성의 자각과 확충이었다" (강보승, 「『성학십도(聖學十圖)』에 나타난 퇴계 수양론의 구조와 그 실천적 함의」, 『한국철학논집』 46, 한국철학사연구회, 2015, 117-143쪽)고 언급하였다.

4) 지준호, 「퇴계 이황의 도덕교육론 -『성학십도』 체계와 내용을 중심으로-」, 『한국철학논집』 59, 한국철학사연구회, 2018, 287-312쪽.

5) 박연규, 「『성학십도』를 통한 청소년 인성교육 프로그램 -유교 경(敬) 사상에 의한 집중력 향상을 중심으로-」, 『인문학연구』 23, 경희대학교 인문학연구원, 2013, 291-328쪽.

임으로써 주왕 절충적 학술 체계를 창안해냈다[6]고 평가하였다. 전병욱은 임은(林隱) 정복심(程復心)의 『사서장도(四書章圖)』와 퇴계(退溪)의 『성학십도(聖學十圖)』를 비교하였다. 그는 『사서장도(四書章圖)』가 리와 기의 기본적인 의미를 성향이원론적으로 설명하는 퇴계의 입장을 지지해주는 자료들이 많이 포함되어 있었던 만큼, 퇴계가 만년에 이 책을 아주 중시하였고 『성학십도』를 짓는 데 적극적으로 활용하였다[7]고 주장하였다.

다음 조기호는 체질의학적(體質醫學的 응용(應用)을 중심(中心)으로 하여 이황(李滉) 『성학십도(聖學十圖)』 「태극도(太極圖)」를 이해(理解)와 응용(應用)하고자 하였다. 그는 "『성학십도』의 태극도 원리를 구체적으로 인간의 실생활에 응용하여 인간의 마음과 몸을 함께 조절하는 모델로 이발기수(理發氣隨)의 법칙인 체질경락리(體質經絡理)를 제안하였다. 이를 이용하여 편차조절 보사법칙을 적용하면 체질리(體質理)에 맞춘 경락체계의 기(氣)조절을 통하여 신체의 조화뿐만 아니라 감성적으로도 과유불급이 없는 상태로 자연스럽게 유도하여 음양화평지인(陰陽和平之人)을 추구하는 데 기여할 수 있다"[8]라고 하였다. 또한 『성학십도』를 생태주의적 관점에서 연구한 논문도 발표되었다. 이인철은 『성학십도』 상5도를 중심으로 하여 『성학십도』와 생태주의(生態主義) 교육원리를 해명하였다. 그는 퇴계 철학이 자연을 통해 심성을

6) 신현승, 「퇴계의 성학십도와 즙산의 성학종요 비교연구」, 『퇴계학논집』 6, 영남퇴계학연구원, 2010, 1-33쪽.

7) 전병욱, 「임은(林隱) 정복심(程復心)의 『사서장도(四書章圖)』와 퇴계(退溪)의 『성학십도(聖學十圖)』」, 『퇴계학보』 132, 퇴계학연구원, 2012, 39-80쪽.

8) 조기호, 「이황(李滉) 성학십도(聖學十圖) 태극도(太極圖)의 이해(理解)와 응용(應用) -체질의학적(體質醫學的 응용(應用)을 중심(中心)으로-」, 『퇴계학과 유교문화』 36, 경북대학교 퇴계연구소, 2005, 277-371쪽.

수양한다는 기본구도를 바탕으로 하고 있다는 전제를 가지고 『성학십도(聖學十圖)』 상(上) 5도(圖)를 중심으로 여태껏 간과해 왔던 퇴계의 생태주의 교육원리로서 대동(大同)의 원리와 몰입(沒入)의 원리를 도출하고자 하였다.[9]

박광수는 평화를 실천하는 관점에서 이황의 경 사상을 해명하고자 하였다. 그는 이황의 경(敬)사상의 특징이 '나'와 '너'와의 상호 관계성에서 공경함과 배려함의 보편적 실천윤리를 제시하고 있다는 점에 있으며, 이러한 심학과 경사상이 잘 드러난 것이 『성학십도』라고 보았다. 이황은 천리를 중시하면서도 일상생활 속에서 상제를 대하는 자세로 경외심을 실천하도록 하였다. 그의 경사상은 생명존중과 민본중심사상을 담고 있어 세계 보편윤리로서 가치를 지닌다[10]고 강조하였다. 이주강은 성리학적 관점에서 본 다문화사회를 「태극도」와 「서명도」 및 정(情) 개념을 중심으로 하여 검토하였다. 그는 「태극도」와 「서명도」의 철학은 오늘날 다문화사회의 안정적 성장을 가로막는 민족주의나 단일민족사관과는 성격을 달리한다는 전제하에, 모든 존재자는 유일한 존재적 원천을 공유한 동포(同胞)이며, 천지생물지심(天地生物之心)의 발현인 정(情)을 통해 끈끈한 정서적 유대관계를 유지할 수 있다고 강조하였다.[11]

이처럼 퇴계의 『성학십도』를 중심으로 하는 퇴계의 철학은 유학

---

9) 이인철, 「퇴계(退溪) 『성학십도(聖學十圖)』와 생태주의(生態主義) 교육원리(敎育原理) : 상(上) 5도(圖)를 중심(中心)으로」, 『퇴계학논총』 16, 퇴계학부산연구원, 2010, 41-75쪽.

10) 박광수, 「퇴계(退溪) 이황(李滉)의 경(敬)사상과 평화실천과제」, 『원불교사상과 종교문화』 73, 원광대학교 원불교사상연구원, 2017, 215-247쪽.

11) 이주강, 「성리학적 관점에서 본 다문화사회: 「태극도」와 「서명도」 및 情 개념을 중심으로」, 『대구경북연구』 2, 대구경북연구원, 2022, 127-143쪽.

사상 내에서의 정합적 원리로서의 문제 관점, 비교사상적 관점, 철학사적 관점, 현대적 사회문화적 관점 등 여러 시각에서 그 의미를 해명하는 연구가 이루어졌다. 그러면 율곡의 『성학집요』에 대해서는 어떤 연구가 이루어지고 있는가를 살펴보기로 한다.

먼저 박홍규 · 송재혁은 『성학집요(聖學輯要)』 진헌의 정치적 성격이란 주제에 관한 연구에서 율곡이 조정에 재출사하겠다는 의지를 성학집요 진헌을 통해 피력한 것이라고 평가하였다. 그에 따르면 율곡은 조정에 재출사하고자 하는 의지를 가지고 『성학집요』 「성현도통」에서 주자의 뒤를 바로 자신이 잇고 있다는 도통의식을 표방하고 그러한 도통의 계승자로서 자신의 구체적인 정견을 선조에게 제시하였다[12]고 보았다. 김인규는 『성학집요』에 나타난 율곡 이이의 도통관을 검토하였다. 율곡은 퇴계 이황까지 전해온 도통설과 달리 도통의 정맥을 복희 → 신농(神農) → 황제(皇帝) → 요(堯) → 순(舜) → 우(禹) → 탕(湯) → 문(文) → 무(武) → 주공(周公)을 거쳐, 공자(孔子) → 증자(曾子) → 자사(子思) → 맹자를 이어 주자(周子) → 이정(二程) → 장자(張子) → 주자(朱子)로 보았으며, 주자를 이어 조선에서는 정암(靜庵) 조광조(趙光祖)만이 도통을 이어받았다[13]고 언급하였다.

정연수는 인성교육과 관련하여 「공부론의 관점에서 본 『성학집요(聖學輯要)』 수기편(修己篇)의 체계를 주제로 한 연구논문을 발표하였다. 그는 "율곡이 『성학집요』 수기편에서 격물치지의 궁리장으로 시작하는 『대학』의 체계와 달리 입지장과 수렴장을 궁리장보다 먼저 배치하고 있다. 성선(性善)을 주축으로 지극히 선한 곳에 뜻을 확고하게 정립

12) 박홍규 · 송재혁, 「『성학집요(聖學輯要)』 진헌의 정치적 성격」, 『한국철학논집』 35, 한국철학사연구회, 2012, 189-222쪽.

13) 김인규, 「『성학집요』에 나타난 율곡 이이의 도통관」, 『율곡학연구』 39, 율곡학회, 2019, 5-32쪽.

하는 입지 공부가 선행되지 않는다면 수기(修己) 공부는 방향성을 잃게 되어 시작조차 할 수 없게 되기 때문에 입지장을 가장 앞세운 것"[14] 이라고 하였다.

권상우는 율곡 『성학집요』의 성왕론을 『대학연의』, 『성학십도』와 비교를 중심으로 고찰하였다. 그에 따르면, 퇴계는 내성외왕을 본과 적의 관계로 이해한다면, 율곡은 내성(內聖)과 외왕(外王)을 상호의존적인 관계로 이해한다. 퇴계는 성학을 하게 되면 외왕(外王)은 저절로 실현된다는 성인정치를 주장하였다면, 율곡은 퇴계와 마찬가지로 성학을 중시하면서도 군주의 역량(外王) 또한 강조하였다.[15]

이정효는 『성학집요』를 간행한 역사적 과정을 살펴보았다. 여기에서 그는 『성학집요』는 선조조에 해주에서 처음 목판본으로 간행되었고, 후에 이귀(李貴, 1557~1633)의 건의에 따라 다시 한번 간행이 이루어졌다. 또 숙종연간에 전라도 전주에서 목판본으로 간행되었고, 이후 무신자로 숙종조, 영조조에 모두 세 차례 간행되어 모두 9차례 간행되었다고 해명하였다.[16]

황정희는 율곡의 『성학집요』를 활용한 지도자 철학교육방법과 내

---

14) 정연수, 「공부론의 관점에서 본 『성학집요(聖學輯要)』 수기편(修己篇)의 체계 -인성교육과 관련하여」, 『율곡학연구』 35, 율곡학회, 2017, 93-129쪽.

15) 권상우, 「율곡 『聖學輯要』의 성왕론 -『大學衍義』, 『聖學十圖』와 비교를 중심으로」, 『율곡학연구』 40, 율곡학회, 2019, 135-158쪽.

16) 이정효, 「『聖學輯要』 간행에 관한 硏究」, 『서지학연구』 58, 한국서지학회, 2014, 497-520쪽. 성학집요에 대해 이정효는 "국내 소장의 단행본은 모두 64종으로 목판본 21종, 금속활자본 18종, 필사본 16종, 신연활자본 9종으로 나타났으며, 율곡전서에 수록된 것 21종을 포함하면 국내에는 모두 85종의 판본이 현존하고 있다. 단행 목판본 21종을 모두 實査한 결과 실제로 두 가지의 판본이 전해지고 있음을 확인하였다. 또한 두 판종을 교감한 결과 두 판본이 번각의 관계가 형성될 수 있음을 확인하였다"고 하였다.

용을 검토하였다. 그는 『성학집요』는 본성의 회복을 위해 배우고 실천할 개인적인 측면과 정치에 직접적으로 활용할 수 있는 내용을 담고 있는 이 책은 현대 지도자의 철학교육에도 매우 유용하다 볼 수 있다고 강조하였다.[17] 이상익은 『성학집요(聖學輯要)』 수기편(修己篇)을 통해 율곡(栗谷)의 정치학적 기획을 현대의 민주주의와 연관되는 관점에서 해명하였다. 그는 『성학집요』의 수기편은 '격물치지'와 '성의정심'을 두 축으로 삼고 있다. '격물치지'란 자연의 이법을 탐구하여 우리 삶의 '표준'을 정립하는 것이며, '성의정심'이란 자신의 의지와 마음을 참되고 바르게 하는 것이다. 율곡에게 있어서 수기란 객관적 표준을 탐구하고 마음을 순화하여 '마음과 객관적 표준을 합치시킴'을 목표로 하는 것이라고 보았다. 반면 현대 자유민주주의에서는 자유의지만 부각될 뿐, 무엇이 진리인지 알기 어렵다는 이유로 정치의 '보편적·객관적 표준'을 도외시한다. 그 폐단은 '멋대로 자유'와 '다수의 횡포'로 드러나고 있다. 이러한 맥락에서, 율곡의 정치학적 기획은 오늘날 더욱 절실하게 음미되어야 한다[18]고 강조하였다.

17) 황정희, 「율곡 『성학집요』를 활용한 지도자 철학교육」, 『유학연구』 46, 충남대학교 유학연구소, 2019, 53-78쪽. 황정희는 『성학집요(聖學輯要)』가 가지고 있는 철학 교육적 의의, 『성학집요』를 중심으로 한 지도자 철학교육의 필요 이유, 현재 운영되고 있는 지도자 교육의 부족함과 현실에서 실행가능한 지도자 철학교육의 구체적 방법 등을 제시하고 있다.

18) 이상익, 「『성학집요(聖學輯要)』 '수기편(修己篇)'을 통해 본 율곡(栗谷)의 정치학적 기획」, 『한국사상과 문화』 85, 한국사상문화학회, 2016, 33-364쪽.

3. 『성학십도』와 『성학집요』의 책판의 현존상황과 문화사적 가치

이 장에서는 『성학십도』와 『성학집요』 책판 간행의 배경에 대한 이해로 유교책판에 관련한 선행 연구성과를 살펴보고, 『성학십도』와 『성학집요』의 책판이 현존 보존되고 있는 상황과 그 문화사적 가치 평가에 대하여 살펴보고자 한다. 이를 통하여 이들 저술이 지니는 보편적 의미와 특수한 문화사적 가치와 의미를 해명할 수 있을 것이다.

먼저 유교책판에 관련한 선행 연구성과를 요약하여 유교책판(또는 목판)의 의미에 대한 선이해를 도모하고자 한다. 김소희는 조선시대 충남지역의 서원이었던 돈암서원이 소장하고 있는 유교책판을 대상으로 돈암서원의 출판문화사적인 위상과 책판의 가치를 살펴보았다.[19] 그는 다른 연구에서 대한제국기 진주지역 『주자어류』의 간행에 관한 연구에서 다음과 같이 정리하고 있다. "『주자어류』는 1476년(성종 9)에 중국에서 처음으로 국내로 유입되어 1543년, 1575년에 국가 주도하에 간행되었다가 임진왜란을 거치며 책판이 소실되었다. 이후 인조연간, 1776년에 걸쳐 경상감영에서 중간되었으나 1877년(고종 14)에 장판각 화재로 다시금 책판이 전소되었다. 이에 진주지역 내 유림들은 유교 질서를 바로잡고 책판의 복구를 자신들의 책임이라고 여겨 1904년 봄에 『주자어류』의 재간에 돌입하였다. 대한제국기 진주지역에서 이루어진 『주자어류』의 간행은 을사늑약을 목전에 둔 절체절명의 시기에 유교의 부흥과 구국의 실천을 위한 방안으로서 경상우도 집단

19) 김소희, 「논산 돈암서원 책판의 현황과 활용방안」, 『서지학연구』 87, 한국서지학회, 2021

지성이 모여서 이룩해낸 대형급의 출판 프로젝트 사업이었다."[20]

김순석은 1817년(순조 17) 조선시대 대표적인 학자의 한 사람인 퇴계(退溪) 이황(李滉)의 문집인 『퇴계선생문집』의 책판의 개각(改刻) 작업 과정에 나타난 사회문화사적인 의의를 조명하였다.[21] 『퇴계선생문집』은 1600년(선조 33) 조목(趙穆) · 금응래(琴應來) 등에 의하여 도산서원에서 목판본으로 간행되었으니 이를 경자본(庚子本)이라 한다. 『퇴계선생문집』은 경자본이 간행된 이후 경자본의 오류를 바로잡아 1724년(영조 1)에 중간된 것을 갑진본(甲辰本)이라고 한다. 그 후 정축년(丁丑年) 1817년 후계(後溪) 이이순(李頤淳)과 퇴계의 후대 문인들이 중심이 되어 도산서원에서 훼손된 목판 200여 장을 개간하였다.

김종석은 한국국학진흥원 소장 목판이 갖는 기록유산으로서의 가치를 유교문화와 목판인쇄의 관련성, 한국 유교문화에서 차지하는 영남지역의 비중, 한국국학진흥원 소장 목판의 구성상의 특징을 고찰하였다.[22] 그에 따르면, 가치지향적 삶을 추구하는 유교문화의 특성상 기록유산은 가장 중요한 유교문화유산이며, 그 가운데서 목판이야말로 가장 핵심적인 유교문화유산이다. 나아가 목판이야말로 과거 전통시대에 있어서 문화산업의 동향과 관련된 모든 정보가 집약되어 있는 일차적인 서지자료임을 밝혔다.

박순은 조선시대 책판의 구조를 주제로 삼아 그 보존방법에 대하여 중점을 두었다. 그는 조선시대의 책판에 어떤 보존기법이 남아 있

---

20) 김소희, 「대한제국기 진주지역 『朱子語類』의 간행에 관한 연구」, 『고문서연구』 56, 한국고문서학회, 2020

21) 김순석, 「유교사회와 책판 제작의 사회문화사적 의의 -『선생문집개간일기』를 중심으로-」, 『한국학연구』 32, 인하대학교 한국학연구소, 2014.

22) 김종석, 「한국국학진흥원 소장 유교목판의 특징과 기록유산적 가치」, 『국학연구』 17, 한국국학진흥원, 2010.

는지를 살펴보기 위하여 한국국학진흥원 장판각에 소장된 〈유교책판〉과 직접 현장에서 조사한 책판들을 대상으로 조사하였다. 책판의 보존기법은 때로는 한 가지만, 때로는 복수적으로 각각의 책판에 적용되었으며, 특히 마구리와 책판의 두께가 책판의 변형을 방지하는 데 상호 보완적인 관계가 있음도 부각하였다.[23]

배현숙은 도산서원 각판활동 연구에서 도산서원에서 최초로 각판한 서적은 선조 9(1576)년 각판한 『송계원명리학통록(宋季元明理學通錄)』이라고 하였다. 이어 마지막 각판본은 1924년의 『오가산지(吾家山志)』이다. 도산서원 각판과 관련있는 서적은 26종이었다. 그중 16세기 각판은 3종, 17세기에는 8종, 18세기 8종, 19세기 3종, 20세기초 4종이다. 조선 후기 학술이 가장 발달했던 17~18세기에 가장 많은 서적을 간행하였으며, 이는 서원의 흥성이 조선 문예의 흥성과 궤를 같이한 것으로 보인다.[24] 그는 도산서원의 각판을 통해 도산서원은 학문적인 면에서도 선도적인 기능을 하였으며, 서적 간행에 있어서도 선도적인 기능을 한 것임을 증명하였다.

우진웅은 책판에 보이는 각수 기록에 의거하여 조선시대 문집 등 민간출판물을 판각한 각수의 정보와 활동, 책판을 통해서 확인할 수 있는 판각 과정상의 특징을 개괄적으로 살펴보았다. 책판에는 문헌에서는 볼 수 없고 오직 책판에서만 볼 수 있는 다양한 정보가 들어 있다. 각수에 대한 정보도 그중 하나이다. 문집 등의 민간출판물은 문헌을 통해 각수 정보를 확인하기 어려우며 남아 있는 책판의 표기를 통해 확인이 가능하다.[25]

---

23) 박순, 「조선시대 책판의 구조(構造) 연구」, 『국학연구』 30, 한국국학진흥원, 2016.
24) 배현숙, 「陶山書院 刻板活動 硏究」, 『한국서원학보』 12, 한국서원학회, 2021.
25) 우진웅, 「한국국학진흥원 소장 유교책판으로 본 조선시대 각수 활동 연구」, 『서지학연구』 72, 한국서지학회, 2017.

이병훈은 한국 서원의 도서관적 기능을 장서 구축과 관리라는 측면에서 살펴보면서, 그 핵심적 기능으로 한국 서원 장서는 기증, 구매, 출판 등의 방법에 의해 구축된 것으로 보았다. 초창기 서원 운영과 관련하여 이들 서적의 기증은 서원 재정을 크게 경감시켜 주었으며, 18세기 이후에는 제향인의 후손과 문인의 문집을 서원에서 간행함으로써 혈연적, 사회적 네트워크를 강화하여 서원의 사회적 위상을 유지하고자 하였다.[26]

그러면 『성학십도』와 『성학집요』 책판의 현행 보존 현황과 현존하는 여러 판본의 문화사적 가치를 살펴보기로 한다.

먼저 『성학십도』 책판은 한국국학진흥원에 소장되어 있다. 소장되어 있는 『성학십도』 책판의 유래를 살펴보면 풍산류씨 하회마을 화경당(북촌댁)에서 한국국학진흥원에 기탁하여 보존 관리하고 있다. 현재 남은 책판은 2장이며, 열 개의 도판 중 태극도(太極圖) · 서명도(西銘圖) · 소학도(小學圖) 등 3개의 도판이 결락이 있다. 형태적 특징으로는 책판을 제작한 나무는 알 수 없으며, 제작 연대도 알 수 없지만, 형태로 보아 대개 18세기 중엽 경으로 짐작된다. 2장 모두 양쪽 마구리가 없으며, 상하이엽화문어미와 장차를 새긴 판심제만 있으며, 본문은 계선 없이 제목을 적은 1단과 그 아래에 도판과 설명이 수록되어 있다. 책판 판면의 전체 크기는 (3,5)면이 세로 20.8cm 가로 53.7cm, 두께 1.7cm이며, 무게는 1,610g이다. (4,6)면은 세로 21.5cm 가로 54.1cm 두께 2.5cm이다. 무게는 1.8kg이다.[27] 특이사항으로 『성학십도』는 여

26) 이병훈, 「한국 서원 장서의 구축과 관리 제도의 변화」, 『한국서원학보』 12, 한국서원학회, 2021

27) (3,5) 양면 모두 마구리를 고정한 못 자리에서 균열이 있음. 3면 좌측 4도 대학도(大學圖), 우측 5도 백록동규도(白鹿洞規圖) 5면 좌측 8도 심학도(心學圖), 우측 9도 경재잠도(敬齋箴圖) (4,6) 양면 모두 마구리를 고정한 못 자리에서 균열이 있음. 4면

러 곳에서 수시로 판각되고 인출된 책판이다. 개인의 문집 속에도 포함되기도 하고, 『성학십도』만 따로 판각하여 벽에 걸어놓고 늘 경계하는 수단으로 삼았다. 풍산류씨 화경당에서 기탁한 『성학십도』 책판은 정확하게 언제 판각되었는지는 알 수 없지만, 책판의 형태로 보아 1700년대 중반 경의 책판으로 판단된다.

한국국학진흥원의 『성학십도』 책판

책판을 통해 출판된 『성학십도』 가운데 국립중앙도서관에 소장되어 있는 『성학십도』 판본은 다음과 같은 종류들이 있다.

❖ 국립중앙도서관에 소장되어 있는 『성학십도』 판본 종류

순서	저술명	저자	판사항	발행사항	형태사항	주기사항/분류기호
1	聖學十圖	李滉	石板本	京城: 大聖文學院, 1937	10枚: 圖; 30.4 x 91.5 cm	古朝17
2	聖學十圖	李滉	木板本	咸興: [刊寫者未詳], 宣祖5(1572)	27張: 圖, 四周單邊 半郭 25.0x 20.1 cm, 有界, 12行20字 註雙行, 內向黑魚尾(間混2葉花紋魚尾); 32.8 x 23.0 cm	古朝17

좌측 6도 심통성정도(心統性情圖), 우측 7도 인설도(仁說圖) 6면 좌측 10도 숙흥야매잠도(夙興夜寐箴圖), 우측 비어 있음.

3	聖學十圖	李滉	寫本	[刊寫地未詳]: [刊寫者未詳], [刊寫年未詳]	32張: 圖; 32.2 x 21.2 cm	古朝17
4	聖學十圖	李滉	石版本	[刊寫地未詳]: [刊寫者未詳], [刊寫年未詳]	9枚; 90.0 x 30.5 cm	
5	聖學十圖	李滉撰; 吳道一編	木板本	[刊寫地未詳]: [刊寫者未詳], [刊寫年未詳]	47張: 圖, 四周雙邊, 半郭 24.1 x 16.5 cm. 8行16字, 內向三葉花紋魚尾; 35.1 x 22.7 cm	跋: 辛酉(1681)...吳道一/古朝17
6	聖學十圖	李滉	模寫本	[刊寫地未詳]: [刊寫者未詳], [刊寫年未詳]	8冊; 45.0 cm	박봉석편 -> 1252
7	聖學十圖	李滉	木板本	[刊寫地未詳]: [刊寫者未詳], [刊寫年未詳]	42張: 四周單邊, 半郭 24.5 x 17.2 cm. 11行22字, 注雙行. 內向黑魚尾; 34.5 x 22.2 cm	識: 隆慶壬申(1572)秋榮川郡開刊/1252
8	聖學十圖	李滉	木板本	刊寫地未詳]: [刊寫者未詳], [刊寫年未詳]	24張: 四周單邊 半郭 25.2 x 16.6 cm, 界線, 11行22字 註雙行, 內向墨魚尾; 31.8 x 20.6 cm	卷首題: 聖學圖/1250
9	聖學十圖	李滉		[발행지불명]: [발행처불명], 1744	PDF104 p./성학십도. 건희 06205(LKH 06205). 35.8×21.2 cm	
10	聖學十圖	李滉	木板本	[刊寫地未詳]: [刊寫者未詳], ──	TIFF42張: 四周單邊 半郭 24.5 x 17.2 cm, 11行22字 註雙行, 內向黑魚尾; 34.5 x 22.2 cm	識: 隆慶壬申(1572)秋榮川郡開刊/1252
11	聖學十圖	李滉	筆寫本	[刊寫地未詳]: [刊寫者未詳],	TIFF32張: 插圖; 32.2 x 21.2 cm	進聖學十圖箚子(卷首)/古朝1726
12	聖學十圖	李滉 吳道一	木板本	[刊寫地未詳]: [刊寫者未詳], ──	TIFF47張: 插圖, 四周雙邊 半郭 24.1 x 16.5 cm, 8行16字, 內向3葉花紋魚尾; 35.1 x 22.7 cm	부호UCI G701:B-00047981675/古朝17
13	聖學十圖	李滉	木板本	[刊寫地未詳] : [刊寫者未詳], ──	JPG24張: 四周單邊 半郭 25.2 x 16.6 cm, 界線, 11行22字 註雙行, 內向黑魚尾; 31.8 x 20.6 cm	부호UCI G701:B-00047993028/1250
14	聖學十圖	李滉	筆寫本	[發行處不明], ────	127 p.	부호UCI G701:B-00124582065/1252
15	聖學十圖	李滉	石板本	京城[서울] : 大聖文學院, 1937	TIFF10枚: 插圖; 30.4 x 91.5 cm	부호UCI G701:B-00047981833/古朝17
16	聖學十圖	李滉	木板本	咸興 : [刊寫者未詳],	TIFF27張: 插圖, 四周單邊 半郭 25.0x 20.1 cm, 有界,	進聖學十圖箚字 ... 李滉, 嘉善大夫...李

				1572	12行20字 註雙行, 內向黑魚尾(間混2葉花紋魚尾); 32.8 x 23.0 cm	友閔(等諸臣職名)...隆慶六年(1572)...五月日(卷末)/M古1252-2
17	聖學十圖	李滉	筆寫本	[發行地不明]:[發行處不明],[發行年不明]	冊(59張) : 揷圖, 四周單邊 半郭 21.3 x 15.9 cm, 有界, 11行20字, 內向2葉花紋魚尾 ; 29.0 x x 19.0 cm	聖學十圖. – 西銘. – 朱文旨訣. – 語錄解
18	聖學十圖 幷(并)退溪封事	李滉	日本木板本	日本: 西村五郎衛, 1655	60張: 圖, 四周雙邊, 半郭 21.4 x 14.7 cm. 9行18字, 黑口, 內白黑魚尾; 27.5 x 19.3 cm	古朝17
19	聖學十圖 幷(并)退溪封事	李滉	木板本(日本)	日本 : 西村五郎衛, 1655	TIFF60張: 揷圖, 四周雙邊 半郭 21.4 x 14.7 cm, 9行18字, 黑口, 內白黑魚尾; 27.5 x 19.3 cm	古朝17
20	聖學十圖附錄	金榥 編	鉛活字本	陜川: 后山書堂, 1964	2卷1冊(117張): 四周雙邊, 半郭 21.6 x 14.8 cm. 界線, 12行27字, 注雙行, 上下向黑魚尾; 29.6 x 19.3 cm	序:光武癸卯(1903)...許愈 跋:歲在乙酉(1945).金榥 跋:甲辰(1964)..金鍾浩

반면 『성학집요』 목판본은 현재 안동 한국국학진흥원에는 소장된 것이 없다. 『성학집요』의 간행과 관련해서는 이정효의 연구가 있다. 이 연구에 따르면 율곡(栗谷) 이이(李珥)의 『성학집요』는 현재 국내에 많은 판본이 전래되고 있으나, 언제 간행되었는지, 현존본의 수와 종류는 어느 정도 인지 파악되지 않는다. 그러나 목판본은 황해도 해주와 전라도 전주 두 곳에서 이루어졌으며, 목판본의 책판은 해당 지역의 서원에서 관리되고 보관되었다. 또 『성학집요』는 선조 대에 해주에서 처음 목판본으로 간행되었고, 후에 이귀(李貴, 1557~1633)의 건의에 따라 다시 한번 간행되었다. 또 숙종 연간에 전라도 전주에서 목판본으로 간행되었고, 이후 무신자로 숙종조, 영조조에 모두 세 차례 간행되어 모두 9차례 간행되었다.[28] 여기에서 주목할 점은 영남

퇴계학파들은 영남지역에서 기호학파의 연원이 되는 율곡의 저술을 간행하지 않은 것을 알 수 있다. 대신 『성학집요』가 황해도 해주와 전라도 전주에서 목판본이 간행된 것은 학파적 지역적 특성을 드러내는 것이라고 할 수 있다.

4. 퇴계와 율곡의 이기심성론의 상관적 특성 비교 고찰

이 장에서는 퇴계 이황과 율곡 이이의 이기심성론이 지니는 선험적 도덕적 의미와 현실적 경험적 의미에 내포되어 있는 상관적 의미를 살펴보고자 한다. 이황의 이기심성론과 이이의 이기심성론은 각각 인간과 세계를 바라보는 관점의 차이를 반영하고 있다. 이황에 있어서 리(理)와 기(氣)가 각각 도덕적 실체와 욕망의 원인으로 구분되는 것이라면, 이이에서 리와 기는 자연경험적 법칙 및 근거와 물질적 현실의 재료로서의 의미를 갖는다. 다시 말하면 이황이 이기의 의미를 인문학적 가치지향의 관점에서 규정하고 있다면, 이이는 이기를 자연과학적 법칙 또는 현상의 관점에서 해석하였다. 이러한 해석의 차이는 이황과 이이의 이기심성론 중 여러 하위의 이론체계가 차이를 낳는 원인이 되었다.

---

28) 국내 소장의 단행본은 모두 64종으로 목판본 21종, 금속활자본 18종, 필사본 16종, 신연활자본 9종으로 나타났으며, 『율곡전서』에 수록된 것 21종을 포함하면 국내에는 모두 85종의 판본이 현존하고 있다. 단행 목판본 21종을 모두 실사한 결과 실제로 두 가지의 판본이 전해지고 있음을 확인하였다. 또한 두 판종을 교감한 결과 두 판본이 번각의 관계 가 형성될 수 있음을 확인하였다.(李貞效, 「『聖學輯要』 간행에 관한 硏究」, 『서지학연구』 58, 한국서지학회, 2014, 497-520쪽)

그러면 먼저 이황의 이기심성론이 지니는 핵심적인 특징을 검토하고 이를 이이의 이기심성론과 비교시각적 측면을 검토하고자 한다. 이황의 이기심성론은 주희의 이론을 계승하면서도 도덕적 근원으로서의 리에 대한 강조와 기에 대한 우위론, 사단칠정에 관한 기대승과의 논변, 그리고 경을 중심으로 하는 수양론으로 주로 이루어져 있다. 이들 이론들에 대하여 핵심적인 내용을 요약해 보기로 한다.

이황은 기본적으로 리를 도덕적 실체이자 근원으로 보면서 기와 구별되어 서로 섞이지 않는 것으로 보았다. 그는 주희의 이기론을 수용하였으나, 우주의 존재와 생성에 관한 존재론적 측면에 집중하기보다 인간 내면의 심(心)·성(性)·정(情)에 관한 문제를 이기론적으로 해명하는 심성론에 더 중점을 두었다. 그는 특히 주자의 이기이원론(理氣二元論) 중에 이기불상잡(理氣不相雜)을 더 중시하여 '이(理)'가 기보다 우위에 있음을 강조하였다. 이황은 「비리기위일물변증(非理氣爲一物辨證)」에서 리와 기가 구별되는 것임을 다음과 같이 언급하였다.

> 지금 생각건대, 주희가 평소 리(理)와 기(氣)를 논한 수많은 말씀 중에 두 가지가 같은 것이라고 말한 적이 없었고, 이 편지에 이르러서는 직접적으로 '이'와 '기'는 결단코 두 가지라고 말씀하셨다. 또 "성(性)이 비록 '기' 가운데 있더라도 '기'는 그대로 '기'이고 성은 그대로 성이어서 서로 섞이지 않으므로, '기'의 고운 것을 성으로 삼거나 성의 거친 것을 '기'로 삼아서는 안 된다"고 하였다.[29]

이황은 주희가 이기 사이의 관계에 대하여 서로 분리되어 구별되

29) 『退溪先生文集』 卷41, 「非理氣爲一物辯證」, "今按朱子平日論理氣許多說話, 皆未嘗有二者爲一物之云, 至於此書, 則直謂之理氣決是二物, 又曰. 性雖方在氣中, 然氣自氣性自性, 亦自不相夾雜, 不當以氣之精者爲性, 性之粗者爲氣."

는 것이라는 관점을 이어 곱거나 거친 것이라는 재료적 측면이나 존재론적 의미에서 연속되어 있는 것이 아니라고 보았다. 이것은 리와 기가 가치론적인 우열을 가지고 구분되는 것으로 이해하는 것이다. 이황은 「박택지(朴澤之)에게 주는 편지」에서 리와 기 사이의 가치론적 우열에 대하여 다음과 같이 강조하였다.

> 사람의 한 몸은 리와 기를 함께 갖추고 있으나, 리가 존귀하고 기는 비천하다. 그러나 리는 하는 것이 없으나 기는 욕구가 있다. 그래서 리를 실천하는 데 주력하는 사람은 기를 기르는 것이 그 가운데 있으니, 성인이 그렇다. 반면 기를 기르는 데 치우친 사람은 반드시 성을 해치는 데 이르니, 노장이 그렇다.[30]

이황은 리의 존귀성과 기의 비천함을 구별하면서 리를 기르는 것에 마음을 두면 기 또한 기를 수 있지만, 욕망을 상징하는 기를 기르는 데 힘쓰면 반대로 성을 해칠 것이라고 경계하였다. 리를 기르는 것을 위주로 하는 사람이 성인이라면, 기를 기르는 데 힘써서 본성을 해치는 데 이르는 사람은 노장의 무리가 여기에 해당한다고 주장하였다. 이처럼 이황은 우열을 가지는 것으로서 리와 기를 가치론적으로 해석하였다.[31]

---

30) 『退溪先生文集』 卷12, 「與朴澤之」, "人之一身, 理氣兼備, 理貴氣賤. 然理無爲而氣有欲, 故主於踐理者, 養氣在其中, 聖賢是也. 偏於養氣者, 必至於賊性, 老莊是也."

31) 이황이 기를 악을 유발할 가능성을 가진 것으로 보는 것은 형이하의 기(氣)에는 경중(輕重)·청탁(淸濁)·수박(粹駁)·취산(聚散)·굴신(屈伸)·지귀(至歸) 및 생멸(生滅)의 성질이 포함되어 있다고 보기 때문이다. 이황은 「答李達李天機」에서 "이(理)는 본래 그 존귀하기가 상대가 없으니, '사물(物)'에 명령을 하고 명령을 받지 않는다. 기(氣)가 이길 수 없다, 다만 '기'로서 형체를 이룬 후, 이 '기'가 '이'의 바탕과 재료가 되기에 '이'가 발용응접(發用應接)할 때 '기'가 작동한다. '기'가 능히 '이'에 순응

이러한 이황의 관점은 근원적 발생론적으로 리와 기가 별개로 구별되는 존재라는 것을 강조하는 것과 일관된다. 이러한 이황의 입장은 그의 사단칠정론에 그대로 연결된다. 이황은 기대승과의 사단칠정(四端七情)에 관한 논변과정에서 이와 기의 관계에 대하여 이기호발설(理氣互發說)을 제시하였다. 이것은 이발이기수지(理發而氣隨之)와 기발이이승지(氣發而理乘之)로 명제화되었는데, 이것은 '리'의 도덕적 주재성과 능동성을 강조하는 것이다. 그는 다음과 같이 리기의 관계를 제시하였다.

이황의 사칠론에 관한 기대승과의 논변은 제5서에 들어 있는 "사단은 리가 발하고 기가 따르는 것이고, 칠정은 기가 발하고 리가 타는 것이다(四端理發而氣隨之, 七情氣發而理乘之.)"라는 명제로 결론을 맺는다. 이것에 대한 논거를 이황은 다음과 같이 언급하였다.

> 천지지성은 오로지 리만 가리킨 것인데, 이 경우 다만 리만 있고 아직 기는 없는 것이겠습니까? 천하에 기 없는 리는 없으므로 단지 리만 있는 것은 아니지만 그럼에도 오히려 오로지 리만을 가리켜 말할 수 있으니, 기질지성도 비록 리·기가 섞여 있다고는 하나 어찌 기만을 가리켜 말할 수 없겠습니까? 하나는 리가 주가 되므로 리로 말하였고, 하나는 기가 주가 되므로 기로 말한 것뿐입니다. 사단에 기가 없는 것이 아니지만 리의 발이라고 말하고, 칠정에 리가 없는 것이 아니지만 기의 발이라고 말

할 때, '이'는 스스로 드러나는 것이지 '기'가 약해졌기 때문이 아니다. '기'가 만약 '이'에 거스를 때는 '이'가 도리어 숨어버리는 것이니 '이'가 약해졌기 때문이 아니라 형체가 그러한 것이다. 그러므로 군자가 학문을 하는 것은 기질(氣質)의 편벽됨을 바로 잡고 물욕(物欲)을 막고 덕성(德性)을 높여서 대중지정(大中至正)의 도(道)로 돌아가는 것이다"(『退溪先生文集』 권13, 「答李達李天機」: 不可謂天命流行處, 亦別有使之義也, 此理極尊無對, 命物而不命於物. 故也. …非氣所當勝也, 但氣以成形之後, 卻是氣爲之田地材具, 故凡發用應接, 率多氣爲用事, 氣能順理時, 理自顯, 非氣之弱, 乃順也, 氣若反理時, 理反隱, 非理之弱, 乃勢也, 比如王者本尊無對, 及强臣跋扈, 反與之或爲勝負, 乃臣之罪, 王者無如之何, 故君子爲學, 矯氣質之偏, 禦物欲, 而尊德性而歸於大中至正之道.)라고 하였다.

한 것은 그 뜻이 이와 같기 때문입니다.[32]

이황에 따르면 사단(四端)과 칠정(七情)에는 모두 리와 기가 함께 있지만, 그 발하는 데 이어서 주도권을 가지고 영향력을 행사하는 주체가 어떤 것이냐에 따라 한쪽으로 리가 발한다고도 하고 기가 발한다고도 한다는 것이다. 곧 다산에도 기가 있고 칠정에도 리가 있어서 리기가 합해져 있지만, 리가 주도하여 발하는 것이 사단이고, 기가 위주가 되어 발하는 것이 기라는 것이다. 따라서 리와 기는 어느 것이 주도적인 힘으로 작용하면서 발하느냐에 따라가 사단과 칠정이 갈린다는 것이다. 이처럼 이황은 리와 기가 상호 대립적인 관계를 가지면서도 상호의존적으로 상수(相須)하면서도 번갈아 발하는 호발(互發)의 특성을 함께 갖는다는 것이다.

이황은 「심통성정도(心統性情圖)」 중 「하도(下道)」에서 「중도(中圖)」의 원 권역에서 벗어난 정(情)의 자리에 '발위(發爲)'라는 글자를 첨가하여, 하나이지만 두 가지 명칭을 가진 성(性)이 발하면 사단과 칠정으로 구분되어 나타난다는 사실을 말하고 있다. 사단의 옆에는 '이발이기수지(理發而氣隨之)', 칠정의 옆에는 '기발이이승지(氣發而理乘之)'라는 말을 서술하여 사단과 칠정이 드러나는 과정을 설명하고자 하였다. 이를 통해 퇴계는 순일하게 선한 사단과 불선을 가진 칠정을 구분하고자 한 것이다. 예를 들어 타인에게 도움을 주어야 하는 순간 처음부터 선한 마음으로 선행을 베풀었다면, 본연지성이 도덕적 동기가 되어 사단으로 나타난 것이라고 볼 수 있다. 반대로 첫 동기는 불순한 마

---

32) 『退溪先生文集』 卷16, 「書」 「答奇明彦論四端七情第二書」 29左~30右, "天地之性固專指理, 不知此際只有理還無氣乎. 天下未有無氣之理, 則非只有理, 然猶可以專指理言, 則氣質之性, 雖雜理氣, 寧不可指氣而言之乎. 一則理爲主, 故就理言, 一則氣爲主, 故就氣言耳. 四端非無氣, 而但云理之發, 七情非無理, 而但云氣之發, 其義亦猶是也."

음이었으나 이를 돌이켜 선행을 베푼 경우는 칠정이 중절하여 선으로 나타난 것이다. 이처럼 퇴계는 사단의 순선한 선과 칠정의 중절한 선은 같은 것으로 취급할 수 없다고 보았다.[33]

이러한 입장을 이어 이황은 수양론에서 송대 성리학의 정이와 주희의 학설을 계승하여 경(敬)을 강조하였다.

> 군자는 이 마음이 정할 때에는 반드시 존양하여 그 본체를 보존하고, 정의가 발할 때에 반드시 성찰하여 그 작용을 바르게 한다. 그러나 이 마음의 이치가 광대해서 잡을 수 없으며, 넓어서 측량할 수 없으니, 진실로 경으로 전일하지 않으면 어찌 그 성을 보존하고 그 본체를 세울 수 있겠는가. 이 마음의 발하는 것이 미묘하여 가는 털끝을 살피기보다 어렵고, 위태하여 구덩이를 밟기보다 어려울 것이니, 진실로 경으로 전일하지 않으면 또한 어찌 그 기미를 바르게 하고, 그 작용에 통달할 수 있겠는가. 그러므로 군자의 학문은 마땅히 이 마음이 발하지 않을 때에는 반드시 경을 위주로 하여 존양의 공부를 더해야 하고, 이 마음이 이미 발했을 때에도 역시 반드시 경을 위주로 하여 성찰의 공부를 더해야 할 것이니, 이것이 바로 경이 학문의 처음이 되고 끝이 되며 본체와 작용에 관통하는 이유이다.[34]

이황은 경(敬)을 통하여 마음의 본체와 작용을 보존하고 바르게 할 수 있고, 마음의 기미와 작용에 통할 수 있기 위해서도 경을 해야 한

---

33) 성지은, 「사단칠정 논쟁을 통해 본 퇴계 이황의 이발(理發)·기발(氣發)의 윤리적 특징 연구」, 부산대학교대학원, 2024, 66쪽.

34) 「退溪續集」 8卷, 「天命圖說」, "子於此心之靜也 必存養以保其體 於情意之發也 必省察以正其用 然此心之理 浩浩然不可模捉 渾渾然不可涯涘 苟非敬以一之 安能保其性而立其體哉. 此心之發 微而爲毫釐之難察 危而爲坑塹之難蹈 苟非敬以一之 又安能正其幾而達其用哉. 是以 君子之學 當此心未發之時 必主於敬而加存養工夫 當此心已發之際 亦必主於敬而加省察工夫 此敬學之所以成始成終而通貫體用者也 故圖之切要之意."

다고 보았다. 또 마음의 미발과 이발 시에 모두 일관되게 존양하고 성찰해야 하기 때문에 경(敬)이 학문의 처음이자 끝이 되고 체와 용을 관통하는 것이라고 보았다. 이황의 경 사상은 그의 수양론의 핵심이 되는 것으로 성왕의 통치의 핵심적인 표준이 되는 것으로 보았다. 『성학십도』에 일관되게 관통하는 수양의 원리가 바로 경(敬)이 된다. 요컨대, 이황이 말하는 경(敬)은 내외로 마음과 사물의 이치를 선험적으로 보존하면서 사물의 작용에 적용하여 이것을 바르게 세우는 기준이 되는 것이 경이라고 할 수 있다.

반면 이이의 이기심성론은 다분히 경험론적이고 현실적 작용의 관점에서 이기심성(理氣心性)을 바라보고 있다. 이이의 이기심성론이 지니는 특징을 살펴봄으로써 이황의 학설과 구별되는 지점을 검토하고자 한다.

이이의 이기론에서 이와 기는 어떤 존재론적 이상을 가지고 있는가? 그는 이와 기를 주로 경험적 사실의 근거와 재료적 관점에서 이와 기를 이해하였다. 그에 따르면 모든 존재는 이와 기로 이루어져 있는데, 리는 형이상자로서 원리 또는 법칙을 뜻하고, 기는 형이하자로 재료나 도구가 된다. 여기에서 형이상자로서 리(理)와 형이하자인 기(氣)가 결합하여 세계의 모든 존재가 생성되고 변화한다. 여기에서 이이 또한 리가 기를 일정 정도 주재하고 기는 리에 타서 의지하는 것으로 다음과 같이 언급하였다.

> 리라는 것은 기를 주재하는 것이고, 기는 리가 타는 수단이다. 리가 아니면 기가 근거할 곳이 없고, 기가 아니면 리가 의지할 곳이 없다.[35]

---

35) 『栗谷全書』 卷9, 「答成浩原」, "夫理者, 氣之主宰也. 氣者, 理之所乘也. 非理則氣無所根底, 非氣則理無所依著."

여기에서는 리와 기가 상호의존적으로 결합하여 현상 사물의 변화와 생성을 이루어가며, 여기에서 리는 기를 주재하면서 법칙성을 드러내는 반면, 기는 법칙에 따르면서 변화를 가능케 하는 동력을 제공하는 것으로 볼 수 있다.

계속하여 이이는 이기가 묘합(妙合)하는 것이면서도 리와 기는 스스로 섞일 수 없는 부분이 있어 일물이 아니라고 하였다. 그리하여 리는 그대로 리이고 기는 그대로 기이므로 일물이 아니지만, 또 이물도 아니라고 하였다. 이것은 리는 스스로 리이고, 기는 스스로 기이지만, 혼륜무간하여 선후도 없고, 리합(離合)도 없어서 그것이 이물(二物)이 됨을 볼 수 없기 때문에 이물(二物)이 아니다[36]라 하였다. 이처럼 리와 기를 혼륜하여 신묘하게 합해져 있는 것으로 일물을 강조하는 것은 현상 사물에 합해져 있는 측면에서 리와 기를 바라보는 것이다. 이러한 해석은 리와 기가 인성론적 의미에서 선험적인 도덕적 실체와 욕구을 일으키는 근원이 되는 것으로 보는 이황의 관점과 구별되는 의미를 갖는다.

이이의 이기론에서 또 하나의 핵심적 이론은 기발이승일도설이다. 이 이론에 대해 그는 다음과 같이 설명하였다.

> 기발이승은 무엇을 뜻하는가? 음이 고요하고 양이 움직이는 것은 기틀 자체가 그러한 것으로 누가 따로 시키는 것이 있는 것이 아니다. 양이 움직이면, 리가 동에 타는 것이고 리 자체가 동하는 것이 아니다. 음이 고요하면 리가 고요함에 타는 것이지 리 자체가 고요한 것이 아니다. 그래서 주희는 '태극의 분연의 오묘함이고, 동정을 타는 기틀이다'고 하

36) 『栗谷全書』卷9, 「答成浩原」, "非一物者何謂也? 理氣雖相離不得, 而妙合之中, 理自理氣自氣, 不相挾雜, 故非一物也. 非二物者, 何謂也. 雖曰理自理氣自氣, 而渾淪無間, 無先後無離合, 不見其爲二物, 故非二物也."

> 였다. … 대개 이른바 '동이생양(動而生陽), 정이생음(靜而生陰)'은 미연(未然)한 곳에 근원하여 말한 것이고, '동정소승지기(動靜所乘之機)'는 이연(已然)한 곳을 보고 말한 것이다. 동정에 끝이 없고 음양에 시작이 없으므로 리와 기의 유행은 모두 이미 그러한 것일 뿐이지 어찌 아직 그렇지 않은 때가 있겠는가? 그래서 천지가 변화하는 것과 내 마음이 발하는 것이 모두 기가 발하여 리가 타지 않음이 없는 것이다.[37]

이황이 선험적으로 리가 주재성을 가지고 기를 따르게 하거나 기가 발하여 리가 타는 두 가지로 구별하여 리기(理氣)가 호발(互發)하는 것을 강조한 데 비하여, 이이는 리가 기에 대해 주재성을 갖고 있다고 하더라도 이것이 기를 제어하는 것이 아니라 음양 동정의 기틀은 저절로 그렇게 되는 소이로 하여 기계적으로 움직이고 고요하다는 것이다. 이것은 리 자체가 기와 무관하게 자율적으로 동정하는 것이 아니라, 기라는 기틀에 의지하여 비로소 동정의 작용을 하게 된다는 것이다. 이것은 바로 리와 기가 모순 대립하는 것이 아니라 상보적 상호의존적 존재임을 의미한다.

이처럼 리와 기가 상호의존하는 특성을 갖는데, 이것이 결합하는 장소가 마음[心]이다. 하지만 이이는 심(心)을 기(氣)라고 보았다.[38] 심을 기라고 규정함에 따라 이이의 심은 무목적적 또는 맹목적으로 동정(動靜)하는 존재로 오해될 수 있다. 하지만 이이에서 심은 성과 연관하여 볼 때, 마음속의 리가 바로 성이고, 심은 성을 담는 그릇이다.[39]

---

37) 『栗谷全書』 卷10, 「答成浩原」, "氣發而理乘者, 何謂也. 陰靜陽動, 機自爾也. 非有使之者也. 陽之動, 則理乘於動, 非理動也. 陰之靜, 則理乘於靜, 非理靜也. 故朱子曰太極者, 本然之妙也. 動靜者, 所乘之機也. … 夫所謂動而生陽, 靜而生陰者, 原其未然而言也. 動靜所乘之機者, 見其已然而言也. 動靜無端, 則理氣之流行, 皆已然而已, 安有未然之時乎? 是故天地之化, 五心之發, 無非氣發而理乘之也."

38) 『栗谷全書』 卷10, 「答成浩原」, "心是氣也."

요컨대, 이이가 심시기(心是氣)를 강조한 것은 현실적으로 심 안에 있는 리의 선한 본성을 드러낼 수 있는 힘이 기(氣)에 있다고 생각했기 때문이다. 이이에서 심이 발하는 것은 '기발이승일도(氣發理乘一途)' 뿐이므로 선한 리의 본성은 측은, 수오, 사양, 시비의 정을 어떻게 잘 드러낼 수 있는지에 관심을 둔 것이다. 따라서 심의 작용에 주목하여 기질변화를 주장하는 것도 선한 본성의 리(理)를 제대로 드러내기 위한 것이다.40)

이이는 이처럼 심을 경험적 현상적 차원에서 기를 중심으로 해석하는 만큼, 이황이 진리의 기준을 선험적인 도덕적 실체로서의 근원적인 리에 두는 것과 달리, 경험적 현상에 근거한 법칙에 두고 있다. 이 점은 그의 심성정의일로설(心性情意一路說)과 인심도심상호종시설(人心道心相互終始說) 등에도 그대로 반영되어 있다고 할 수 있다. 이 두 학설은 요약하면 이황에서 심성정의에서 사단과 칠정이 분리되어 종시를 이루지 못하고 대립되는 것인 데 비하여, 이이에게서 심성정의는 하나의 계열로 배열되는 것이고, 인심과 도심은 경험적 조건의 변화에 따라 상호적으로 바뀔 수 있다고 보는 것이다. 곧 인심이 도심이 되고, 도심이 인심이 되는 것은 시대적 조건이나 경험적 현상에 의지한다는 것이다.

> 모름지기 성심정의는 단지 한 종류이므로 각각 경계가 있을 뿐임을 알고 나서야 어긋나지 않는다고 할 수 있다. 무엇을 일로라고 하는가? 마음이 아직 발하지 않으면 성(性)이 되고, 발하고 나면 정(情)이 되며, 정이 발한 뒤에 헤아리고 계교하면 의(意)가 되니 이것이 하나의 길이다.

39) 『栗谷全書』 卷9, 「答成浩原」, "性則心中之理也, 心則盛貯性之器也."

40) 유지웅, 「율곡 이이 심성정론의 이기론적 연구」, 전북대대학원석사논문, 2010, 32쪽.

무엇을 각각 경계가 있다고 하는가? 심이 고요하여 움직이지 않을 때 이것이 성의 경계이고, 감응하여 마침내 통하는 때 이것이 정의 경계이며, 정이 움직인 후에 생각을 찾아내고 헤아리는 것은 의의 경계가 되니 다만, 하나의 심으로 각각 경계가 있는 것이다.[41)]

마음이 움직이지 않아서 아직 발현하지 않는 단계를 성(性)이라 하고, 마음이 정(情)으로 발하고 나서 마음이 헤아리는 작용이 있는 것을 의(意)라고 한다. 이것들은 동시적인 것이 될 수 없고 선후를 이루어 가역적으로 연속될 수 있는 것이다. 따라서 성심정의(性心情意)는 현상 사물에 대한 경험적 조건과 기준이 바뀜에 따라 인심이 도심으로도 되고 도심이 인심으로도 되는 역동적인 과정을 설명하고자 한 것이다.

이렇게 볼 때, 이황의 이기심성론 철학이 선험적 근본 원칙으로서 천리와 태극에 따라 세계가 연역적으로 질서 지어지고 다스려지는 체계를 구축했다고 한다면, 이이의 이기심성론은 진리의 표준을 절대적 근원이나 마음에 두지 않고 외적 조건에 진리의 표준을 두고 귀납적 조화를 지향한다는 데 특징을 갖는다.

5. 『성학십도』와 『성학집요』의 보편적 이념과 정치사상적 특성

이 장에서는 『성학십도』와 『성학집요』가 유학의 보편적 이념과

41) 『栗谷全書』 卷14, 「雜記」, "須知性心情意, 只是一路而各有境界然後, 可謂不差矣. 何謂一路, 心之未發爲性, 已發爲情. 發後商量爲意此一路也. 何謂各有境界, 心之寂然不動時, 是性境界. 感而遂通時, 是情境界. 因所感而紬繹商量爲意境界, 只是一心, 各有境界."

가치를 어떻게 표상하고 있으며 그 정치사상적 특성은 무엇인지를 살펴보고자 한다. 이 두 저술은 유학의 근본이념을 바탕으로 도덕적 수양을 통하여 정치적 이상을 실현하는 데 군주가 지녀야 하는 덕목과 제도적 방법론을 제시하고 있다. 이것을 한마디로 성학(聖學)이라고 표현한 것이다. 그러면 구체적으로 『성학십도』와 『성학집요』의 편제와 내용이 어떻게 이루어져 있으며, 이 두 저술이 각각 지니는 특징은 무엇이며 그 구별되는 차이와 이런 차이점이 지니는 의미에 대해서 해명해 보기로 한다. 먼저 『성학십도』와 『성학집요』의 체제와 내용을 간략하게 요약하고 나서, 이 저술들이 지니는 유가철학적 수양론 및 제도론적 특징과 함께 상호간에 차이점 등을 살펴보고자 한다.

『성학십도』는 이황이 1568년 12월 왕에게 올린 상소문이다. 이 저술은 「태극도(太極圖)」를 시작으로 「숙흥야매잠도(夙興夜寐箴圖)」까지 10개의 도표를 통해 선조가 성군이 되기를 바라는 뜻에서 군왕의 도(道)에 관한 학문의 요체를 도식으로 설명하였다. 이것은 『퇴계문집』 중 내집(內集) 제7권 차(箚)에 수록되어 있다. '성학십도'라는 명칭은 본래 「진성학십도차병도(進聖學十圖箚幷圖)」로 『퇴계문집』 내집과 『퇴계전서』에 수록되어 있는데, 진(進)·차·병도의 글자를 생략하여 『성학십도』로 일컫는다. 이 저술을 일관하여 관통하는 하나의 개념은 경(敬)이다. 퇴계 철학에서 경(敬)은 『성학십도』의 골격을 이루는 수양의 근본 원리이다.

퇴계는 「진성학십도차」에서 군주가 수양을 통해 선정으로 나아가야 하는 필요성을 다음과 같이 역설하였다. "성학에는 커다란 단서가 있고, 백성의 수장이 되는 분의 한 마음은 모든 징조가 말미암는 곳이고, 모든 책임이 모이는 곳이며, 온갖 욕심이 복잡하게 나타나는 자리이고, 갖가지 간사함이 속출하는 곳이기 때문에 조금이라도 태만하고 소홀해 방종이 따르게 된다면, 산이 무너지고 바다에 해일이 일어나는 것 같은 위기가 올 것이니, 누가 이러한 위기를 막을 수 있겠는가 …그래서 조심하고 두려워하며 삼가는 애틋한 마음가짐으로 날마다 생활을 해도 오히려 부족하다고 생각했던 것이다"42)고 하면서 『성학십도』를 올리는 진심을 밝히고 있다. 이황은 왕 한 사람의 마음의 징조가 매우 중요하다는 것을 강조하면서, 마음가짐을 조심하고 두려워하며 삼가는 수양의 방법으로 '경(敬)'의 내면화를 중요시하였다.

유학은 '도덕적 이념의 함양'과 '이상적이고 합리적인 정치적 제도의 실현'이라고 하는 두 가지 큰 구조로 이루어진다. 바로 '수기(修己)'와 '치인(治人)'이 이것이다. 다시 말하면 도덕적 수양을 통하여 유학의 근본이념으로서 인의예지(仁義禮智)의 본성(性)을 이상적 정치제도를 통하여 구현하는 것이다. 유학에서 통치자의 내적인 도덕적 수양은 이상적인 통치를 위한 근본 전제이자 필요조건이 된다. 이것을 맹자는 불인인지심(不忍人之心)과 불인인지정(不忍人之政)으로 제시하였다. 퇴계가 『성학십도』에서 도덕적 수양의 핵심원리이자 방법으로서 경(敬)을 강조한 것은 수기와 치인 가운데 수기(修己)를 강조한 것이다. 이러한 측면에서 퇴계의 경 사상을 중심으로 하는 철학사상은 치인을 위한 본체의 확립으로서 수기를 강조하는 방향으로 체계화되었다. 이러한 퇴계의 입장은 아무리 제도적 장치가 합리적이라고 하더라도 도덕적 수양을 통한 인격적 완성 없이는 올바른 통치가 이루어질 수 없다는 측면을 강조하는 것이다. 이렇게 볼 때, 퇴계의 『성학십도』에서 경을 중심으로 하는 성왕을 위한 수기를 강조하는 사상은 유네스코 세계유산

42) 『聖學十圖』, 「進聖學十圖箚」, "聖學有大端, 心法有至要, 揭之以爲圖, 指之以爲說, 以示人入道之門. 積德之基, 斯亦後賢之所不得已而作也. 而況人主一心, 萬幾所由, 百責所萃, 衆欲互攻, 群邪迭鑽, 一有怠忽, 而放縱繼之, 則如山之崩, 如海之蕩, 誰得而禦之. 古之聖帝明王, 有憂於此. 是以兢兢業業, 小心畏慎, 日復一日, 猶以爲未也."

의 이념에서 볼 때 인(仁)을 핵심으로 하는 유학적 도덕 이념의 '탁월한 보편성'을 중시하는 의미를 갖는다고 볼 수 있다.

그러면 율곡의 『성학집요(聖學輯要)』는 어떤 체제와 내용을 담고 있는가? 『성학집요』는 이이가 제왕의 수양과 학문을 위하여 1575년에 저술한 정치사상서이자 성학서이다. 『율곡전서』 연보에서 "선생이 경전과 사서(史書) 중에서 학문을 닦고 정사를 돌보는 데 있어서 중요하다고 생각되는 중요한 말씀들을 묶어 5편으로 차례를 정해 나누고 차(箚)를 붙여 임금에게 올렸다"[43]고 기록되어 있다. 저술의 서문에 의하면, 『성학집요』는 사서(四書)와 육경(六經)에 수록되어 있는 도(道)의 개요를 뽑아 간략하게 정리한 것이다. 사서육경은 너무 방대해 거기에서 도를 구하고자 한다면 길을 잃기 십상일 것이므로 그중에서 대학(大學)를 드러내어 규범을 세움으로써 성현의 모든 교훈이 여기에서 벗어나지 않게 되어 강령의 법칙이 되었다[44]고 하였다. 요컨대, 이이는 『대학』을 '덕(德)으로 들어가는 문(入德之門)'이라고 보아, 『대학』의 기본 이념에 입각해 『성학집요』의 체계를 세웠다.[45]

---

43) 『栗谷先生全書』 卷之三十三, 「附錄一, 年譜上」, "先生輯經史要語切于學問政事者, 次第彙分, 凡五篇, 幷箚以進."

44) 『栗谷先生全書』 卷之十九, 『聖學輯要』一, 「序」, "臣按, 道妙無形, 文以形道. 四書六經, 旣明且備. 因文求道, 理無不現, 第患全書浩渺, 難以領要. 先正表章大學, 以立規模, 聖賢千謨萬訓, 皆不外此, 此是領要之法. 西山眞氏推廣是書, 以爲衍義. 博引經傳, 兼援史籍, 爲學之本, 爲治之序. 粲然有條, 而歸重於人主之身, 誠帝王入道之指南也."

45) 『성학집요』의 구체적인 체제를 요약하면 다음과 같이 정리할 수 있다. 곧 『성학집요』 1권은 진차(進箚) · 서(序) · 범례 · 목록도(目錄圖) 등과 단장(單章)으로 된 통설이 있고, 2권은 수기편(修己篇) 상으로 총론수기장(總論修己章) · 입지장(立志章) · 수렴장(收斂章) · 궁리장(窮理章) 등이 있다. 3권은 수기편 중으로 성실장(誠實章) · 교기질장(矯氣質章) · 양기장(養氣章) · 정심장(正心章) · 검신장(檢身章)이 있다. 4권은 수기편 하로 회덕량장(恢德量章) · 보덕장(輔德章) · 돈독장(敦篤章) · 수기공효장(修己功效章) 등이 실려 있다. 5권은 정가편(正家篇)으로 총론정가장(總論正家章) · 효경장(孝敬

이이가 『성학집요』를 지을 때 중점적으로 참조한 저술은 유학 전적에서 수기치인(修己治人)의 절차와 과정을 가장 잘 보여주는 『대학(大學)』과 이를 부연 설명하고 주석한 진덕수(眞德秀)의 『대학연의(大學衍義)』였다.[46] 따라서 『성학집요』에는 수기(修己)의 단계로서 『대학』에서 언급한 명명덕(明明德)을 이루는 과정이 포함되어 있고, 『대학』에서 신민(新民)으로 언급되는 치인(治人)의 과정 또한 정리되어 있다. 이 점에서 『성학십도』가 주로 내면의 도덕적 수양으로서 수기(修己)를 강조하고 있다면, 『성학집요』는 수기와 치인을 아우르는 범위를 포괄한다. 이 점을 고려하면서 『성학십도』와 『성학집요』가 지니는 보편적 의미와 특수한 의미를 살펴보는 것이 필요하다.

다시 말하면, 이 장에서는 『성학십도』와 『성학집요』가 그 형식과 내용 체제상 유가철학의 본체론과 심성론, 수양론과 실천론, 그리고 정치제도론 등을 어떻게 설명하고 있는가에 대하여 상호 비교시각적 차원에서 해명하고자 한다. 여기에서 퇴계 철학의 기본 특성은 도덕적 실체로서 리(理)에 대한 강조와 경(敬)을 통한 수양론에 대해 유의하는 반면, 율곡 철학은 경험론적 이기론과 제도개혁론의 특성을 갖는 점에 대하여 고찰하고자 한다. 퇴계의 『성학십도』가 군주의 내적인 수양을 원리와 방법을 제시하는 데 중점을 두었다면, 율곡의 『성학집요』는 수기와 함께 치인의 방법으로 경세론적 제도를 합리적으로 구성하는 데도 중요한 의미를 두었다. 퇴계는 『성학십도』 제1도 「태

章) · 형내장(刑內章) · 교자장(教子章) · 친친장(親親章) · 근엄장(謹嚴章) · 절검장(節儉章) 등이 있다. 6권은 위정편(爲政篇) 상으로 총론위정장(總論爲政章) · 용현장(用賢章)으로 이루어져 있다. 7권은 위정편 하로 취선장(取善章) · 식시무장(識時務章) 등으로 구성되어 있으며, 8권은 성현도통장(聖賢道統章)이 한 장으로 수록되어 있다.

46) 이 저술은 또한 성리학의 기본 교과서라고 일컬어지는 『근사록』 체계와도 비교해 볼 필요가 있다.

극도설」에서 제10도 「숙흥야매잠도(夙興夜寐箴圖)」까지 천도와 인도를 구분하였으며, 천명과 천도를 실천하는 공부로 『소학』과 『대학』의 내용을 정리한 제3도와 제4도가 핵심을 이룬다. 이후 퇴계는 경(敬)을 강조하면서 제9도와 「경재잠도」와 제10도 「숙흥야매잠도」에서 경(敬)을 공부하는 구체적 방법을 제시하였다. 또한 그는 경과 함께 인(仁)을 강조하여 성학(聖學) 즉 심학(心學)을 설명하였다. 이처럼 퇴계는 『성학십도』에서 경세론적 치인의 방면보다는 천리의 형이상학적 이념과 경 공부를 통해 마음을 다스려야 한다는 관점을 중시하였다.[47]

그는 「무진육조소(戊辰六條疏)」에서 성학(聖學)을 돈독히 하고 다스림의 근본을 세우는 것에 대하여 언급하였다. 그는 "제왕의 학문과 심법의 요체는 순임금이 우에게 명한 것에 연원을 둡니다. 거기에 말하기를 '인심은 오직 위태롭고 도심은 은미하여 오직 정밀하게 살피고 한결같이 하여 신실하게 그 중을 잡아야 한다'고 했습니다. 대개 천하에 서로 전한 것은 그로 하여금 천하를 안정시키고자 한 것입니다. … 이처럼 참된 것을 다수 쌓고 오랜 기간을 거치게 되면 자연스럽게 의리는 정밀해지고 어짊은 원숙해져서 깨뜨리려 해도 그럴 수 없게 되고 홀연히 스스로 성현의 중화의 경지에 들어가는지도 모르게 됩니다. 그 실천하는 효과가 여기에 이르면 도덕이 이루어지고 다스림의 근본이 있게 됩니다"[48]고 하였다. 이처럼 퇴계는 군주의 내성의 도덕적 수양을 강조하는 것을 『성학십도』에도 그대로 반영하고 있다.[49]

---

47) 권상우, 「율곡 『聖學輯要』의 성왕론 -『大學衍義』, 『聖學十圖』와 비교를 중심으로」, 『율곡학연구』 40, 율곡학회, 2019, 144쪽.

48) 이황, 『退溪全書』, 「戊辰六條疏」, "敦聖學, 以立治本. 臣聞, 帝王之學, 心法之要, 淵源於大舜之命禹. 其言曰, 人心惟危, 道心惟微, 惟精惟一, 允執厥中. 夫以天下相傳, 欲使之安天下也. … 如是積眞之多, 歷時之久, 自然義精仁熟, 欲罷不能, 而忽不自知其入於聖賢中和之域矣. 其實踐之效至此, 則道成德立, 而爲治之本, 於是乎在."

반면 율곡은 내성(內聖)의 수기(修己)와 외왕(外王)의 치인(治人)을 함께 아울러야 한다고 하면서 다음과 같이 수기(修己)와 치인(治人)의 관계를 설명하였다.

> 정자가 "몸을 다스리고 집안을 가지런히 하는 것으로부터 온 세상을 평화롭게 하는 것이 다스림의 도리이다. 정치의 강령을 세우고 온갖 직책을 나누어 바로잡으며 자연의 순리에 따라 일을 처리하며 제도를 만들고 법도를 세워서 천하의 일을 다하는 것은 다스림의 법이다. 성인이 천하를 다스리는 도리는 오직 이 두 가지에 달려 있다."[50]

율곡은 도덕적 수양을 완성하면서 이상적 정치를 실현한 사람을 성인으로 규정하였다. 그는 수신제가치국평천하를 '도'로 보고, 정치의 강령과 직책, 제도 세상의 일을 해결하는 방법을 '법'으로 보았다. 따라서 도를 갖추고 있으나 군주로서 능력이 부족한 사람이나 법만 알고 도를 알지 못하는 사람 모두 올바른 정치를 할 수 없다고 보았다. 그래서 율곡은 『성학집요』에서 「위정(爲政)」 편을 지어 구체적 상황에서 정사(政事)를 처리하는 방법과 관련하여 용현(用賢), 취선(取善), 식시무(識時務), 법선왕(法先王), 근천계(謹天戒), 입기강안민(立紀綱安民), 명교(明教) 등을 제시하였다.[51] 율곡의 이러한 관점은 퇴계가 내성의 수기를 강조하는 입장과 극명하게 차이를 드러내는 부분이다. 이 점에

---

49) 권상우는 "군주가 도덕 수양을 통하여 내성을 이루면 치국과 평천하의 완성 단계인 외왕(外王)은 자연히 실현될 수 있다고 생각하였다. 따라서 그는 군주 개인의 수양을 가장 중요한 요체로 파악하면서, 치국평천하는 군주의 수신에 의해서 자연히 해결될 수 있다고 보았다"(권상우, 위의 논문, 145쪽)고 주장하였다.

50) 『聖學輯要』 「統說」, "程子曰, 治身齊家以至平天下者, 治之道也. 建立治綱, 分正百職, 順天時以制事, 至於創制立度, 盡天下之事者, 治之法也. 聖人治天下之道, 唯此二端而已."

51) 권상우, 위의 논문, 148쪽.

서 퇴계가 유학에서 추구하는 인(仁)을 핵심으로 하는 보편적인 도덕적 수양을 강조하는 데 비하여, 율곡은 도덕적 수양을 언급하면서도 현실적 상황에서 보다 합리적이고 적합한 제도 구성을 통하여 통치를 완성해야 한다는 것에 강조점을 두고 있다.

퇴계와 율곡은 유학의 도통론에서도 시각의 차이를 보이고 있다. 퇴계와 달리 율곡은 도통론에 대한 시각에서 수기뿐만 아니라 치인과 이상적 제도에 대한 중요성을 강조하고 있음을 드러낸다. 송대 성리학의 도통론은 요(堯)→순(舜)→우(禹)→탕(湯)→문(文)→무(武)→주공(周公)을 거처, 공자(孔子)→증자(曾子)→자사(子思)→맹자를 이어 주자(周子)→이정(二程)→장자(張子)→주자(朱子)로 이어지는 유가의 정통 도맥(道脈)으로 잇는 계통으로 보았다.[52] 그러나 율곡은 도통의 내용을 '도를 바탕으로 덕을 이루는 수기(修己)와 교(敎)를 베푸는 치인(治人)'이라고 보고, 주자→정몽주→길재→김숙자→김종직→김굉필→조광조로 이어지는 퇴계까지의 도통설을 부정하고, 주자의 도맥을 이은 사람으로 바로 조광조를 들었다.

율곡은 주희로부터 고려말 정몽주와 길재, 선초의 김숙자와 김굉필, 조광조로 이어지는 도통의 계승을 부정하고 유학의 도통이 주자에서 바로 조광조로 이어지는 것으로 수정하였다. 정몽주로부터 김굉필에 이르기까지 도통에 속한 인물들은 도덕적 인격과 절의(節義)의 실천이라는 내성(內聖)을 특징으로 하는 정몽주의 모범을 기준으로 평가한 사례이다. 퇴계는 이를 평가하여 이들을 유학의 도통을 계승한 것으로 보았다. 반면 율곡이 주자로부터 조광조로 도통의 계열을 수정한 것은 도통의 실질적 내용을 수기와 치인, 성기(成己)와 성물(成物),

52) 김인규, 「『성학집요』에 나타난 율곡 이이의 도통관」, 『율곡학연구』 39, 율곡학회, 2019, 29쪽.

내성(內聖)과 외왕(外王), 이상(理想)과 현실(現實), 의리(義理)와 실리(實利), 이론(理論)과 실천(實踐), 양민(養民)과 교민(敎民) 등을 조화롭게 실현코자 하는 목적을 지닌다.[53]

조선 후기 영조시기에 정국의 운영을 주도한 소론은 『성학집요』 진강을 탕평(蕩平)의 상징으로 활용하고자 하였다.[54] 이 시기 노론 또한 탕평을 의도한 소론과 달리 『성학집요』 진강을 통해 자신의 정통성을 인정받으려는 취지에 따라 『성학집요』의 진강에 반대하지 않았다. 영조 또한 『성학집요』의 진강을 허락한 것은 『성학집요』가 노론과 소론의 연원인 이이의 학문적 정수로서 이들을 통합할 수 있는 상징성을 가지고 있음을 파악했기 때문이다. 이것은 소론이 추진한 탕평의 논리와 통하는 면이 있는 만큼 탕평에 대한 노론의 비판은 큰 부담이었다. 이때 영조는 『성학집요』 진강 과정에서 노론과 소론의 입론을 넘어 자신의 입장에 더욱 부합할 수 있는 논거를 찾아냈는데, 그것은 바로 '기강(紀綱)'의 강조였다.

영조는 『성학집요』 「위정」에서 유독 「안민(安民)」장이 「기강(紀綱)」장 다음에 있는 것을 주목할 특징으로 꼽았는데, 이는 『성학집요』에 대한 그의 관심이 어디에 초점을 두고 있는지 잘 보여준다. 곧 '기강(紀綱)'이 제왕통치의 궁극적인 목적이라 할 '안민(安民)'에 선행함을 강

53) 김인규, 위의 논문, 29쪽.

54) 『성학집요』는 숙종 때 이미 노론과 소론을 保合하는 상징성을 띠고 있었다. 숙종은 동왕 22년 『성학집요』를 侍講院 관원에게 內賜하였는데, 앞서 소론의 영수인 尹拯을 贊善으로, 노론의 영수인 송시열의 수제자 권상하를 進善으로 임용하였다. 당시 권상하에게 내사한 『성학집요』가 現傳하고 있음에 비추어 윤증에게도 내사되었을 것으로 추정된다. 갑술환국 후 노론과 소론의 대립이 표면화되고 있었음을 감안하면, 양자를 시강원에 임용하고 『성학집요』를 사여한 것은 노론과 소론을 보합하는 매개로 그 의미를 활용하는 것이었다고 평가할 수 있다.(윤정, 「숙종대 『聖學輯要』 進講의 경위와 의미 ―숙종 정국운영의 일 단면」, 『南冥學硏究』 21, 2006.)

조함으로써 신료들에게 조정의 기강을 세워 안민의 정치로 나아갈 것을 요구하는 것이었다.[55] 이처럼 『성학집요』는 조선후기 탕평(蕩平) 정국에서 정치적 갈등 국면을 평화롭게 하는 데 핵심적인 기능을 한 것으로 평가할 수 있다. 이러한 측면은 바로 『성학집요』를 유네스코 세계유산의 평화이념의 측면에서 해석할 수 있는 근거가 된다.

요컨대, 『성학십도』와 『성학집요』가 내포하고 있는 의미는 한편으로 보편적 원리를 중시하는 측면과 구체적 상황에 따른 특수성을 강조하는 입장으로 나누어 그 상보적 의미를 요약할 수 있다. 다시 말하면 퇴계의 『성학십도』가 유학의 보편적 도덕이념으로서 선험적인 천리, 리(理)와 인(仁)의 성(性)을 강조하여 인류에 통용될 수 있는 보편적 도덕 이념을 지키고 이를 실현하는 데 필요한 방법론으로서 수양을 강조했다면, 율곡의 『성학집요』는 도덕적 수양과 함께 치인의 구조를 강조함으로써 특수한 시대적 정치적 상황에서 객관적이고 합리적인 제도적 시스템을 구축하는 것에 중점을 두고 있다고 추론할 수 있다.

경상도 지역의 유네스코 세계유산은 다른 지역의 유산과 마찬가지로 탁월한 보편성과 문화적 다양성을 동시에 충족시키는 의미를 갖는다. 여기에서 『성학십도』와 『성학집요』는 각각 탁월한 인문적 도덕적 보편성과 조선중기와 후기라는 특수한 정치문화적 상황에서 문화적 다양성을 포용하고 조화시키려는 이념을 가지는 것으로서 유네스코 세계유산의 이념을 그대로 반영하고 있다고 추론할 수 있다.

---

55) 윤정, 「숙종대 『聖學輯要』 進講의 경위와 의미 -숙종 정국 운영방식의 일단면-」, 『남명학연구』 21, 경상국립대 경남문화연구원, 2006, 315-318쪽.

6. 『성학십도』와 『성학집요』에 내포된 문화콘텐츠적 함의와 정책제언

이 장에서는 『성학십도』와 『성학집요』를 문화콘텐츠로 활용할 수 있는 방안을 몇 가지 측면에서 검토하고자 한다. 이것은 철학적 사상적 자료와 내용을 실용적 효용성을 창출하는 것으로 동시대를 살아가는 사람들에서 어떤 문화적 가치를 제시하여 이를 구체적인 여러 영상매체나 미디어를 통해 구현함으로써 향유하게 하는 것이다. 그러면 이를 위하여 「성학십도」와 「성학집요」가 문화콘텐츠로 환원될 수 있는 요소들이 어떤 것이 있을까를 고려하는 것이 필요하다. 이것은 이들 저술에 대한 선행연구와 저술 속에 담겨 있는 인문적 사회문화적 가치를 지니는 요소를 성찰해 봄으로써 제시할 수 있다.

먼저 이들 저술들이 내포하고 있는 가치는 유가적 도덕이념과 심성수양의 방법론적 요소, 도덕 실천을 위한 정치제도적 요소, 그리고 도상(圖象)이 지니는 시각적 요소 등이 있을 수 있다. 그리고 현대 사회문화적 영역에서 요구되는 외연적 방면에서 교육적 차원, 인성함양, 생태론적 관심, 다문화현상에 대한 가치기준 설정, 정치 외교적 문제에 대한 해결 방안, 사회 심리적 문제 해결 방안, 평화를 지향하는 이론적 기초 구축 방안, 종교적 수행과 힐링의 방법론 체계 등 다양한 방면으로 콘텐츠를 구축할 수 있을 것이다.

먼저 『성학십도』를 문화콘텐츠로 활용할 수 있는 요소를 살펴보기로 한다. 『성학십도』는 선조의 통치를 위한 마음의 수양을 목표로 올린 글이다. 그만큼 『성학십도』는 군주와 관료 모두에게 있어서 수양의 의미를 내포하고 있다. 현대에 있어서 『성학십도』는 통치계층만

이 아니라 일반 국민 모두에게 마음을 다스리고 수양을 하는 데 매우 좋은 소재가 된다. 특히 『성학십도』의 글은 서예의 측면에서 의미를 갖는다. 『성학십도』의 「소학도」, 「대학도」, 「심통성정도」, 「심학도」, 「경재잠도」 등은 전체가 하나의 맥락을 이루면서 '지경(持敬)' 공부를 강조하는데, 이것은 서예를 통한 심신 수양의 필요성을 역설한 것으로 해석할 수 있다. 서예는 부드러운 모필(毛筆)의 특성 때문에 운필의 과정에서 정제엄숙(整齊嚴肅)의 습관 형성을 요구하며, 이것은 곧 몸과 마음을 하나로 묶어주는 '지경(持敬)' 공부의 다른 모습으로도 이해할 수 있다.[56] 이런 측면에서 볼 때, 『성학십도』의 내용을 수양과 인격도야의 기본 자료로 삼아 서예를 익히는 교육프로그램의 기초로 삼을 수 있고, 나아가 준수한 서예작품을 생산을 통하여 경제적 효과를 거둘 수 있도록 홍보할 수도 있다.

『성학십도』는 경(敬)을 통하여 자신을 성찰하고 혁신하는 의미를 내포하고 있다. 따라서 이 저술은 여러 전문 분야에 종사하는 사람들이 각각의 분야에서 스스로를 혁신하는 방법론을 제시해 주고 는 측면에 주목하여 자기 혁신을 숙달하는 자료로 이용할 수 있다. 이황의 『성학십도』 「진성학십도차」에 나타난 성학공부의 단계를 바탕으로 퇴계의 '자기혁신의 방법'을 구성할 수 있다. 먼저 이황의 자기 혁신은 '지식형성의 단계[思之習之]', '실천의 단계[眞踐履之]', '완성의 단계[反復終始]'로 구분할 수 있다. 이러한 이황의 '자기 혁신의 방법'을 그 내용에 의거하여 간략하게 요약하면 '내면적인 덕성의 훈련을 바탕으로 앎과 실천의 상호 반성적인 영향을 통해 이루어지는 자기혁신이라고 할 수 있다.[57] 이처럼 『성학십도』의 내용을 기초로 자기혁신관련 프

56) 전해연, 「退溪 『聖學十圖』에 나타난 書藝 修養論的 意味 고찰」, 『서예학연구』 35, 2019, 95-96쪽.

로그램을 구성하여 교육하고 체험하도록 하는 것이 필요할 것이다. 나아가 『주역』에도 「동인괘」, 「함괘」, 「혁괘」, 「손괘」, 「익괘」 등 자기혁신과 연관된 내용이 여러 괘가 있는 만큼 이들과도 연관하여 실천 프로그램을 구성할 필요가 있다.

유교의 이념은 가족의 인륜과 정치적 이상을 강조함으로써 현실적 도덕적 의미를 갖고 있지만, 효도와 제사의식을 통하여 생명의 영속성과 불사를 추구하는 점에서 종교적 특성 또한 지니고 있다. 이처럼 유학은 현실성과 초현실성을 함께 지니고 있다. 유학에서 이 두 가지 측면을 적절하게 표현하고 있는 구절이 『중용(中庸)』에서 말한 '극고명이도중용(極高明而道中庸)'이다. 『성학십도』는 이런 유학의 이념을 모두 담아냄으로써 현실적 삶의 완성을 지향하면서도 동시에 초현실적 종교적 감정을 추구한다. 구체적으로 『성학십도』에는 인애(仁愛)의 정신 발휘, 각종의 종교적 의례의 실천, 경건성의 훈련, 지성적 도덕적 훈련(窮理), 일상적인 예(禮)의 실천 등과 관련된 내용이 담겨 있다.[58] 『성학십도』의 이러한 내용은 정신적 고향을 찾지 못하고 있는

---

57) 이동건, 「퇴계 성학십도의 성학과 자기혁신 방법」, 『동북아문화연구』 20, 2009, 44쪽. 이동건은 성학십도의 자기혁신을 미국 뛰어난 통계학자이자 경영학자로 추앙받는 데밍(William Edwards Deming, 1900~1993)의 사례와 비교하고 있다. 데밍은 QC(quality control, 품질관리)라는 경제용어를 최초로 사용하여 생산성 혁신을 주도한 학자로서 경제학에서 경영학을 분리·독립시켜 독자적인 학문체계를 연 세계적인 경영학자이다. 2차 세계대전에서 미국이 일본에게 승리한 원인중 하나가 미국이 QC를 채택하여 품질관리와 생산성 혁신을 성취하였기 때문이라는 것이 정설로 통용되고 있다. 이 QC를 체계화한 데밍 교수의 저서 가운데 'PDCA 학설'이라는 논문이 있는데 그 내용의 골자는 'Plan(계획), Do(실천), Check(검사, 반성), Action((반성의 결과에 따른) 실행)'이다. 이는 자기혁신은 학습계획을 세워서 반드시 실천하고 실천한 뒤 반성해서 또 실천할 때 혁신(innovation)이 성취된다는 내용을 담고 있다. 2차 세계대전이 끝난 후 맥아더 장군은 데밍을 일본에 초빙하여 QC를 가르쳐서 일본경제의 부흥을 도와주었다고 하였다.

현대인들에게 종교적 심성을 가지고 마음의 안정을 이룰 수 있는 정신적 힐링 수련의 소재로 충분히 활용할 수 있다.

박연규는 『성학십도』를 통한 청소년의 인성교육 프로그램으로서, 유교 경(敬)사상을 중심으로 인성교육에 있어 중요 덕목인 집중력 향상의 효과성을 살펴보았다. 그는 퇴계 『성학십도』의 「경재잠」을 통하여 경(敬) 사상이 집중력 향상과 감정조절, 배려의 정신까지 연결되어 설명되는 체계를 살펴보았고, 『숙흥야매잠』을 통해서 그 효과를 구현하고자 하였다. 그는 퇴계의 『성학십도』를 통한 인성교육 프로그램이 그 사상적 근거에 대한 깊은 이해와 함께 사례나 활동 항목들도 그에 맞추어져야 한다는 것을 강조하였다. 결론적으로 『성학십도』라는 고전에 근거한 한국적 인성교육 프로그램의 가능성을 확인하고자 했다.[59] 이처럼 『성학십도』의 내용은 청소년들의 인성교육을 위한 훌륭한 프로그램으로 구성될 수 있다.

그러면 『성학집요』는 어떤 점을 문화콘텐츠로 만들어 활용할 수 있는가? 『성학집요』 내용은 무엇보다도 사람들에게 웰빙의 문화를 향유하도록 하는 요소를 제공할 수 있다. 곧 『성학집요』는 "웰빙 문화의 사회적 측면에 대한 힌트를 제공하며, 사람과 사물을 포함하는 시야를 넓혀야 하며, 이를 바탕으로 사람과 사람 사이의 올바른 관계를 통해 자신과 타인을 보다 성숙한 단계로 나아가도록 해야 한다. 율곡은 국민의 평화가 사회와 개인의 유기적·도덕적 관계를 형성하는 근본적인 방법임을 강조하고, 모든 사람이 잘살 수 있는 사회·문화적

---

58) 이동희, 「儒敎의 종교적 성격과 오늘날 종교적 修行에의 응용 방안 -退溪 李滉의 『聖學十圖』의 경우-」, 『유교사상문화연구』 20, 2004, 145-147쪽.

59) 박연규, 「『성학십도』를 통한 청소년 인성교육 프로그램 -유교 경(敬) 사상에 의한 집중력 향상을 중심으로-」, 『인문학연구』 23, 경희대 인문학연구원, 2013, 291-328쪽.

기반을 확충해야 한다고 말했다."[60]

『성학집요』에는 통치자가 구체적인 정책 대안을 통하여 민중들의 경제적 문화적 삶을 풍요롭게 영위할 것을 강조하였다. 이 점에서 『성학십도』와 『성학집요』는 크게 구분된다. 곧 『성학십도』가 내적인 마음을 다스리는 방면에서 문화콘텐츠를 구성할 수 있는 가능성이 크다면, 『성학집요』는 정치 경제적, 사회문화적 제도를 합리적으로 구성함으로써 민중들의 삶을 외적으로 풍요롭게 하는 기능을 할 수 있다. 이 점에서 『성학집요』는 구체적 제도를 통한 문화국가 건설을 지향하는데 적절한 방향을 제시해 줄 수 있을 것이다. 이 점에서 『성학집요』는 외적 제도를 구성함으로써 콘텐츠를 설계하는 데 적절한 문헌이라 할 수 있다.

정연수는 『성학집요』 수기편의 체계를 구조적으로 살펴보고 율곡의 수기 공부론에 어떤 특징이 있는지 고찰함으로써 율곡의 사상을 기반으로 인성교육을 시행할 수 있는 학문적 토대를 마련하고자 하였다.[61] 율곡은 『대학』의 체계를 기반으로 『성학집요』의 편차를 구성하면서, 거경(居敬)을 기반으로 지(知)에 해당하는 궁리(窮理)와 행(行)에 해당하는 역행(力行)을 아우르는 공부를 기조로 『성학집요』 수기편을 재구성하였다. 이러한 『성학집요』 수기편의 공부론을 구조적으로 이해하는 것을 바탕으로 2018년부터 시행되는 교육과정에서 율곡의 사상을 교육한다면, 성선(性善)을 자각하고 기질을 변화시키는 인성교육의 실효를 거두는 데 조금이나마 도움이 될 것이라고 기대한다[62]고 하였

---

60) 강보승, 「율곡철학을 통한 웰빙문화의 방향 모색 -성학집요(聖學輯要)를 중심으로-」, 『동양철학연구』 60, 2009, 7쪽.

61) 정연수, 「공부론의 관점에서 본 『성학집요(聖學輯要)』 수기편(修己篇)의 체계 -인성교육과 관련하여」, 『율곡학연구』 35, 율곡학회, 2017, 93-129쪽.

62) 정연수, 위의 논문, 93-94쪽.

다. 이처럼 『성학집요』는 그 내용을 기초로 청소년의 성선(性善)을 자각하고 기질을 변화시키는 절차와 방법을 통하여 창조적 지성을 발현하는 인성교육 프로그램을 구성할 수 있다.

『성학집요』 「정가편」의 내용으로는 관계의 리더십을 도출할 수 있다. 김수동은 『성학집요』의 내용으로부터 인간관계에 요구되는 덕목으로 관계의 리더십을 이끌어낼 수 있다고 보았다. 그에 따르면, 『성학집요』에서 프레임 · 시퀀스 · 스킬의 범주를 적용하여 '정가' 관계리더십을 구체적으로 추론하고자 하였다. '정가'의 관계리더십은 '효경'이 출발점이다. 부모에게 효도하고 가정에서의 모델이 된 연후에 자녀를 교육하며 친척과 친밀하게 지내는 것으로 관계리더십이 성숙한다. 여기서 관계리더십의 척도는 화목이다. 이처럼 친척에게 사랑을 나누는 것으로 열매를 맺는다. '효경', '남편이 모범을 보여 아내를 바르게 한다', '친척에게 사랑을 베푼다'는 내용은 서양의 관계리더십에서 직접적으로 찾기 어렵다. 유교에서의 혈연중시로 해석되지만, '나에게서 남으로 영향을 미친다'는 서양리더십의 실천원칙에서 보면 적절한 순서다. 나 → 부모 → 자녀 → 친척으로 관계리더십을 확대해가는 측면이기 때문이다.[63] 「정가」편은 사회적 관계를 원만하게 하는 데 필요한 덕목들을 담고 있는 만큼 사회적 관계에서 수직적이고 불평등한 관계를 보다 수평적이고 평등하며 공정한 관계로 전환시킬 수 있는 토대가 될 수 있다. 특히 가족관계에서 이루어지는 관계로부터 일반 사회적 관계로 동일한 가치와 이념을 확산시키는 과정에서 요구되는 행동양식이나 태도 등을 훈련하고 제시하는 이론을 검토할 필요가 있을 것이다. 『성학집요』의 정가편은 이런 측면에

---

63) 김수동, 「『성학집요』에서의 인문학적 리더십 개발 -'정가(正家)'의 관계리더십」, 『교육사상연구』 33, 한국교육사상연구회, 2019, 13-14쪽.

서 리더십 훈련을 위한 프로그램을 개발하는 데 적극적으로 활용할 수 있다.

7. 맺음말

이 글은 한국국학진흥원 유교책판으로서 퇴계와 율곡의 저술 가운데 『성학십도』와 『성학집요』에 내포되어 있는 문화적 다양성 가치와 보편적 가치의 평등 조화론을 비교하는 시각에서 고찰하였다. 본고는 한국국학진흥원의 유교 책판 가운데 퇴계의 『성학십도』와 율곡의 『성학집요』가 지닌 보편적 가치와 문화적 다양성 가치를 실현하는 이론적 개념적 틀을 분석하고, 이를 기초로 평등과 조화, 평화와 번영을 지향하는 이론적 토대를 탐색하였다. 조선의 유교책판에는 유학사상의 도덕적 실천과 정치적 이상이 반영되어 있는 만큼, 본 논문에서는 이러한 이론적 관점이 지니는 문화적 다양성 가치와 보편적 가치를 해명하였다.

이황과 이이의 이기심성론은 극명한 차이를 보여주고 있다. 이황의 이기론에서 이기(理氣)가 인문학적 가치지향의 관점에서 규정된다면, 이이는 이기를 자연과학적 법칙 또는 현상의 관점에서 해석하였다. 이러한 해석의 차이는 이황과 이이의 이기심성론 중 여러 하위의 이론체계가 차이를 낳는 원인이 되었다. 이황은 리와 기를 가치론적 차이를 가지고 있으며 근원적으로 별개로 구별되는 존재라고 보았다. 이황에서 리는 절대적인 도덕적 실체이기 때문에 수양을 통하여 이 리가 마음의 주인이 되도록 하는 것이 그의 핵심적인 이론 체계이다.

따라서 그에게서 마음의 미발과 이발 시에 모두 일관되게 존양하고 성찰해야 하기 때문에 경(敬)이 학문의 처음이자 끝이 되고 체와 용을 관통하는 것이라고 보았다.

반면 이이의 이기심성론에서 이와 기는 절대적 도덕적 근원이 아닌 자연법칙의 근거이고, 현상적 변화를 이루는 질료적 존재이다. 따라서 이들은 결합하여 현상적 변화를 이루는 법칙이며 작용 현상을 뜻한다. 따라서 이이에서 리는 경험적 조건의 변화에 따라 그 진리성을 판단해야 한다. 이이에서 성심정의(性心情意)는 현상 사물에 대한 경험적 조건과 기준이 바뀌면 인심이 도심으로 되고 도심이 인심으로도 되는 역동적인 과정을 설명할 수 있다.

퇴계의 『성학십도』가 유학의 보편적 도덕이념으로서 선험적인 천리, 리(理)와 인(仁)의 성(性)을 강조하여 인류에 통용될 수 있는 보편적 도덕 이념을 지키고 이를 실현하는 데 필요한 방법론으로서 수양을 강조했다면, 율곡의 『성학집요』는 도덕적 수양과 함께 치인의 구조를 강조함으로써 특수한 시대적 정치적 상황에서 객관적이고 합리적인 제도적 시스템을 구축하는 것에 중점을 두고 있다고 생각된다. 경상도 지역의 유네스코 세계유산은 다른 지역의 유산과 마찬가지로 탁월한 보편성과 문화적 다양성을 동시에 충족시키는 의미를 갖는다. 여기에서 『성학십도』와 『성학집요』는 각각 탁월한 인문적 도덕적 보편성과 조선중기와 후기라는 특수한 정치문화적 상황에서 문화적 다양성을 포용하고 조화시키려는 이념을 가지는 것으로서 유네스코 세계유산의 이념을 그대로 반영하고 있다.

『성학십도』와 『성학집요』가 내포하고 있는 가치는 유가적 도덕이념과 심성수양의 방법론적 요소, 도덕 실천을 위한 정치제도적 요소, 그리고 도상(圖象)이 지니는 시각적 요소 등이 있을 수 있다. 그리고 현대 사회문화적 영역에서 요구되는 외연적 방면에서 교육적 차원, 인성함양, 생태론적 관심, 다문화현상에 대한 가치기준 설정, 정치 외교적 문제에 대한 해결 방안, 사회 심리적 문제 해결 방안, 평화를 지향하는 이론적 기초 구축 방안, 종교적 수행과 힐링의 방법론 체계 등 다양한 방면으로 교육 및 문화적 콘텐츠를 구축할 수 있다.

【참고문헌】

『退溪全書』, 『韓國文集叢刊』

『栗谷全書』, 『韓國文集叢刊』

김성수 · 마승락, 「금속활자의 발명과 전래에 관한 동 · 서양 비교 연구」, 『서지학연구』 60, 한국서지학회, 2014.

김소희, 「논산 돈암서원 책판의 현황과 활용방안」, 『서지학연구』 87, 한국서지학회, 2021.

김소희, 「대한제국기 진주지역 『朱子語類』의 간행에 관한 연구」, 『고문서연구』 56, 한국고문서학회, 2020.

김순석, 「유교사회와 책판 제작의 사회문화사적 의의 -『선생문집개간일기』를 중심으로-」, 『한국학연구』 32, 인하대학교 한국학연구소, 2014.

김종석, 「한국국학진흥원 소장 유교목판의 특징과 기록유산적 가치」, 『국학연구』 17, 한국국학진흥원, 2010.

김화선, 「〈동의보감(東醫寶鑑)〉 완영(完營)책판의 현황과 문화재적 가치 제고(提高)」, 『헤리티지: 역사와 과학』 55, 국립문화재연구원, 2022.

대한인쇄문화협회, 「박병선 박사의 "한국의 인쇄"」, 『프린팅코리아』 9, 대한인쇄문화협회, 2003.

박　순, 「조선시대 책판의 구조(構造) 연구」, 『국학연구』 30, 한국국학진흥원, 2016.

박용숙, 「파피러스 코덱스에 관한 고찰」, 『圖書館學』 4, 韓國圖書館學會, 1975.

배현숙, 「陶山書院 刻板活動 硏究」, 『한국서원학보』 12, 한국서원학회, 2021.

송민호, 「신의 목소리는 어떻게 번역될 수 있었는가 -『텬로력뎡』에 나타난 '양피지 두루마리'와 '책'의 상징적 위계-」, 『한국민족문화』 87, 부산대학교 한국민족문화연구소, 2024.

우진웅, 「한국국학진흥원 소장 유교책판으로 본 조선시대 각수 활동 연구」, 『서지학연구』 72, 한국서지학회, 2017.

이병훈, 「한국 서원 장서의 구축과 관리 제도의 변화」, 『한국서원학보』 12, 한국서원학회, 2021.

류준필, 「한국국학진흥원 소장 책판의 종합적 검토 ; 책판 사회,문화적 의의 -19세기~20세기 초 영남 지방의 문집 간행 사례를 중심으로」, 『대동문화연구』 70, 성균관대학교 대동문화연구원, 2010.

류탁일, 「星湖係 實學者 文集刊行의 出版社會學的 硏究 -性齋, 下廬, 星湖의 경우」, 『교사교육연구』 30, 1995.

박문열・김동환, 「初刊本 訥齋江遺稿 缺版의 原文復元에 관한 硏究」, 『서지학연구』 36, 한국서지학회, 2007.

신승운, 「근대의 유교학맥과 민족운동 4,5 유교사회의 출판문화 –특히 조선시대의 문집 편찬과 간행을 중심으로」, 『대동문화연구』 39, 성균관대 대동문화연구원, 2001.

윤희윤, 「고전 필사본 유랑과 도서관으로의 귀환」, 『한국도서관정보학회지』 53, 한국도서관・정보학회, 2022.

이기영, 「청도의 전적 인쇄 문화 연구」, 『서지학연구』 50, 한국서지학회, 2011.

아재정, 「조선 후기 중국 활자 제작 방식의 도입과 활자의 구입」, 『규장각』 38, 서울대학교 규장각한국학연구원, 2011.

이희재, 「15-16C 르네상스와 종교개혁시대의 서양도서의 형태」, 『한국문헌정보학회지』 31, 한국문헌정보학회, 1997.

이희재, 「중세후기 서양 문헌의 형태적 연구」, 『사대도협회지』 3, 한국사립대학교 도서관협의회, 2002.

최선아, 「동양과 서양의 인쇄문화에 대한 인식」, 『湖西文化論叢』 25, 서원대학교 직지문화산업연구소, 2016.

최연숙, 「한국국학진흥원 소장 고문서의 체계적 정리와 활용을 위한 제언」, 『南道文化硏究』 29, 순천대학교 남도문화연구소, 2015.

최용철, 「『전등여화』의 전파와 조선목판본의 특징」, 『민족문화연구』 81, 고려대학교 민족문화연구원, 2018.

홍성덕 김철배, 「전주향교 완영책판(完營冊板) 보존현황 및 활용방안」, 『고문화』 65, 한국대학박물관협회, 2005.

김은중 주남철, 「조선시대 서원건축에 관한 연구(II)」, 『건축』 29, 대한건축학회, 1985.

황정하, 「유럽의 금속활자 인쇄술 –구텐베르크의 발명–」, 『인문과학』 97, 연세대학교 인문학연구원, 2013.

Tomasz Lisowski, 「폴란드 활판 인쇄술 시대의 태동」, 『동유럽발칸학』 6, 아시아중동부유럽학회, 2004.

Eva-Maria Hanevutt-Benz, 「직지의 의미」, 『서지학연구』 28, 한국서지학회, 2004.

Huai Yuan, 「목판 인쇄술이 동아시아 문화에 미친 영향」, 『석당논총』 58, 東亞大學校附設 石堂傳統文化硏究院, 2014.

최용철, 「『전등여화』의 전파와 조선목판본의 특징」, 『민족문화연구』 81, 고려대학교 민족문화연구원, 2018.

도산서원의 보편가치

-치유의 인문학과 공간형 콘텐츠를 중심으로-

전 성 건

1. 머리말

유학자의 세계관은 하늘과 땅, 그리고 인간의 삼재(三才)가 어울리며 살아가는 대동(大同)의 이상에서 찾아질 수 있다. 이념의 공간인 하늘과 현실의 공간인 땅, 그리고 이념과 현실의 합일을 찾는 존재, 바로 인간이라는 주체가 우주의 삼라만상(參羅萬像)을 책임진다는 의미를 지닌다고 할 수 있다. 공자는 자신이 "아래로 현실을 배우면서 위로 이념에 도달하려는 사람"[1]이라고 말한다. 땅이라는 현실에 토대를 두면서도 하늘이라는 이념을 바라보고 사는 존재가 바로 인간이라는 것이다.

현실의 토대는 산(山)과 물[水]이고, 바람[風]은 산에서 부니, 산수(山水)는 풍수(風水)라고도 말할 수 있다. 양택(陽宅)과 음택(陰宅)의 길지(吉地)를 사람들이 찾는 이유가 여기에 있다. 공자의 요산요수(樂山樂水)[2]

---

1) 『論語』 「憲問」: 下學而上達.

에서도 이를 확인할 수 있다. 물은 동적인 존재이고 산은 정적인 존재이다. 지혜로운 사람은 동적인 데에서 그 지혜를 발휘하고, 인자한 사람은 정적인 데에서 그 덕성을 발휘한다. 지혜로운 사람은 행사(行事)를 통해 지혜를 발휘하는 데 즐거움을 찾고, 인자한 사람은 자기 운명을 받아들인다.

유교 지식인들은 온유돈후(溫柔敦厚)한 덕성을 갖추고자 노력하고, 지혜를 발휘하여 세상을 경영하고자 한다. 수기와 치인을 말하는 이유가 여기에 있고, 인문학을 이야기하는 것도 이와 같은 목적을 지닌다. 인문학은 자기라는 존재자를 의식하고 존재의 의미를 사유하는 것을 목적으로 한다.[3] 자기의식과 존재사유의 가능성을 찾고자 하는 노력이 바로 유학에서 제시하는 위기지학(爲己之學)이다. 위기지학은 나를 위한 공부이다. 나를 위한 공부는 자신의 마음을 들여다보는 것이고 자신의 존재가 무엇인지를 사유하는 것이다. 쉽게 말해, 자신이 좀 더 나은 사람이 되기 위해 성찰하는 것이다. 성찰은 치유의 또 다른 이름이다.

본 논문은 도산서원의 보편가치를 찾고자 작성된 것이다. 도산서원이 세워지게 된 이유는 두말할 것도 없이 퇴계(退溪) 이황(李滉, 1501~1570)을 추모하기 위한 것이다. 그런데 퇴계는 도산서원의 모태인 도산서당을 설계하여 심신(心身)의 병증을 치료하려고 하였다. 장수(藏修)와 유식(遊息)이 바로 그것이다. 장수는 책을 읽고 공부한다는 일차적인 의미를 지니고 있고, 유식은 한가롭게 거닐면서 자연 속에서 쉰다는 의미를 지니고 있는 말이다. 그러나 공부하는 사람에게 장

---

2) 『論語』 「雍也」: 子曰: 知者樂水, 仁者樂山, 知者動, 仁者靜, 知者樂, 仁者壽.

3) 김상봉, 『자기의식과 존재사유 –칸트철학과 근대적 주체성의 존재론』, 한길사, 1998.

수와 유식은 둘이 아니라, 하나로 이해해야 한다. 한가롭게 거닐면서 자연을 바라보는 것과 책을 읽으면서 성현의 말씀에 귀를 기울이는 것 모두 자신을 좀 더 나은 사람으로 만드는 것이기 때문이다. 자신을 좀 더 나은 사람으로 만드는 것은 바로 자신이 가지고 있는 심신의 병증을 치유하는 것이기도 하다.

도산서당을 포함한 도산서원은 퇴계의 흔적이 남아 있다는 점에서 선현에 대한 제향, 퇴계의 강학을 본받아 재현한다는 점에서 학생들을 위한 강학, 조선 성리학의 선하(先河)라는 점에서 지식인들과의 교류 등의 역할도 수행했다고 할 수 있다. 특히 창건 당시 모습을 그대로 유지·계승하고 있다는 점에서 세계유산으로 등재된 곳이기도 하다. 그런 점에서 도산서원은 공간형 콘텐츠의 보고(寶庫)이기도 하다. 공간형 콘텐츠는 미디어로서의 공간 속에서 유통되고 소비되는 콘텐츠를 말한다. 도산서원 자체가 전시회와 축제 그리고 테마가 있는 공간이다. 미래를 예측하기 어렵고 복잡다단한 시대의 현대인에게 퇴계의 마음공부와 도산서원의 자연공간은 치유의 인문학을 위해 마련된 공간이자 공간형 콘텐츠로서의 보편가치를 지니고 있는 공간이라고 말할 수 있다.

그동안 도산서원에 대한 연구는 다양한 방면에서 진행되었다. 첫째, 도산서원은 도산서당의 영건(營建) 기사(記事)에 대한 분석을 포함하여 도산서원 경내와 경외의 배치(配置) 등에 대한 연구가 주로 진행되었으니, 서원과 서당에 대한 건축 관련 연구의 일환이라고 할 수 있다.[4] 둘째, 도산서원의 고문서에 대한 연구가 진행되었다.[5] 셋째, 도

4) 김연호, 「도산서당(陶山書堂)의 입지(立地)와 도산서원(陶山書院)의 배치(配置)에 대한 고찰」, 『퇴계학논집』 3, 영남퇴계학연구원, 2008; 박정해, 「陶山書堂의 傳統 立地環境」, 『退溪學과 儒教文化』 51, 경북대학교 퇴계연구소, 2012 등.

5) 文淑子, 「朝鮮後期 書院奴婢의 身分的 性格: 陶山書院 古文書를 통한 검토」, 『退溪學研究』

산서원의 운영과 위상 변화 등을 다룬 연구도 진행되었다.[6] 넷째, 도산서원의 콘텐츠 활성화 방안에 대한 연구[7] 등이 있다.[8]

그런데 도산서당을 포함한 도산서원의 보편적 가치를 퇴계가 구상한 인간형 및 치유의 관점에서 다룬 연구는 확인하지 못하였다. 또한 서원의 활용 방안을 공간형 콘텐츠와 관련해서 논한 논문도 1편에 불과하였다.[9] 이 점에서 본 논문의 유의미성을 확인할 수 있다.

본 논문의 구성은 다음과 같다.

2장에서는 도산서당을 공부와 치유의 관점에서 살펴보았다. 퇴계 이황은 40대 중반부터 치사(致仕)한 이후 공부할 곳을 물색하였고, 여러 곳을 경유하면서 결국 도산 남쪽 골짜기에 길지(吉地)를 찾게 되었다. 지금의 도산서당이 그곳이다. 그런데 퇴계가 찾았던 길지는 퇴계 자신의 장수(藏修)와 유식(遊息)이 핵심이었다. 성현(聖賢)이 작성한 경전

11, 단국대학교 퇴계학연구소, 1997; 임근실, 「16세기 書院의 藏書 연구」, 『한국서원학보』 4, 한국서원학회, 2017; 김영나, 「17-19세기 도산서원 고문서에 나타난 노비의 성격」, 『朝鮮史硏究』 33, 조선사연구회, 2024 등.

6) 우인수, 「조선후기 도산서원 원장의 구성과 그 특징」, 『퇴계학과 유교문화』 53, 경북대학교 퇴계연구소, 2023; 李秉勳, 「18-19세기 도산서원의 위상 변화」, 『大東漢文學』 67, 대동한문학회, 2021 등.

7) 이다정, 김윤희, 「문화 체험 공간으로서 안동 陶山書院이 지닌 가능성과 문화 콘텐츠 활성화 방안 -시조 〈陶山十二曲〉의 활용을 중심으로-」, 『溫知論叢』 59, 온지학회, 2019; 전성건, 「공간형 콘텐츠로서 도산서당 활용에 대한 시론」, 『儒學硏究』 65, 충남대학교 유학연구소, 2023 등.

8) 도산서원에 대한 연구는 이 밖에도 유재빈, 「18세기 도산서원의 회화적 구현과 그 의미 -姜世晃과 鄭敾의 陶山書院 그림을 중심으로」, 『퇴계학보』 139, 퇴계학연구원, 2016; 裵賢淑, 「陶山書院 板刻活動 硏究」, 『한국서원학보』 12, 한국서원학보, 2021 등 다양한 연구가 진행되었다.

9) 하해빈 · 태지호, 「공간형 콘텐츠 개념을 통해 살펴본 서원 활용 방안 연구 -2016 살아숨쉬는 향교 · 서원 경북지역 서원 프로그램을 중심으로-」, 『글로벌면화콘텐츠 학술대회』 1, 글로벌문화콘텐츠학회, 2019.

(經傳)을 읽으면서 성현의 마음을 읽고, 조물주(造物主)가 창조한 자연(自然)을 바라보고 천지의 마음을 읽으면서 자신의 병든 심신을 안정시킬 장소로 도산서당이 낙점된 것이다. 퇴계는 자신이 만든 인공물과 그 배경을 이루고 있는 자연물에 시를 지어 의미를 부여하였다. 퇴계 자신이 자신의 병증을 치유하는 과정이라고 할 수 있다.

3장에서는 도산서원을 추모와 교류의 관점에서 살펴보았다. 도산서원은 퇴계 이황을 추모하는 공간인 상덕사(尙德祠)가 자리하고 있다. 상덕사는 그의 제자들에 의해 퇴계의 온유(溫柔)하고 돈후(敦厚)한 학덕(學德)을 추모하고자 마련된 곳이다. 그곳에는 퇴계와 함께 월천(月川) 조목(趙穆, 1524~1606)의 위패도 함께 모셔져 있다. 퇴계의 지근거리에서 퇴계가 고종(考終)할 때까지, 그리고 그후 심상 3년을 마치고 도산서원을 만들 때까지, 그리고 다시 그가 고종을 맞이할 때까지 월천은 퇴계를 존모하고 도산서원을 지켜나갔다. 도산서원은 또한 유교 지식인의 교류 공간이기도 하다. 영남 남인이 중심이 되기는 하지만, 근기 남인과의 교류 및 노론과 소론의 유학자들도 다양한 이유로 도산서원을 찾아 퇴계를 추모하고, 퇴계학파와의 교류를 진행하였다.

4장에서는 도산서원을 공간형 콘텐츠의 관점에서 살펴보았다. 도산서원은 퇴계의 자취가 남아 있는 도산서당을 포함하고 있고, 퇴계학파 인물들의 교류가 진행된 곳이기도 하다. 도산서원이 세계유산에 등재되면서 방문자들이 늘어가고 있는 것은 퇴계의 자취를 찾아보려는 마음과 더불어, 자연 속에 있는 의미 있는 전통문화자원을 찾고자 하는 마음이 있기 때문일 것이다. 이런 의미에서 도산서당을 포함한 도산서원을 공간형 콘텐츠의 관점에서 살펴보는 것은 인문학의 보편가치를 생각해 보는 하나의 방법이 될 수 있을 것이다.

2. 공부와 치유의 도산서당

유학에서 말하는 공부는 인생 그 자체를 의미하기도 한다. 서책을 읽는 것이든 자연을 경험하는 것이든 우리들의 인생은 모두 우리들의 의식 밖 대상이나 사건을 체험하며 자신의 정체성을 만들어 가는 이력의 총체라고 할 수 있다. 부족하거나 문제라고 생각하는 지점을 찾고 그에 대한 해결의 과정 자체가 공부이기 때문이다. 그러므로 공부는 성찰이라고 할 수 있고, 성찰은 자기 치유의 과정이라고도 할 수 있다. 이를 확인할 수 있는 것이 퇴계의 언어이다.

퇴계는 도산서당을 지으면서 기록을 남겼다. 「도산잡영(陶山雜詠)」과 그 안에 함께 기록된 「도산기(陶山記)」가 바로 그것이다. 이 기록을 통해 퇴계가 도산에 은거하며 수양하려고 했던 이유를 구체적으로 확인할 수 있다. 은거와 수양의 전체 과정을 현대적 관점에서 표현하자면 공부와 치유의 과정이라고 할 수 있다.

> 영지산 한 줄기가 동쪽으로 나와서 도산(陶山)이 되었다. 혹자(或者)는 "이 산이 다시 이루어졌기 때문에 도산이라고 명명하였다"라고 하고, 혹자는 "옛날에 이 산중에 질그릇 굽던 곳이 있었기에 그 사실로 명명하였다"라고 하였다. … 왼쪽에 있는 산을 동취병(東翠屛)이라고 하고, 오른쪽에 있는 것을 서취병(西翠屛)이라고 한다. 동취병은 청량산(淸涼山)에서 흘러나와 이 산 동쪽에 이르는데 그 품이 확 트였고, 서취병은 영지산(靈芝山)에서 흘러나와 이 산 서쪽에 이르는데 그 봉우리들이 우뚝 높이 솟아 있다. … 산 뒤쪽에 있는 물을 퇴계(退溪)라고 하고, 산 남쪽에 있는 물을 낙천(洛川)이라고 한다. 퇴계는 산 북쪽을 돌아 산 동쪽에서 낙천으로 흘러들고, 낙천은 동취병에서 나와 서쪽으로 흘러나와 산기슭 아래에 이르

러서는 넓어지고 깊어진다.[10]

도산(陶山)은 영지산(靈芝山)의 줄기가 동쪽으로 뻗어 나온 곳에 위치한다. '도산'이라는 명칭에 대해 어떤 사람은 강물과 육지가 변천하면서 깎이거나 떠내려가고 파헤쳐진 뒤에 산은 또 다른 산이 되고 물은 또 다른 물이 된다는 의미에서 '다시 이루어졌다'[再成]는 뜻의 '도(陶)'라는 글자로 해석한 것이고[11], 어떤 사람은 옛날 질그릇을 굽던 곳, 즉 도기를 굽는 가마를 뜻하는 '도요(陶窯)'가 있었던 산의 '역사적 사실'[實]을 반영한 것으로 해석한다. 그러나 「도산기」를 통해서 보면, 도산서당은 순임금이 친히 질그릇을 만들고 도연명이 몸소 농사지으면서 누렸던 즐거움[樂]·편안함[安]·기쁨[歡], 즉 퇴계가 성현의 심사(心事)를 통해 추론해 낸 것에서 그 의미를 찾아야 할 듯하다.[12]

인문학은 본질적으로 치유와 관련이 있다고 할 수 있다. 치유는 물론, 치료와 함께 의학용어라고도 할 수 있고, 힐링(Healing) 담론은 각종 예능 프로그램과 소비사회의 상징이 되고 말았다. 본 논문에서 말하는 치유는 의학적 치료를 말하는 것도 아니고, 공허하고 기만적인 힐링 담론을 선점하고자 하는 것도 아니다. 자기 치유는 인간에 대한 깊은 통찰, 즉 앞서 언급한 '자기 의식과 존재 사유'에 기반해서 이루어질 수 있는 것이다. 그러한 과정을 거쳐 획득한 결과가 즐거움·편안함·기쁨이 될 때, 비로소 치유라고 할 수 있다고 생각하는

10) 『退溪集』 권3, 詩, 「陶山雜詠【幷記】」: 靈芝之一支東出而爲陶山. 或曰: 以其山之再成, 而命之曰'陶山'也. 或云: 山中舊有陶竈, 故名之以其實也. … 山之在左曰'東翠屛', 在右曰'西翠屛'. 東屛來自淸涼, 至山之東, 而列岫縹緲. 西屛來自靈芝, 至山之西, 而聳峯巍峨. … 水在山後曰'退溪', 在山南曰'洛川'. 溪循山北, 而入洛川於山之東, 川自東屛而西趨, 至山之趾, 則演漾泓渟.

11) 『書經集傳』 「禹貢」: 陶丘, 地名, 再成曰'陶'.

12) 『退溪集』 권3, 詩, 「陶山雜詠【幷記】」 '陶山書堂': 大舜親陶樂且安, 淵明躬稼亦歡顔. 聖賢心事吾何得, 白首歸來試考槃.

것이 여기에서 말하고 있는 치유라고 할 수 있다.

도산서당을 중심으로 보았을 때, 왼쪽에 있는 산은 '동취병(東翠屛)'이라고 부르고 오른쪽에 있는 산은 '서취병(西翠屛)'이라고 부른다. 비취색 병풍 모양의 산이 동쪽과 서쪽에서 도산서당을 호위하고 있는 모습이다. 풍수학(風水學)에서 좌청룡(左靑龍)과 우백호(右白虎)가 명당을 보호하고 있는 형국과 같은 것이다. 그러므로 도산서당의 풍수를 천상에 사는 황금닭이 알을 품고 있다는 금계포란형(錦鷄抱卵型)으로 설명하는 것도 일리가 있다. 병풍 모양의 산은 서애(西厓) 류성룡(柳成龍, 1542~1607)을 기리는 병산서원(屛山書院)을 연상하면 된다. 여하튼 동취병은 청량산에서 뻗어 나온 줄기이고, 서취병은 영지산에서 뻗어 나온 줄기이다.

퇴계는 청량산을 사랑했다. 그런데 청량산에 서당을 짓지 않고 도산에 서당을 마련한 것은 어째서일까? 어떤 사람이 산을 좋아하는 고인(古人)들은 반드시 명산(名山)을 찾았는데, 왜 퇴계는 명산인 청량산에 살지 않고 도산에 살고 있냐고 질문을 한다. 이에 대해 퇴계는 자신도 청량산에 살고 싶은 마음은 있지만 높이 솟아 있는 곳에서 깊은 골짜기를 내려다보는 형국이기 때문에, 늙거나 병든 사람이 편안하게 지낼 곳이 되지 못한다는 말을 한다.

퇴계는 청량산을 사랑하고 아꼈다. 그런데 그것은 젊은 시절의 마음이다. 이제 나이 들고 병 든 상태에서는 그보다는 안온한 장소가 필요하였다. 성장이 필요한 것이 아니라 회복(Restoration)이 필요한 시간이 된 것이다. 위기지학에 뜻을 두었지만, 사환(仕宦)으로서 세파(世波)에 시달리다 보니, 인생 목표를 이루지 못하고 말았다. 지금이라도 자신이 세운 뜻[立志]을 지켜야 했고, 늙고 병든 심신을 고려해야 했다. 이를 위한 장소는 청량산이 아니라, 바로 도산이었던 것이다.

청량산에 대한 내용은 안동을 대표하는 사찬(私撰) 지리지(地理志)인 『영가지(永嘉誌)』에서도 많은 분량을 차지하고 있기 때문에 그 중요성을 알 수 있다. 신재(愼齋) 주세붕(周世鵬, 1495~1554)의 기문(記文)과 신재의 기문에 발문(跋文)을 단 퇴계 이황의 글이 길게 실려 있다.[13] 여기에 그 유명한 '실제 우리 집의 산이다'[實爲吾家山]라는 퇴계의 글이 실려 있다. 퇴계는 59세 봄에 풍기 고을에 갔을 때, 다행히 신재가 지은 유산록(遊山錄)을 고을 사람에게 얻어 보고 그 기이함에 탄복하였다고 하였다.[14] 이 밖에도 퇴계가 여러 벗들과 청량산에서 놀기를 약속하고 말 위해서 지은 시[15]와 11월에 청량산에 들어가며[十一月入淸凉山]라는 시[16] 등도 실려 있다.

그러나 늙은이에게 청량산은 적합한 곳이 아니었다. 빼어난 경치야 좋다고 할 수 있지만, 자연과 함께 온유와 돈후한 성정을 기르고 죽음을 기다리기 좋은 곳은 바로 도산이었던 것이다. 도산이야말로 산과 물을 겸하고 있어 늙고 병든 이에게 편하기 때문이라는 것이 그것이다. 게다가 요산요수(樂山樂水)는 어느 것 하나도 없어서는 안 되고, 즐거움은 마음에서 얻어야지 외물에 빌리지 않는다는 말을 덧붙인다.[17] 마음의 편안함이 중요하지, 외물, 즉 산수의 빼어난 경치가

---

13) 『退溪集』 권43, 跋, 「周景遊淸涼山錄跋」. 이 밖에도 『退溪集』 권2, 詩, 「題周景遊遊淸涼山錄後」: 半世心腸未鐵剛, 仙山宿債久難償, 夢魂時復凌淸峭, 形役今猶墮軟香. 白入匡廬吟日照, 韓登華岳撼天光, 巨編何幸投來看, 千仞還疑共振裳 등의 詩가 있다.

14) 『退溪集』 권43, 跋, 「周景遊淸涼山錄跋」: 歲己酉春, 余綰符于豐郡, 幸得周先生景遊遊山錄於郡人, 固已讀味三復而發奇嘆矣. … 藏之石室之中, 其必有呵禁守護, 垂千祀而不朽者矣. 而滉之託名其末, 顧不爲大幸也耶? 壬子重陽前一日, 眞城李滉書.

15) 『退溪集』 권3, 詩, 「約與諸人遊淸涼山, 馬上作」: 居山猶恨未山深, 蓐食淩晨去更尋, 滿目群峯迎我喜, 騰雲作態助淸吟.

16) 『退溪集攷證』 권2, 詩, 「十一月入淸涼山」.

17) 『退溪集』 권3, 詩, 「陶山雜詠【幷記】」: 或曰: 古之愛山者, 必得名山以自託. 子之不居淸涼, 而

중요한 것이 아니라는 설명이다.

도산서원 뒤에는 퇴계 선생에게 자호(自號)의 대상이 되었던 속명(俗名) 토계(兎溪)가 있는 곳이고, 도산서당 앞에는 낙천(洛川)이 흐른다. 도산서당을 짓기 이전에 퇴계는 여러 차례 공부 공간을 지었다. 어렸을 때는 선대부터 내려온 용두산(龍頭山) 용수사(龍壽寺)가 집안의 공부방[家塾處]이었지만, 1546년[46세]부터는 본격적으로 자신만의 공부 공간을 찾게 된다. 1546년 처음에는 온계(溫溪) 남쪽, 영지산(靈芝山) 북쪽 어딘가에 작은 집[小舍]을 지었지만 거처하기에 좁고[人居稠密] 조용하지 못하여[頗未幽寂] 다른 자리를 물색하게 된다. 온계는 퇴계의 넷째 형 이해(李瀣, 1496~1550)의 아호(雅號)이기도 하다.[18] 이후 퇴계의 동쪽 암산(巖山)에 양진암(養眞庵)을 지었는데, 이때 토계(兎溪)를 퇴계(退溪)로 바꿔 부르고 자신의 자호로 삼았다.[19]

드디어 찾아낸 곳이 도산이다. 그러나 도산에서도 적당한 장소를 물색하는 것은 쉽지 않았다. 1550년(50세) 이전에는 하명동(霞明洞) 자하봉(紫霞峯)에 땅을 얻었지만, 공부방을 짓지 못하였고, 또 죽동(竹洞)으로 옮겼는데, 그곳이 좁고 개울이 없어 다시 계상(溪上)으로 복거(卜居)하게 된다. 3번 만에 계상으로 옮긴 것이다.[20] 그때 지은 「퇴계(退

居此何也? 曰: 淸涼壁立萬仞, 而危臨絶壑, 老病者所不能安. 且樂山樂水, 缺一不可. 今洛川雖過淸涼, 而山中不知有水焉, 余固有淸涼之願矣. 然而後彼而先此者, 凡以兼山水, 而逸老病也. 曰: 古人之樂, 得之心而不假於外物.

18) 이종호, 「온계 이해의 문학과 정신세계」, 『안동사학』 11, 2006. 온계에 대한 연구가 미진한 편이다. 온계를 이해해야 퇴계의 일단을 확인할 수 있는 만큼, 온계에 대한 연구가 시급하다고 할 수 있다.

19) 『退溪先生年譜』: 築養眞菴于退溪之東巖.【先是, 構小舍於溫溪之南・芝山之北, 以人居稠密, 頗未幽寂. 是年, 始假寓于退溪之下數三里, 於東巖之旁作小菴, 名曰'養眞'. 溪俗名'兎溪', 先生以'退'改'兎', 因自號焉.

20) 『退溪先生年譜』: 二月, 始卜居于退溪之西.【先是, 得地霞明洞紫霞峯下, 營室未畢. 又遷于竹

溪)」라는 시가 있다. “벼슬에서 물러나니 어리석은 분수대로 편안하나, 배움은 퇴보하여 늦은 나이 근심스럽네. 시냇물 위에 드디어 지낼 곳을 정하게 되니, 흐르는 물가에 임해 날마다 반성하리.” 분수에 넘치는 벼슬살이로 편안하지 못한 삶을 살았고, 그러한 인생은 배움의 때를 놓치게 하였기에 나이 먹도록 걱정할 수밖에 없었다는 자기 성찰이다. 벼슬에서 물러난 것에 대한 ‘신퇴(身退)’, 배움의 퇴보에 대한 ‘학퇴(學退)’, 따라서 매일 있어야 할 자신의 성찰[有省]이 돋보인다.[21]

> 처음 내가 퇴계 위에 거처를 잡고 시내를 굽어보며 두어 칸 되는 집을 얽고는 책을 보관하고[藏書] 소박한 성품을 기르는[養拙] 곳으로 삼고자 하였는데, 이미 3번이나 그 거처를 옮겼지만, 매번 비와 바람에 허물어지고 말았다. 그리고 그 시냇가 위는 너무나도 조용하여 가슴을 넓히기에 적당치 않았기에 다시 옮기려고 작정하였는데, 마침내 산 남쪽에 땅을 얻을 수 있었다. 그곳에는 조그마한 골짜기가 있었는데, 앞으로는 강과 들이 내려다보이고, 깊숙하고 아늑하면서도 멀리까지 볼 수 있고 확 트였으며, 산기슭과 바위들은 뚜렷하고 돌우물은 그 물맛이 달고 차서 진정 수양할 장소로 적합하였다.[22]

1557년(57세) 드디어 도산의 남쪽에 서당의 터를 얻을 수 있었다. 용수사 스님 법련(法蓮)에게 집 짓는 일을 맡겼으나 얼마 안 되어 갑자기 죽었기에 정일(淨一)이라는 스님이 그 일을 계승하였다. 퇴계는 「옥

洞, 又以洞狹隘, 且無溪流, 乃卜於溪上, 蓋三遷而定居焉.】

21) 『退溪集』 권1, 詩, 「退溪」: 身退安愚分, 學退憂暮境. 溪上始定居, 臨流日有省.

22) 『退溪集』 권3, 詩, 「陶山雜詠【幷記】」: 始余卜居溪上, 臨溪縛屋數間, 以爲藏書養拙之所. 蓋已三遷其地, 而輒爲風雨所壞. 且以溪上偏於闃寂, 而不稱於曠懷, 乃更謀遷, 而得地於山之南也. 爰有小洞, 前俯江郊, 幽敻遼廓, 巖麓悄蒨. 石井甘冽, 允宜肥遯之所, 野人田其中以資易之.

사도자(屋舍圖子)」를 지어 도산서당의 건축에 직접적으로 관여하였다.[23] 「옥사도자」를 장자 이준(李寯, 1523~1583)에게 보냈지만, 전달이 안 되어, 다시 벽오(碧梧) 이문량(李文樑, 1498~1581)과 월천(月川) 조목(趙穆, 1524~1606) 등에게 보내어 도산서당의 영건(營建)을 부탁하기도 하였다.[24]

이렇게 도산서당을 짓기 위한 것은 퇴계가 장서(藏書)와 양졸(養拙)의 처소로 삼기 위해서이다. 장서는 책을 보관한다는 일차적 의미를 지니고 있지만, 글공부의 의미를 지니고 있으며, 양졸은 졸렬함을 기른다는 일차적 의미를 지니고 있지만, 소박한 성품을 기른다는 의미를 지니고 있다고도 할 수 있다. 상계(上溪)를 3번이나 옮기면서 찾아낸 귀한 장소가 도산의 남쪽이고, 여기에서는 장서와 양졸이 가능하다고 생각한 것이다. 도산의 남쪽은 조그만 골짜기가 있는데, 그곳에 서당을 지으면 앞으로 강교(江郊)를 바라볼 수 있어 마음이 트이고, 산기슭과 바위들은 선명하고 돌우물은 차고 달아 '비둔(肥遯)'의 장소로 적합한 곳이었기 때문이다.

퇴계는 옛날 산림(山林)을 즐기는 사람들은 두 종류가 있다고 하였다. 첫째는 현허(玄虛)함을 사모하여 고상(高尙)함을 일삼아 즐기는 사람들이고, 둘째는 도의(道義)를 즐겨 심성(心性)을 기르는 사람들이 바로 그것이다. 전자는 자신의 몸을 더럽힐까 걱정되어 세상과의 인연을 끊는 경우로, 심한 경우 짐승과 함께 살면서도 그것이 잘못되었다고 생각하지 않으며, 후자는 즐기는 것이 조박(糟粕)뿐이어서 전달할 수

---

23) 『惺齋集』 권3, 記, 「陶山書堂營建記事」: 嘉靖六年丁巳, 先生得書堂基址於陶山之南. … 有浮屠法蓮者, 請幹其事而未及結屋. … 法蓮死後, 淨一者繼而營建. … 寫「屋舍圖子」一本, 書與碧梧李丈, 使之指授蓮僧而結搆焉.

24) 『退溪集』 권15, 書, 「與李大成」 및 『退溪集』 권23, 書, 「與趙士敬」과 『退溪集』 권23, 書, 「答趙士敬」 참조.

없는 묘리(妙理)에 이르면 구할수록 더욱 얻지 못하게 되기도 한다. 그렇지만 퇴계는 차라리 후자를 위해 힘쓸지언정 전자를 위해 스스로를 속이지는 않아야 한다고 하였다.[25]

비둔(肥遯)은 『주역』 둔괘(遯卦) 상구(上九)에 보인다. "상구는 여유로운 은둔이니, 이롭지 않음이 없다." 그 주석에서 "가장 끝에 처하였고 내응(內應)이 없어서 초연히 생각을 끊어 마음에 의심과 뒤돌아보는 것이 없어서 우환(憂患)이 마음을 얽어매지 못하고 생사(生絲)를 묶은 화살이 미치지 못한다. 이 때문에 여유로운 은둔이니, 이롭지 않음이 없는 것이다"라고 하였다.[26] 퇴계의 비둔(肥遯)은 도가에서 말하는 산금(山禽)과 함께 살아가거나 자연으로 가서 돌아오지 않는 장왕불반(長往不返)의 그것과는 다르다는 점에서 도가와 유가의 사이 공간, 이른바 '경계적 삶'이 깃들어 있는 것이다.[27]

> 정사년에서 신유년까지 5년 만에 당(堂)과 사(舍) 두 채가 그런대로 이루어져 거처할 만하였다. 당은 모두 3칸인데, 중간 한 칸은 완락재라고 명명하였으니, 그것은 주자의 「명당실기」에 "즐겨 구경할 수 있으니, 여기서 평생토록 지내도 염증이 나지 않겠구나"라고 한 말에서 따온 것이다. 동쪽 한 칸은 암서헌이라고 하였으니, 그것은 운곡의 시에, "스스로 믿는 것이 오래지 못했으니, 바위에 깃들여 작은 효험이라도 있기를 바란다"라는 말에서 인용한 것이다. 그리고 합해서 '도산서당'이라고 현판

25) 『退溪集』 권3, 詩, 「陶山雜詠【幷記】」: 觀古之有樂於山林者, 亦有二焉. 有慕玄虛, 事高尙而樂者, 有悅道義, 頤心性而樂者. 由前之說, 則恐或流於潔身亂倫, 而其甚則與鳥獸同群, 不以爲非矣. 由後之說, 則所嗜者糟粕耳, 至其不可傳之妙, 則愈求而愈不得. 於樂何有? 雖然, 寧爲此而自勉, 不爲彼而自誣矣.

26) 『周易』: 上九, 肥遯, 无不利.【最處外極, 无應於內, 超然絶志, 心无疑顧, 憂患不能累, 矰繳不能及. 是以肥遯无不利也】

27) 조민환(曺玟煥), 「퇴계 이황의 '肥遯' 지향적 삶의 의미」, 『양명학』 67, 2022, 188쪽.

을 달았다. 사는 모두 8칸이니, 시습재·지숙료·관란헌이라고 명명하였는데, 모두 합해서 '농운정사'라는 현판을 달았다.[28]

5년 만에 그런대로 도산서당이 완성되었다. 도산서당은 모두 3칸으로 구성되어 있다. 중간 1칸은 '완락재(玩樂齋)'라고 하는데, 회암(晦菴) 주희(朱熹, 1130~1200)의 「명당실기(名堂室記)」의 "즐겨 구경할 수 있으니, 여기서 평생토록 지내도 염증이 나지 않겠구나"라는 말에서 따왔고, 동쪽 1칸은 '암서헌(巖棲軒)'이라고 하였는데, 회암의 시(詩)의 "스스로 믿는 것이 오래지 못했으니, 바위에 깃들여 작은 효험이라도 있기를 바란다"라는 말에서 따온 것이다. 그리고 이를 합해서 '도산서당(陶山書堂)'이라는 현판을 걸었다.

스스로를 믿는 것[自信]은 쉽지 않은 일이다. 퇴계는 스스로를 높이는 자긍(自矜)을 매우 비판하였다. 퇴계는 「도산십이곡(陶山十二曲)」 발문에서도 긍호방탕(矜豪放蕩)을 비판하기도 하였고,[29] 월천 조목에게도 긍부자희(矜負自喜)의 태도를 경계시키기도 하였다.[30] '긍호방탕'은 뻐기고 제멋대로 구는 것이고, '긍부자희'는 뻐기고 스스로 잘난 체하는 것이다. 퇴계가 볼 때, 훌륭한 선비는 온유하고 돈후한 사람이었던 것이다.

---

28) 『退溪集』 권3, 詩, 「陶山雜詠【幷記】」: 自丁巳至于辛酉, 五年而堂舍兩屋粗成, 可棲息也. 堂凡三間, 中一間曰'玩樂齋', 取朱先生「名堂室記」'樂而玩之', 足以終吾身而不厭之語也. 東一間曰'巖栖軒', 取雲谷詩'自信久未能', 巖栖冀微效之語也. 又合而扁之曰'陶山書堂'. 舍凡八間, 齋曰'時習', 寮曰'止宿', 軒 曰'觀瀾', 合而扁之曰'隴雲精舍'.

29) 『退溪集』 권43, 跋, 「陶山十二曲跋」: 吾東方歌曲, 大抵多淫哇不足言. 如「翰林別曲」之類, 出於文人之口, 而矜豪放蕩, 兼以褻慢戲狎, 尤非君子所宜尙. 惟近世有李鼈「六歌」者, 世所盛傳, 猶爲彼善於此. 亦惜乎, 其有玩世不恭之意, 而少溫柔敦厚之實也.

30) 『退溪集』 권23, 書, 「與趙士敬」: 前惠詩簡『心經』等, 所當報者甚多. 彼日對人草謝, 後來亦一向因循, 闕然至此, 殊媿逋慢也. 細看公詩, 近覺有長進得趣味, 可喜. 但其間, 不無有誇逞矜負自喜之態, 而少謙虛斂退溫厚之意. 恐如此不已, 終或有妨於進德修業之實也.

농운정사(隴雲精舍)는 모두 8칸으로 구성되어 있다. 모두 2칸씩인데, 시습재(時習齋), 지숙료(止宿寮), 관란헌(觀瀾軒), 그리고 고방(庫房, 창고)이다. 농운(隴雲)은 '언덕 위 구름'이라는 뜻으로 남조(南朝) 양(梁)나라 도홍경(陶弘景)의 조서(詔書)에서 유래한 말이다. "산중에 무엇이 있는가? 산 위에는 흰 구름이 많아라. 그저 나 홀로 즐길 뿐, 그대에게 드릴 수 없네."[31]

시습(時習)은 『논어』 「학이(學而)」편 "배우고 복습하면 또한 기쁘지 않겠는가?"라는 말에서 따온 것이고, 지숙(止宿)은 "유숙(留宿)한다"는 의미이며, 관란(觀瀾)은 『맹자』 「진심(盡心)」편 "물을 보는 데에는 방법이 있으니, 반드시 물결을 보아야 한다"라는 말에서 따온 것이다. 농운정사의 건물 구조는 '공(工)'이라는 글자를 따서 지었는데, 학생들이 공부에 열중하기를 권장한다는 뜻에서 이렇게 설계되었다.

퇴계는 자신이 소박하고 고루한 사람이지만 어렸을 때부터 산림에 즐거움이 있다는 것은 알았다고 하였다. 중년에 벼슬길에 나아가 여러 해를 지내면서 고향으로 돌아오지 못하고 죽을 만큼 힘든 날들을 보내기도 하였다. 나이가 들면서 병은 더욱 깊어지고 처세도 곤란해져서 세상이 나를 버리든지, 내가 세상을 버리든지 해야 했다. 그렇다면 퇴계에게 남겨진 것은 무엇인가? 오랜 병을 고치고[消積病] 깊은 시름을 풀면서[豁幽憂] 늘그막을 편히 보낼 곳[晏然於窮老之域]을 찾아야 했다는 것이 그것이다.[32]

31) 『古詩記』 권99: 山中何所有, 嶺上多白雲, 只可自怡悅, 不堪持贈君.

32) 『退溪集』 권3, 詩, 「陶山雜詠【幷記】」: 余之不幸晩生遐裔, 樸陋無聞, 而顧於山林之間, 夙知有可樂也. 中年, 妄出世路, 風埃顚倒, 逆旅推遷, 幾不及自返而死也. 其後年益老, 病益深, 行益躓, 則世不我棄, 而我不得不棄於世. … 然則余乃今所以消積病, 豁幽憂, 而晏然於窮老之域者, 舍是將何求矣?

3. 추모와 교류의 도산서원

도산서원은 1574년 퇴계의 학덕(學德)을 기리기 위해 제자들에 의해 마련된 추모의 공간이면서 교유의 공간이라고 말할 수 있다. 물론 도산서원 경내에는 퇴계가 은거하면서 제자들을 가르치던 도산서당이 있다. 그러므로 도산서원은 퇴계 생전 영건(營建)된 곳과 퇴계 사후 만들어진 두 구역으로 이해할 수 있다. 전자는 도산서당과 농운정사, 그리고 역락서재가 바로 그곳이다. 도산서당과 농운정사 사이로 계단을 올라가면 진도문(進道門)이 있다. 진도문을 들어가면 퇴계 사후 조성된 도산서원 경내가 된다.

도산서원 맨 위에는 퇴계의 위패를 봉안한 상덕사(尙德祠)가 있고, 그 아래에는 강당인 전교당(典教堂)이 있고, 전교당 앞에는 마당을 사이에 두고 박약재(博約齋)와 홍의재(弘毅齋)가 서로를 마주 보고 있다. 박약재 오른편에는 장판각(藏板閣)이 있고, 진도문 양옆에는 동광명실(東光明室)과 서광명실(西光明實)이 있다. 또 상덕사와 전교당 사이에 있는 협문(夾門)을 통해 서쪽으로 나가면 전사청(典祀廳)이 있고, 그 아래 두 동의 고직사(庫直舍)가 상하로 있다. 물론 이 건물들이 모두 같은 시기에 지어진 것은 아니다. 농운정사 서쪽 밖에는 옥진각(玉振閣)이 있는데, 그것은 1970년에 마련된 곳이다. 도산서원이 역사를 만들고 있는 것이다. 옥진각은 퇴계의 유물을 전시한 곳으로 퇴계의 유품과 저서, 그리고 관련 다양한 콘텐츠 등이 전시되어 있다.

여기에 하나 더 기억하고 있어야 할 것은 도산서원이 1575년 사액(賜額)되었을 때, 석봉(石峯) 한호(韓濩, 1543~1605)가 편액(扁額)을 작성하였다는 것이다. 여기에는 전설이 하나 전한다. 당대의 명필(名筆)

석봉이 선조(宣祖)의 명을 받아 도산서원의 편액을 쓰게 되는 과정이 그것이다. 선조는 석봉에게 도산서원의 편액 글자를 마지막 글자부터 불러준다. '원'자를 쓰게 하고 '서'자를 쓰게 한 다음, 다시 '산'자를 쓰게 하였는데, 마지막에 '도'자를 불러주자 석봉의 글씨가 삐뚤해지고 말았다는 것이다. 퇴계의 학문과 사상을 존모했던 석봉이 놀라서 그렇게 되었다는 것이다. 이른바 스토리텔링이 적용된 것이라고 할 수 있다.

도산서원은 서원의 전형적인 구조인 전당후묘(前堂後廟)의 양식으로 구성되어 있다. 이러한 양식은 현재 안동시 송천동 안동대학교 경내에 복원되어 있는 역동서원(易東書院)을 통해서 그 전범(典範)을 확인할 수 있다. 고려 후기 역동(易東) 우탁(禹倬, 1263~1342)을 추모하는 예안의 선비들이 세운 서원인데, '역동(易東)'은 "『주역』(『이천역전(伊川易傳)』)이 동쪽으로 왔다"는 의미로 퇴계가 작명한 것이라고 전한다. 특히 역동서원은 퇴계의 지도를 받아 조성되었다는 점에서 역동서원의 배치는 도산서원을 영건하는 데에 좋은 참고가 되었을 것이다.[33)]

퇴계 이황과 도산서당 그리고 도산서원과 관련하여 가장 중요한 인물은 월천(月川) 조목(趙穆, 1524~1606)이다. 월천은 1606년 세상을 떠났는데, 2년 뒤 1608년 11월 3일 즈음 역동서원에서 『월천집(月川集)』 정리가 시작되었고, 1610년 5월 10일 전후로 조목에 대한 도산서원 종향이 추진되었으며, 1614년 11월 9일 종향이 성사되고, 1666년 『월천집』이 간행되었다. 그런데 월천의 종향에는 몇 가지 문제가 있었다. 다른 명성 있는 제자들은 제외하고 월천만 종향하는 것 및 퇴계와 동등하게 선생이라는 호칭을 붙여 배향할 수 있는가 등이 그것이다.[34)] 그럼에도 불구하고, 월천은 퇴계를 가장 지근거리

---

33) 안병걸, 「도산서원」『서원, 한국사상의 숨결을 찾아서』 1, 2000, 99쪽.

에서 모시면서 오래도록 머물렀던 제자라는 점, 퇴계가 죽자 심상(心喪) 3년을 했다는 점, 상덕사(尙德祠)를 세우자고 건의하고 추진하였다는 점 등을 고려해 보면, 월천의 도산서원 종향은 이해가능한 일이라고 할 수 있다.

월천은 「도산서원 봉안문」에서 "퇴계가 공자와 맹자를 사모하고 정자와 주자의 학술에 전념하였으며, 성인을 희구하고 하늘을 희구하였으며, 나라의 원로이고 사림의 사표"라고 하였다. 또 "도산은 도리를 강학하는 장소로 공자의 궐리(闕里)에 해당하고 주자의 고정(考亭)에 해당한다고 하였다."[35] 유학은 공자와 맹자를 시작으로 정자와 주자에 의해 성리학으로 변모하였는데, 퇴계의 학문이 그 정통성을 계승하였다는 것이다. 월천에게 퇴계는 현인(賢人)으로 성인(聖人)을 바라고, 성인으로 하늘[天]을 바라는 사람이었으며[希聖希天], 나라의 원로가 되고[蓍龜邦國], 사림의 사표가 되는 사람이었다[師表士林].

도산서원에서 퇴계와 월천을 봉향하고 있지만, 역시 도산서원을 찾는 사람들은 퇴계를 추모하는 한편, 퇴계학파와의 교류를 위한 것이 주요 목적이었다고 할 수 있다. 도산서원을 방문하는 사람들은 퇴계의 「도산기(陶山記)」가 실려 있는 「도산잡영(陶山雜詠)」을 읽고 오는 것이 일반적이었다. 도산의 영건(營建) 기사(記事)이기 때문이다.

예컨대, 성재(性齋) 금난수(琴蘭秀, 1530~1604)의 「도산서당영건기사

34) 朴東一, 「月川學團의 동향 일고찰 -趙穆의 합천지역 교유인물과 陶山書院 從享을 중심으로-」, 『南溟學研究』 57, 2018, 80쪽.

35) 『月川集』 권6, 祝文・祭文, 「陶山書院奉安文」: 恭惟先生, 天挺英雋, 圭璋令質, 琢磨功深. 寤寐洛閩, 羹牆孔孟, 粵自志學, 以至從心. 一念始終, 典學無怠, 不至不已, 希聖希天. 嗚呼先生, 道尊德盛, 蓍龜邦國, 師表士林. 百世聞風, 尙知興起, 矧玆覿德, 誰無秉彝. 惟是陶山, 講道之所, 孔之闕里, 朱之考亭. 俎豆不陳, 吾黨之恥, 載謀載度, 經之營之. 有侐其宮, 有儼其位, 罇爵淨潔, 黍稷馨香. 凡在駿奔, 一心精白, 尙其昭假, 陟降在玆. 惠以光明, 啓佑我後, 世世無斁, 敬恭以承.

(陶山書堂營建記事)」[36], 고봉(高峯) 기대승(奇大升, 1527~1572)의 「퇴계선생도산기문발(退溪先生陶山記文跋)」[37], 송암(松巖) 권호문(權好文, 1532~1587)의 「제선생도산기후(題先生陶山記後)」[38], 인재(忍齋) 홍섬(洪暹, 1504~1585)의 「서도산고후(書陶山稿後)」[39], 초당(草堂) 허엽(許曄, 1517~1580)의 「도산기발(陶山記跋)」[40], 매헌(梅軒) 금보(琴輔, 1521~1584)의 「도산기고증(陶山記考證)」[41], 연경재(研經齋) 성해응(成海應, 1760~1839)의 「제도산기후(題陶山記後)」, 성호(星湖) 이익(李瀷)의 「알도산서원기(謁陶山書院記)」[42] 등이 대표적이다.

이처럼, 도산서원은 유교 지식인들에게 매우 중요한 공간이었다. 도산서원을 바라보는 시선이 중요한 이유가 여기에 있다. 첫째, 퇴계학파의 내부적 시선을 통해 본 도산서원은 향사(享祀)와 알묘(謁廟)를 진행하는 추모(追慕) 공간이자 문회(文會)를 비롯한 강학(講學) 공간이라고 할 수 있다. 둘째, 근기 남인의 시선을 통해 본 도산서원은 퇴계 이황 → 한강(寒岡) 정구(鄭逑, 1543~1620) → 미수(眉叟) 허목(許穆, 1595~1682) → 성호(星湖) 이익(李瀷, 1681~1763)으로 계승되는 학문적 계승관계를 확인할 수 있는 공간이라고 말할 수 있다. 셋째, 영남 우도의 시선을 통해 본 도산서원은 퇴계를 회재(晦齋) 이언적(李彦迪, 1491~1553) · 남명(南冥) 조식(曹植, 1501~1572)과 대등하게 보려는 공간이라고 말할 수 있다. 넷째, 노론의 시선을 통해 본 도산서원은 정치적 제휴 및 대결 구도의 중심으로 인식된 공간이라고 말할 수 있다.[43]

---

36) 『惺齋集』 권3, 記, 「陶山書堂營建記事」.
37) 『高峯集』 續集, 권2, 跋, 「退溪先生陶山記文跋」.
38) 『松巖集』 권3, 詩, 「題先生陶山記後」.
39) 『忍齋集』 권1, 詩, 「書陶山稿後」.
40) 『草堂集』 跋, 「陶山記跋」.
41) 『梅軒集』 권2, 雜著, 「陶山記考證」.
42) 『星湖集』 권53, 記, 「謁陶山書院記」.

4. 도산서원과 공간형 콘텐츠

도산서원은 공간형 콘텐츠로서의 의미를 지닌다. 퇴계는 도산서당을 일상과 이상이 합일되어 있는 공간으로 인식하였다. 자연과 인간의 합일 및 하학과 상달의 통일을 비전으로 삼아 조성하였기 때문이다. 그러므로 그는 도산서당을 중심으로 자연 대상 및 인공 대상 각각에 이름을 붙이고 이상화하였다. 현실을 이상화한 것이다. 퇴계가 지은 칠언시(七言詩) 18절이 이를 예증해 준다.[44]

①도산서당(陶山書堂)	②암서헌(巖棲軒)	③완락재(玩樂齋)
④유정문(幽貞門)	⑤정우당(淨友堂)	⑥절우사(節友社)
⑦농운정사(隴雲精舍)	⑧관란헌(觀瀾軒)	⑨시습재(時習齋)
⑩지숙료(止宿寮)	⑪곡구암(谷口巖)	⑫천연대(天淵臺)
⑬천운대(天雲臺)	⑭탁영담(濯纓潭)	⑮반타석(盤陀石)
⑯동취병산(東翠屛山)	⑰서취병산(西翠屛山)	⑱부용봉(芙蓉峯)

이 밖에도 퇴계는 26절을 더 지었다. 그 제목은 ①몽천(蒙泉) ②열정(洌井) ③정초(庭草) ④간류(澗柳) ⑤채포(菜圃) ⑥화체(花砌) ⑦서록(西麓) ⑧남반(南沜) ⑨취미(翠微) ⑩요랑(廖朗) ⑪조기(釣磯) ⑫월정(月艇) ⑬학정(鶴汀) ⑭구저(鷗渚) ⑮어량(魚梁) ⑯어촌(漁村) ⑰연림(烟林) ⑱설경(雪徑) ⑲역천(櫟遷) ⑳칠원(漆園) ㉑강사(江寺) ㉒관정(官亭) ㉓장교(長郊) ㉔원수(遠岫) ㉕토성(土城) ㉖교동(校洞) 등이다.

---

43) 정우락, 「도산서원에 대한 문화론적 독해 -일기와 기행록을 중심으로-」, 『嶺南學』 27, 2015, 254-262쪽 참조.

44) 『退溪集』 권3, 詩, 「陶山雜詠【幷記】」.

도산서당에 들어서면 퇴계가 의미를 부여한 다양한 자연 대상과 인공 대상들을 만날 수가 있다. 이처럼 공간형 콘텐츠의 원천 자료가 아직도 우리를 기다리고 있다. 그런데 퇴계가 의미를 부여한 자연 대상과 인공 대상들이 부자연스러운 것이 아니라, 함께 어울려 매우 조화로운 모습이라는 것을 확인할 수 있다. 자연을 훼손하지 않는 전제 위에서 도산서당이 영건(營建)되었기 때문이다. 그리고 그것은 우리 인간도 자연의 일부라는 사유 때문이다.

여기에 더해 퇴계가 적은 「도산십이곡(陶山十二曲)」[45] 역시 살펴볼 수 있는 지점이 있다. 퇴계는 음란하고 방탕한 것을 군자가 숭상할 바가 아니라고 하면서 온유돈후(溫柔敦厚)의 인간형을 제시한다.[46] 1곡

---

45) 『退溪全書』 권5, 「陶山十二曲」: ①이런들 엇더ᄒᆞ며 뎌런들 엇더ᄒᆞ료 草野愚生이 이러타 엇더ᄒᆞ료 ᄒᆞ믈며 泉石膏肓을 고텨 므슴ᄒᆞ료 ②煙霞에 집을 삼고 風月로 벗을 사마 太平聖代에 病으로 늘거나뇌 이듕에 ᄇᆞ라ᄂᆞᆫ 일은 허므리나 업고쟈 ③淳風이 죽다 ᄒᆞ니 眞實로 거즈마리 人性이 어지다 ᄒᆞ니 眞實로 올ᄒᆞᆫ 말이 天下에 許多英才를 소겨 말ᄉᆞᆷᄒᆞᆯ가 ④幽蘭이 在谷ᄒᆞ니 自然이 듯디 됴희 白雪이 在山ᄒᆞ니 自然이 보디 됴해 이듕에 彼美一人을 더옥 닛디 몯ᄒᆞ얘 ⑤山前에 有臺ᄒᆞ고 臺下에 流水로다 ᄠᅦ 만ᄒᆞᆫ ᄀᆞᆯ며기ᄂᆞᆫ 오명가명 ᄒᆞ거든 ⑥春風에 花滿山ᄒᆞ고 秋夜애 月滿臺라 四時佳興ㅣ사ᄅᆞᆷ과 ᄒᆞᆫ가지라 ᄒᆞ믈며 魚躍鳶飛 雲影天光이아 어늬 그지이슬고 ⑦天雲臺 도라드러 玩樂齋 蕭灑ᄒᆞᆫᄃᆡ 萬卷生涯로 樂事無窮ᄒᆞ얘라 이듕에 往來風流를 닐어 므슴ᄒᆞᆯ고 ⑧雷霆이 破山ᄒᆞ여도 聾者ᄂᆞᆫ 못 듯ᄂᆞ니 白日이 中天ᄒᆞ야도 瞽者ᄂᆞᆫ 못 보ᄂᆞ니 우리는 耳目聰明 男子로 聾瞽ᄀᆞᆮ디 마로리 ⑨古人도 날 몯 보고 나도 古人 몯 뵈 古人을 몯 뵈도 녀던 길 알ᄑᆡ 잇ᄂᆡ 녀던 길 알ᄑᆡ 잇거든 아니 녀고 엇뎔고 ⑩當時예 녀ᄃᆞᆫ 길흘 몃 ᄒᆡᄅᆞᆯ ᄇᆞ려 두고 어듸 가 ᄃᆞᆫ니다가 이제ᅀᅡ 도라온고 이제나 도라오나니 년 ᄃᆡ ᄆᆞᄉᆞᆷ 마로리 ⑪青山ᄂᆞᆫ 엇뎨ᄒᆞ야 萬古애 프르르며 流水ᄂᆞᆫ 엇뎨ᄒᆞ야 晝夜애 긋디아니ᄂᆞᆫ고 우리도 그치디 마라 萬古常青호리라 ⑫愚夫도 알며 ᄒᆞ거니 긔 아니 쉬운가 聖人도 몯다 ᄒᆞ시니 긔 아니 어려운가 쉽거나 어렵거낫듕에 늙ᄂᆞᆫ주를 몰래라

46) 『退溪集』 권43, 跋, 「陶山十二曲」: 右「陶山十二曲」者, 陶山老人之所作也. 老人之作此, 何爲也哉? 吾東方歌曲, 大抵多淫哇不足言. 如翰林別曲之類, 出於文人之口, 而矜豪放蕩, 兼以褻慢戲狎, 尤非君子所宜尙. 惟近世有李鼈六歌者, 世所盛傳, 猶爲彼善於此, 亦惜乎其有玩世不恭之意, 而少溫柔敦厚之實也.

에서는 자연에 묻혀 사는 어리석은 자신을 형상화한 초야우생(草野愚生)과 자연에 대한 애착으로 생기는 고질병이 걸렸다는 의미의 천석고황(泉石膏肓)이 눈에 띈다. 2곡에서는 안개와 노을 및 바람과 달의 자연 속에서 태평성대를 바라면서도 자신에게 허물이 없고자 하는 의지를 보여준다. 3곡에서는 아름다운 풍속인 순풍(淳風)이 유지되기를 바라면서 인성(人性)은 기필코 선하다는 생각을 보여준다. 4곡에서는 은은한 향기를 퍼뜨리는 유란(幽蘭)이 백설(白雪) 속에서도 굳세게 존재한다는 모습을 보여준다. 5곡에서는 흘러가는 유수(流水)와 흰 망아지 백구(白駒)를 등장시켜 속세와 자연에서 갈등하는 모습을 나타낸다. 6곡은 앞선 1곡에서 5곡까지의 결론에 해당하는데, 여기에서는 어약연비(魚躍鳶飛)와 운영천광(雲影天光)을 통해 자연과 인간이 하나가 되는 천인합일(天人合一)의 세계를 보여준다.

7곡에서는 천운대(天雲臺)와 완락재(玩樂齋)의 시원한 모습 및 만권생애(萬卷生涯)의 즐거움을 보여준다. 8곡에서는 이목총명(耳目聰明)의 남자로 태어났으니, 뇌정(雷霆)과 백일(白日)을 공부하여 자연을 배울 것을 제안한다. 9곡에서는 고인(古人)의 자취를 따라가야 한다는 금인(今人)의 자세를 제안한다. 10곡에서는 젊은 시절 수많은 시간을 허비하였지만, 이제라도 늦지 않았음을 토로한다. 11곡에서는 청산(靑山)이 만고에 푸르른 것처럼, 유수(流水)가 주야에 흐르는 것처럼, 학문적 정진도 그치지 않아 만고상청(萬古常靑)하기를 바란다. 12곡은 7곡에서 11곡까지의 결론에 해당하는데, 여기에서는 우부(愚夫)도 쉽게 알지만 성인(聖人)도 행하기 어려운 것이 인륜(人倫)임을 제시하고 늙어 죽을 때까지 실천해야 한다고 하면서 『도산십이곡』의 결말을 맺는다.

지산(芝山) 조호익(曺好益, 1545~1609)은 수석(水石)과 임학(林壑)의 정취가 있었던 사람이다. 매번 봄날 하늘이 화창하거나 가을 날씨가 맑고 시원할 때는 두세 명의 동자들과 함께 이곳저곳을 한가롭게 소요하곤 했다고 한다. 때로 호수 위에 배를 띄워놓고는 노래를 잘 부르는 사람을 시켜 퇴계의 「도산십이곡」을 부르게 하였다고 하니, 퇴계를 배우는 이들의 마음이 이러했던 것이다.[47)]

이처럼, 도산서당을 포함하는 도산서원의 경내와 경외 그리고 그와 관련된 공간들과 그 공간을 차지하고 있는 자연적이고 인공적인 물상(物象)은 퇴계 사후 많은 사람들이 찾는 대상이 되었을 뿐만 아니라, 퇴계의 이러한 태도는 후대 학자들에게 하나의 전범이 되기도 하였다. 도산서원은 퇴계 사후 영남의 퇴계학파 인물은 물론, 근기의 퇴계학파, 즉 성호학파나 노론학파와 소론학파 등에게도 조선 유학의 상징적 공간이 되었다. 이와 관련해서는 후대 성호학파의 종장 성호 이익이 남긴 기록이 예증이 된다.

성호 이익은 청량산(淸涼山)을 방문하고 온계(溫溪)를 지나 농암(聾巖) 이현보(李賢輔, 1467~1555)의 애일당(愛日堂)을 방문한 뒤 도산서원 경내로 들어간다. 성호 또한 도산서당은 퇴계가 손수 창건하였다는 것 및 후인들이 서당 뒤에 서원을 건립하여 존봉(尊奉)하고 있다는 것을 알고 있었다. 도산서당에 들어갔는데, 퇴계가 직접 지은 곳이기 때문에 나무 한 그루나 돌 한 덩이도 감히 옮기거나 바꾸지 못하였다는 이야기를 듣는다.

암서헌 동쪽에 작은 방 하나를 붙여 암서헌과 통하도록 해서 마루를 만들고 나무를 쪼개 판자를 만들었는데, 그것은 퇴계 당시에 없었던 것이다. 바로 한강(寒岡) 정구(鄭逑, 1543~1620)가 퇴계의 유의(遺意)

47) 『芝山集』 附錄, 권2, 「諡狀[金炳學]」: 癸卯二月, 移居永之芝山村. 有水石林壑之趣, 其曰拙修堂, 瓿餘齋, 忘懷亭, 知魚臺, 桃花潭, 峽口巖, 皆公所命名也. 每於春和景明, 秋日淸朗之時, 與二三冠童, 杖屨逍遙. 或泛舟潭上, 使善歌者, 歌退溪「陶山十二曲」, 悠然自得, 樂而忘疲.

를 받들어 나중에 만든 것이라는 말도 듣는다. 도산서당에는 유물이 보관되어 있었는데, 선기옥형(璇璣玉衡)·책상·등잔대·투호(投壺)·화분대(花盆臺)·타구(唾具)·벼루집·청려장(靑藜杖) 등을 확인하기도 하였고, 벼루 한 자루는 도둑을 맞아서 지금은 없다는 이야기도 듣게 된다.

성호는 도산서원 경내를 둘러보고는 『심원록(尋院錄)』에 성명(姓名)과 자(字), 향관(鄕貫), 날짜 등을 전례대로 적었다. 하루를 묵고 영천군(榮川郡)으로 가서 구학정(龜鶴亭)을 구경하고 돌아왔다.[48] 『심원록』은 일종의 방문록이다. 18세기 전반 『심원록』을 분석해보면, 한 해 평균 방문객이 200여 명이고, 대부분 퇴계의 학문과 덕행을 흠모하여 방문하거나, 과거에 급제했을 때, 청량산을 방문했을 때는 물론, 향사(享祀)·거재(居齋)·출판(出版) 등의 다양한 이유로 도산서원을 방문하고 있었던 것을 확인할 수 있다.[49] 물론 여기에는 앞서 언급한 성호 이익이 포함되어 있는 것은 물론이다.

48) 『星湖全集』 권53, 記, 「謁陶山書院記」: 余自淸凉轉訪陶山. … 半日行過溫溪. … 復由小嶺先過愛日堂, 乃李聾巖所居, 極縹緲妙絶也. 旋馬左趨, 始抵陶山. … 先生手刱陶山書堂尙在此, 後人因建書院于堂之後, 以尊奉之也. … 所謂書堂, 是果先生親所作, 而一木一石, 人不敢移易. … 軒之東又附起一小間, 與軒通爲廳, 而析木作板, 如今人臥牀樣. 琴生言先生當時未及有此, 寒岡承遺意追成也. … 及觀于室中, 西北二壁, 皆有藏. 藏各二層, 皆貯遺器. 卽璣衡具一, 案檠投壺各一, 花盆臺唾器各一, 硯匣一, 人言硯爲人所偸而今不存. 夫硯一片石耳, 在此則爲無價, 在人則只與佗石等, 彼偸者抑何心耶? 吁惜也, 復有靑藜一枚杖, 爲匣以藏之, 無少傷缺, 品亦稀有, 一寸數節如鶴膝, 叩之堅鏗作聲可寶也. …院奴復進尋院錄, 余等列書姓名及字鄕貫日月, 亦例也. … 復從天雲臺而下, 夕向榮川郡, 觀龜鶴亭而返.

49) 김명자, 「『尋院錄』을 통해 본 18세기 전반 陶山書院의 방문과 그 의미」, 『퇴계학과 유교문화』 53, 2013, 51쪽.

5. 맺음말

퇴계 이황은 도산서당을 지으면서 산수지락(山水之樂)과 안빈낙도(安貧樂道)의 삶을 살고자 하였다. 물론 이 과정에는 퇴계 자신의 인격 수양과 학문 연마가 있었고, 그 목표는 천리체인(天理體認)을 통한 빙호추월(氷壺秋月)의 인간형을 완성시키려는 것이었다. 간재(艮齋) 이덕홍(李德弘, 1541~1596)은 퇴계를 추모하는 제문(祭文)에서 퇴계를 염계(濂溪) 주돈이(周敦頤, 1017~1073)의 광풍제월(光風霽月)과 연평(延平) 이통(李侗, 1093~1163)의 빙호추월(氷壺秋月)로 형상화하였다.[50]

퇴계 또한 연평을 안연(顔淵)에 비견하고 『연평답문(延平答問)』을 후학들에게 은혜를 베푼 책이라고 평가하였으며, 연평의 기상을 '빙호추월(氷壺秋月)'이라고 하였다.[51] 연평의 공부 방법은 기본적으로 고요한 곳에서[靜處]에서 하늘의 이치인 천리(天理)를 몸으로 체득하는 것이다. 그런데 이러한 정처 공부는 노불(老佛)의 그것과 유사한 측면이 있다. 퇴계는 연평이 정처 공부를 근본으로 삼았지만, 정처 공부가 동처(動處)에서도 안착되어야 한다는 가르침을 주희에게 전했다고 하였고, 직접적으로 표현하지 않았지만 역시 경(敬)이 그 가운데 있다고 하면서, 연평의 정처 공부를 경(敬) 공부로 해석한다. 이정(二程)으로부터 연평을 거쳐 다시 회암에 이르기까지 주고받은 심법이 바로 경(敬)이라는 것이다. 그리고 이것이 바로 '미발시(未發時) 함양공부(涵養工夫)'가 된다.[52]

---

50) 『退溪先生言行錄』 권6, 附錄, 「祭文[李德弘]」.

51) 『退溪集』 권43, 跋, 「延平答問跋」: 嗚呼, 周程旣往, 一再傳而大義已乖, 微先生, 孰得而反之正乎? 發聖人之蘊, 教萬世無窮者顔子也, 而先生庶幾近之. 然則是書之行, 其爲後學之惠, 宜如何哉? 高山仰止, 雖未覩氷壺秋月之象, 萬古一心, 寧不有作興於西林感慨之詩者耶? 嘉靖三十三年歲次甲寅秋九月旣望, 眞城李滉謹跋.

선생이 말했다. "군자의 학문은 위기(爲己)일 뿐이다. '위기'라는 것은 바로 장경부(張敬夫)가 '의도한 것이 없는데도 그렇게 되는 것'[無所爲而然也]을 말한다. 예컨대, 깊고 무성한 산림에 난초 하나가 있는데, 종일토록 향기를 내뿜는데도 자신은 그것이 향기인 줄도 모르니, 이것이 '군자위기(君子爲己)'의 의리에 딱 들어맞는다. 깊이 체득해야 한다."[53)]

퇴계는 군자의 학문을 '위기지학'으로 정의한다. 남헌(南軒) 장식(張栻, 1133~1180)이 '의도한 것이 없는데도 그렇게 되는 것'은 마치 깊고 무성한 산림에 난초 하나가 종일토록 자신의 향기를 내뿜는데도 자신은 그것이 향기인 줄도 모르는 것을 '군자위기'라고 한 뜻에 딱 들어맞는다고 퇴계는 생각한 것이다. 퇴계에게 위기(爲己)의 내용은 도리를 마음으로 터득하고 덕행을 몸소 실행하는 것인 반면, 위인(爲人)의 내용은 마음으로 터득하고 몸소 실행하는 것에 힘쓰는 것이 아니라, 외면을 꾸미고 외물에 순응하여 명예를 추구하는 것일 뿐이었다.[54)]

퇴계가 어렵게 물색해 낸 도산서당은 위기지학을 위해 가장 적합한 장소였다. 도산서당의 자연환경은 동취병과 서취병이 도산서당을 동서로 옹위(擁衛)해 주고 있고, 남쪽으로는 낙천이 있어 도산서당에

---

52) 『退溪集』 권28, 書, 「答金惇敍【癸丑】」: 蓋尋常於靜處體認下工夫, 卽於鬧處使不著, 蓋不曾如此用功也. … 厭事而求忘, 惡動而耽靜, 不唯老佛之徒由是而陷溺其心, 雖爲吾儒之學者, 所見少有毫髮之差, 鮮不淪入於此域. … 延平之學, 以靜爲本. 而今告晦菴曰: 靜處工夫, 鬧處使不著. 且使之就日用下工夫, 斯乃貫動靜一顯微之道. 雖不言敬, 而敬在其中, 亦何嘗去事物而偏於靜乎哉? 夫以程朱師弟子之間, 相授受心法如此.

53) 『艮齋集』 권5, 「溪山記善錄(上)【記退陶老先生言行】」 先生曰: "君子之學, 爲己而已. 所謂'爲己'者, 卽張敬夫所謂'無所爲而然也'. 如深山茂林之中, 有一蘭草, 終日薰香, 而不自知其爲香, 正合於君子爲己之義. 宜深體之."

54) 『雪月堂集』 권4, 雜著, 「退溪先生言行箚錄」: 先生曰: 爲己之學, 以道理爲吾人之所當知, 德行爲吾人之所當行. 近裏著工, 期在心得而躬行者, 是也. 爲人之學, 則不務心得躬行, 而飾虛徇外, 以求名取譽者, 是也.

거처하는 이들의 마음을 탁 트이게 해준다. 도산서당 경내에는 바람이 불지 않는 장풍(藏風)을 유지하고 있고, 낙천은 득수(得水)가 되어 풍수학의 길지(吉地)를 이루고 있다고 할 수 있다.

퇴계 사후, 퇴계의 후예들은 퇴계의 학덕을 기리기 위해 상덕사(尙德祠)를 세우고, 그후 도산서원을 영건(營建)하여 사액(賜額)을 받게 하였다. 퇴계가 서원운동을 시작하고 그것을 퇴계의 후예들이 계승한 것이다. 도산서원은 영남 남인과 퇴계를 사숙(私淑)한 근기 남인뿐만 아니라, 노론과 소론 등에 속하는 유교 지식인들이 찾고 싶은 공간이 되었다. 그를 추모하는 동시에, 다양한 목적으로 유교 지식인들의 교류를 위한 공간이었기 때문이다.

인문학은 자기의 마음을 의식하고 자기의 존재를 사유하는 학문이다. 퇴계는 도산서당에서 자신을 성찰하면서 경전과 자연을 공부 대상으로 삼아 심신의 병증을 치유하려고 하였다. 도산서당이 치유의 공간이었던 것이다. 퇴계 사후 그들의 후예들에 의해 만들어진 도산서원은 퇴계를 추모하고 기억하는 공간이었지만, 유교 지식인들의 교류의 공간이기도 하였다. 그들은 서로 다른 목적에서 도산서원을 방문하고, 그에 따른 기록을 남겼다. 여기에 도산서당을 포함한 도산서원의 보편적 가치가 있다. 치유의 인문학과 공간형 콘텐츠가 그것이다.

【참고문헌】

『書經集傳』, 『周易』, 『論語』, 『古詩記』, 『退溪全書』, 『退溪集』, 『退溪先生年譜』
『退溪先生言行錄』, 『月川集』, 『高峯集』, 『艮齋集』, 『雪月堂集』, 『松巖集』, 『忍齋集』
『惺齋集』, 『草堂集』, 『梅軒集』, 『芝山集』, 『星湖全集』, 『星湖集』

김명자, 「『尋院錄』을 통해 본 18세기 전반 陶山書院의 방문과 그 의미」, 『퇴계학과 유교문화』 53, 2013.

김상봉, 『자기의식과 존재사유 –칸트철학과 근대적 주체성의 존재론』, 한길사, 1998.

김연호, 「도산서당(陶山書堂)의 입지(立地)와 도산서원(陶山書院)의 배치에 대한 고찰」, 『퇴계학논집』 3, 영남퇴계학연구원, 2008.

김영나, 「17-19세기 도산서원 고문서에 나타난 노비의 성격」, 『朝鮮史研究』 33, 조선사연구회, 2024.

文淑子, 「朝鮮後期 書院奴婢의 身分的 性格: 陶山書院 古文書를 통한 검토」, 『退溪學研究』 11, 단국대학교 퇴계학연구소, 1997.

朴東一, 「月川學團의 동향 일고찰 –趙穆의 합천지역 교유인물과 陶山書院 從享을 중심으로–」, 『南溟學研究』57, 2018.

박정해, 「陶山書堂의 傳統 立地環境」, 『退溪學과 儒教文化』 51, 경북대학교 퇴계연구소, 2012.

裵賢淑, 「陶山書院 板刻活動 研究」, 『한국서원학보』 12, 한국서원학보, 2021.

안병걸, 「도산서원」, 『서원, 한국사상의 숨결을 찾아서』 1, 2000.

이다정, 김윤희, 「문화 체험 공간으로서 안동 陶山書院이 지닌 가능성과 문화 콘텐츠 활성화 방안 –시조 〈陶山十二曲〉의 활용을 중심으로–」, 『溫知論叢』 59, 온지학회, 2019.

李秉勳, 「18-19세기 도산서원의 위상 변화」, 『大東漢文學』 67, 대동한문학회, 2021.

이종호, 「온계 이해의 문학과 정신세계」, 『안동사학』 11, 2006.

임근실, 「16세기 書院의 藏書 연구」, 『한국서원학보』 4, 한국서원학회, 2017.

우인수, 「조선후기 도산서원 원장의 구성과 그 특징」, 『퇴계학과 유교문화』 53, 경북대학교 퇴계연구소, 2023.

유재빈, 「18세기 도산서원의 회화적 구현과 그 의미 –姜世晃과 鄭敾의 陶山書院 그림을 중심으로」, 『퇴계학보』 139, 퇴계학연구원, 2016.

전성건, 「공간형 콘텐츠로서 도산서당 활용에 대한 시론」, 『儒學研究』 65, 충남대학교 유학연구소, 2023.

정우락, 「도산서원에 대한 문화론적 독해 -일기와 기행록을 중심으로-」, 『嶺南學』 27, 2015.
조민환(曺玟煥), 「퇴계 이황의 '肥遯' 지향적 삶의 의미」, 『양명학』 67, 2022.
하해빈 · 태지호, 「공간형 콘텐츠 개념을 통해 살펴본 서원 활용 방안 연구 -2016 살아 숨쉬는 향교 · 서원 경북지역 서원 프로그램을 중심으로-」, 『글로벌문화콘텐츠 학술대회』 1, 글로벌문화콘텐츠학회, 2019.

'한국의 유교책판'과 도(道)의 이어짐

-목판으로 제작된 『병명발휘』를 중심으로-

강 경 현

1. 들어가는 말

'한국의 유교책판'은 2015년 유네스코 세계기록유산으로 등재되어 그 역사적, 문화적 가치를 국제적으로 공인받았다. 유네스코에서는 '한국의 유교책판'에 대해서 다음과 같이 소개한다.

> '유교책판(儒教冊版, Confucian Printing Woodblocks in Korea)'이라고 불리는 이 기록유산은 조선시대(1392~1910)에 718종의 서책을 간행하기 위해 판각한 책판으로, 305개 문중과 서원에서 기탁한 총 64,226장으로 되어 있으며 현재는 한국국학진흥원에서 보존 관리하고 있다.
>
> 유교책판은 시공을 초월하여 책을 통하여 후학(後學)이 선학(先學)의 사상을 탐구하고 전승하며 소통하는 '텍스트 커뮤니케이션(text communication)'

의 원형이다. 수록 내용은 문학을 비롯하여 정치, 경제, 철학, 대인관계 등 실로 다양한 분야를 다루고 있다. 그러나 이렇게 다양한 분야를 다루고 있음에도 궁극적으로는 유교의 인륜공동체(人倫共同體) 실현이라는 주제를 담고 있는 것이 공통적인 특징이다.[1]

한국에서는 2025년까지 총 20건의 세계기록유산이 등재되었다. 그 가운데 한국의 유교책판은 '고려대장경판 및 제경판'과 함께 대표적인 목판 기록물이다. 조선시대부터 20세기 중반까지 제작된 이 방대한 목판들은 당대 지식인들의 사상과 삶의 기록을 담고 있다.

한국의 유교책판은 유네스코 세계기록유산으로 등재된 이후 학계의 주목과 대중적 관심을 받아왔으며[2], 그동안 등재 과정, 구성과 특징, 한국 인쇄사에서의 의미, 그리고 목판이 갖고 있는 조선시대 속 사회·문화적 의미를 중심으로 다각적인 연구가 이루어져 왔다.[3] 이러한 연구들은 유교책판이 목판이라는 매체를 통해 현재까지 전해지는 유형의 문화재이면서도, 그 안에서 당대의 지역 공동체에 반영된 유학적 가치를 확인할 수 있게 해주는 기록유산이라는 점에 주목한다.

한국의 유교책판의 가장 두드러진 특징은 조선시대 개인의 저술을 모아 편찬된 문집(文集)의 목판이 80% 이상을 차지한다는 점이다.[4]

---

1) https://heritage.unesco.or.kr/%ED%95%9C%EA%B5%AD%EC%9D%98-%EC%9C%A0%EA%B5%90%EC%B1%85%ED%8C%90/

2) 한국의 유교책판 등재 과정을 비롯한 전반적인 사항은 다음을 참조. 박순, 『유교책판』, 민속원, 2020.

3) 특히 다음의 연구 참조. 한국국학진흥원 기획, 『목판의 행간에서 조선의 지식문화를 읽다』, 글항아리, 2014.

4) 한국의 유교책판은 총 718종, 64,226장의 목판으로 구성되며, 이 중 개인 문집이 583종(81.2%)으로 가장 큰 비중을 차지하고 있다. 이외에도 성리서 52종(7.2%), 족보 및 연보 32종(4.5%), 예학서 19종(2.6%), 역사서 18종(2.5%), 훈몽서 7종(1.0%), 지리지 3종(0.4%), 기타 4종(0.6%) 등이 포함된다. 박순, 『유교책판』, 민속원, 2020

주지하듯, 조선시대 개인 문집은 저자들이 당대 지역 공동체에 적극적으로 참여했던 구체적인 삶을 확인할 수 있는 기록이다. 여기에 더해 목판이라는 매체가 항구적 보존이라는 목적 아래 선택되는 것이라는 점을 고려한다면[5], 한국의 유교책판에서 개인 문집 비중이 높다는 점은 문집에 담긴 당대 지식인의 사회 참여적 삶의 기록을 항구적으로 보존하고자 한 유교적 지향의 한 모습을 보여준다고 해석할 수 있게 된다.

그렇다면 이 방대한 유교책판 속에서 개인 문집과는 성격이 다른 자료, 예를 들어 성리서, 예학서, 족보, 연보, 역사서, 지리지 등과 같은 문헌들을 통해서는 어떤 의미를 발견할 수 있을까?[6] 특히 유교책판 중에는 성리학 관련 저술, 즉 '성리서'로 분류된 52종의 목판이 포함되어 있는데, 이는 유교책판이 앞서 언급한 개인 문집의 기록을 전승한다는 차원 외에도 유학의 이론적이고 철학적인 사유를 집적하고 공유한다는 측면에서도 접근될 수 있음을 고려하게 한다.

사실 한국의 유교책판이 세계기록유산에 등재되면서 부여받은 세계적 중요성은 '공론'에 의한 제작, '공동체 출판', 그리고 '집단지성'의 성과라는 점이다.[7] 이러한 특징은 한국의 유교책판의 의미를 "선학과 후학이 책을 통하여 서로 소통하는 'Text Communication'의 원

참조.

5) 송정숙, 「지식과 정보 전달 매체로서의 목판」, 『목판의 행간에서 조선의 지식문화를 읽다』, 글항아리, 2014.

6) 기존 연구에서 한국국학진흥원 소장 목판 가운데 개인 문집 외 자료에 대해 분석된 바 있다. 옥영정, 「한국국학진흥원 소장 族譜, 童蒙書, 地誌, 日記類 등 책판의 성격과 가치」, 『대동문화연구』 70, 2010. 참고로 이 연구에서는 본고에서 주목한 『병명발휘』와 관련해서 '기타'로 분류하며 소개하였다. 87쪽 참조.

7) https://heritage.unesco.or.kr/%ED%95%9C%EA%B5%AD%EC%9D%98-%EC%9C%A0%EA%B5%90%EC%B1%85%ED%8C%90/

형"이라고 소개하고 있는 데서도 잘 드러난다. 그러한 측면에서 이 글은 한국의 유교책판이 문헌을 통해 과거와 현재의 인물과 사유가 만나 교류하는 장을 마련한다는 측면을 보여주는 한 사례로서 『병명발휘(屛銘發揮)』 목판본에 주목하고자 한다.

『병명발휘』는 퇴계 이황(1501~1570)의 「병명(屛銘)」에 대해 대산 이상정(1711~1781)이 상세한 해설을 추가한 문헌이다. 특히 『병명발휘』는 16세기 이황에 의해 요순으로부터 주희까지 이어진 유학의 도(道)가 함축적으로 표현된 「병명」을 모태로 하여, 18세기에 「병명」을 주자학적 유학 이해에 기반하여 해석하는 데 도움이 되는 문헌들을 집성해 놓은 책이며, 최종적으로는 20세기 초 목판으로 제작되기도 한다. 이 글에서는 『병명발휘』의 이러한 특징을 유학의 도(道)의 이어짐이라는 차원에서 조망함으로써, 『병명발휘』의 목판 제작이 유학적 사유의 축적을 보여주며 한국의 유교책판 전체에 부여된 '선학과 후학의 소통'이라는 평가를 구체적으로 확인할 수 있게 해주는 사례임을 보이고자 한다.

2. 이황의 「병명」

이 글에서 주목하는 『병명발휘』 목판은 1900년에 제작되어 책자로 간행되었으며,[8] 이후 1936년에도 재차 인쇄된다.[9] 그렇지만 이 책은 원래 18세기 대산 이상정이 퇴계 이황의 「병명」의 구절들을

---

8) 李重明의 『병명발휘』 발문 참조. 국립중앙도서관 소장본(청구기호: 우촌古1250-14)
9) 국립중앙도서관 소장본(청구기호 : 한古朝17-136) 외 다수.

이해하는 데 필요한 경전과 신유학자들의 발언들을 추려 모아 덧붙인 저술이다.[10] 물론 20세기 초 『병명발휘』를 목판으로 제작하여 간행한 주체는 이상정과 그의 학문적 계승자라 할 수 있는 후산 이종수(李宗洙, 1722~1797)의 후손들이었다.[11] 그렇다면 우선은 『병명발휘』 목판 제작으로부터 선조의 문헌을 항구적으로 보존하려는 목적을 예상할 수 있다.

다만 『병명발휘』 목판 제작의 의미를 보다 풍성하게 읽어내기 위해서는 그것의 출발점이 되는 이황의 「병명」부터 살펴볼 필요가 있다.[12] 이렇게 접근하면, 20세기 초라는 『병명발휘』의 목판 제작 시점에서 거슬러 올라가 『병명발휘』가 편찬된 18세기를 거쳐 16세기 중엽에 이르게 된다. 정확히는 1566년 1월이다.[13] 이 해에 퇴계 이황은 그의 제자 중 한 명인 학봉 김성일(1538~1593)에게 「병명」을 지어 준다. 김성일의 연보에서는 이때를 이렇게 기술한다.

○ 1월에 도산에서 돌아왔다. – 당시에 퇴계 선생께 새로이 소명이 내렸다.

○ 퇴계 선생이 「병명」을 써 주었다. – 요순 이래로 성현들이 서로 전한 심법을 차례로 적었는데, '요흠순공(堯欽舜恭)'[14]으로부터 '연원정맥(淵

10) 柳致明, 「大山先生謚狀」, 『定齋先生文集』 권31; 許傳, 「大山李先生謚狀」, 『性齋先生文集』 권31; 李南珪, 「大山先生謚狀」, 『修堂遺集』 5책 등 참조.

11) 李重明의 『병명발휘』 발문 참조. 국립중앙도서관 소장본(청구기호: 우촌古1250-14)

12) 「題金士純屛銘」라는 제목으로 『退溪先生文集』 권44에 수록되어 있다. 기존 연구로는 다음을 참조. 이명수, 「퇴계 이황의 「병명」과 그 사상적 의의」, 『한국사상과 문화』 19, 2003.

13) 『鶴峯先生文集』 附錄 권1, 「年譜」. 1566년 조.

14) 『퇴계선생문집』과 『학봉선생문집』 등에는 '堯欽舜一'로 되어 있다. '堯欽舜恭'으로 이황의 「병명」을 수록하고 있는 것으로 다음을 참조. 宋浚吉, 「寫進春宮先賢格言屛幅跋」, 『同春堂先生文集』 권16.

源正脈)'에 이르기까지 모두 80자를 손수 써서 주었으니, 대개 그 은밀히 부탁하는 뜻이 우연한 것이 아니었다.

「병명」은 각 구절이 네 글자로 이루어진 4언체로, 총 20구 80자로 구성된 간결하면서도 함축적인 글이다. 그 전문은 다음과 같다.[15)]

요는 공경하고 순은 한결같았으며, 堯欽舜一,
우는 경건하고 탕은 두려워하였네. 禹祗湯慄.
공경하고 삼가는 문왕의 마음, 翼翼文心,
광활하게 활짝 트인 무왕의 황극. 蕩蕩武極.

주공은 종일 힘쓰고도 저녁에 두려움을 말하였고, 周稱乾惕,
공자는 발분하며 즐거움을 말하였네. 孔云憤樂.
증자는 반성하며 전전긍긍하였고, 曾省戰兢,
안자는 극기복례를 실행하였네. 顔事克復.

경계하고 두려워하며 마음의 기미를 살피고, 戒懼愼獨,
명과 성으로 도를 이루었네. 明誠凝道.
마음을 잡아 보존하여 하늘을 섬기고, 操存事天,
정직과 도의로 호연지기를 길렀네. 直義養浩.
고요함을 주로 하여 욕심을 없애니, 主靜無欲,
마음이 광풍제월처럼 되었네. 光風霽月.
풍월을 읊조리며 돌아오니, 吟弄歸來,
햇살처럼 따뜻하고 산처럼 굳세었네. 暘休山立.

정제하고 엄숙하며, 整齊嚴肅,
전일을 주로 하여 흔들림이 없었네. 主一無適.

---

15) 번역은 다음을 참조. 이황, 이광호 번역, 『퇴계집』, 한국고전번역원, 2017.

넓게 배우고 예로 단속함을 모두 지극하게 하였으니,	博約兩至,
유학의 연원이 되는 바른 줄기였네.	淵源正脈.

퇴계 이황이 제시한 80자 「병명」의 전체 주제는 유학의 도통(道統)이다. 「병명」은 고대 성군인 요 임금의 공경함[欽],[16] 순 임금의 한결같음[一],[17] 우 임금의 경건함[祗],[18] 탕 임금의 두려워함[慄][19]으로 유학의 심법의 연원을 제시하며 시작한다. 이어 주나라 문왕의 공경하고 삼가는 마음[翼翼文心][20]과 무왕의 광활하게 트인 마음[蕩蕩武極],[21] 그리고 아침부터 저녁까지 근신하며 두려워한 주공의 자세[周稱乾惕][22]를 통해 유학적 도의 구현을 위한 심법의 다양한 양상을 계보화하여 보여준다.

사실 이것들은 모두 이들의 행적과 언행을 담고 있는 대표적인 유가 경전, 『서경』과 『시경』, 『주역』에 기반한다. 이로 인해 「병명」 자체만으로 이 내용을 이해하는 데 다소간의 어려움이 생긴다. 하나 혹은 두세 개의 키워드로 제시된 각 인물의 핵심이 실은 유가 경전에 실린 방대한 서사를 압축하여 놓은 것이기 때문이다. 아마도 이것이 후술할 『병명발휘』가 편찬되는 이유 가운데 하나일 것이다.

---

16) 『서경』 「요전」 1장. "欽明文思安安, 允恭克讓." 이하 「병명」 구절 해석을 위한 인용문은 『병명발휘』에 제시된 것을 따른다.

17) 『서경』 「대우모」 15장. "人心惟危, 道心惟微, 惟精惟一, 允執厥中."

18) 『서경』 「우공」 100장. "祗台德先, 不距朕行."

19) 『서경』 「탕고」 6장. "慄慄危懼, 若將隕于深淵."

20) 『시경』 「문왕지십 · 대명(大明)」. "維此文王, 小心翼翼, 昭事上帝, 聿懷多福, 厥德不回, 以受方國."

21) 『서경』 「홍범」 14장. "無偏無陂, 遵王之義, 無有作好, 遵王之道, 無有作惡, 遵王之路, 無偏無黨, 王道蕩蕩, 王道蕩蕩, 無黨無偏, 王道平平, 無反無側, 王道正直, 會其有極, 歸其有極."

22) 『주역』 「건 · 구삼」. "君子終日乾乾, 夕惕若, 厲无咎."

다시 「병명」으로 돌아오면, 성왕과 현신이 유학적 공동체를 운영하기 위해 유념했던 삶의 태도로서 다루어졌던 이 심법은 공자에 이르러 학문함의 즐거움과 연관하여 서술된다. 이황은 공자를 묘사하는 핵심 키워드로 '분(憤)'과 '락(樂)'을 제시한다. 우선 자로에게 공자가 자신의 인물됨을 알려주며 한 말인 "(모르는 것이 있으면) 분발하며 먹는 것도 잊고, (그것을 알게 되면) 즐거워 근심도 잊는다"[23]를 통해 공자의 호학(好學)의 면모를 보여준다. 이어서 「병명」은 공자의 제자 증자를 통해 자기반성에 치열했고,[24] 그러하였기에 죽음을 앞두고 진지했던 삶의 태도를 술회했던[25] 장면을 이야기한다. 그리고 또 한 명의 공자의 제자 안자는 『논어』 극기복례 장[26]에서 확인되는 내면과 외면에 대한 수양과 그것의 지속적인 실천으로 유학의 심법을 구현한 인물로 그려진다.

「병명」은 "경계하고 두려워하며 마음의 기미를 살피고, 명과 성으로 도를 이루었네[戒懼愼獨, 明誠凝道]"라는 구절을 통해, 이러한 심법의 전수가 자사와 『중용』으로 이어지고, 그것이 계신공구와 신독이라는 마음 공부의 방법,[27] 천도와 인도의 구도 안에서 인간이 걸어가야 하

23) 『논어』 「술이」 18장. "葉公問孔子於子路, 子路不對. 子曰, 女奚不曰, 其爲人也, 發憤忘食, 樂以忘憂, 不知老之將至云爾."

24) 『논어』 「학이」 4장. "曾子曰, 吾日三省吾身. 爲人謀而不忠乎, 與朋友交而不信乎, 傳不習乎."

25) 『논어』 「태백」 3장. "曾子有疾, 召門弟子曰, 啓予足, 啓予手. 詩云, 戰戰兢兢, 如臨深淵, 如履薄冰, 而今而後, 吾知免夫. 小子."

26) 『논어』 「안연」 1장. "顔淵問仁. 子曰, 克己復禮爲仁. 一日克己復禮, 天下歸仁焉. 爲仁由己, 而由人乎哉? 顔淵曰, 請問其目. 子曰, 非禮勿視, 非禮勿聽, 非禮勿言, 非禮勿動. 顔淵曰, 回雖不敏, 請事斯語矣."

27) 『중용』 1장. "道也者, 不可須臾離也, 可離非道也. 是故君子戒愼乎其所不睹, 恐懼乎其所不聞. 莫見乎隱, 莫顯乎微, 故君子愼其獨也."

는 묵묵한 실천의 길을 제시[28]한 데서 확인됨을 보여준다. 그리고 이황은 "마음을 잡아 보존하여 하늘을 섬기고[操存事天], 정직과 도의로 호연지기를 길렀네[直義養浩]"라는 구절을 통해 맹자가 제시한 심법의 길 역시 유학의 도통 안에 위치시킨다. '조존사천'은 『맹자』 우산지목장에서 맹자가 인용한 공자의 말, "잡으면 보존되고 놓으면 잃어서, 나가고 들어옴이 정한 때가 없으며, 그 방향을 알 수 없는 것은 오직 사람의 마음을 두고 말한 것이다"[29]와 「진심 상」 1장에서 "그 마음을 보존하고 그 본성을 기르는 것이 하늘을 섬기는 방법이다"[30]라고 말한 대목을 축약한 것으로, 자신의 마음을 잡아 본래의 선함을 보존하며 길러냄이 곧 하늘의 뜻을 받드는 삶의 모습임을 말한 것이다. 또 '직의양호' 역시 『맹자』 호연지기 장에서 가져온 것으로, 일상생활 속에서 끊임없이 의(義)를 실천하고 쌓아가는 것[集義]이 천지 사이에 가득 찬 크고 강한 기운인 호연지기를 길러나가는[養浩], 또 하나의 심법의 방식임에 주목한 것이다.[31] 이황은 이처럼 요순으로부터 시작하여 우, 탕, 문왕, 무왕, 주공을 거쳐, 공자와 공자의 문인 증자와 안자, 그리고 자사와 맹자에까지 이르는 유학의 심법과 그 방식을 계보화하여 제시한 뒤, 송대 신유학으로 이어간다.

이황은 먼저 '고요함을 주로 하여 욕심을 없애니[主靜無欲], 마음이

---

28) 『중용』 21장. "自誠明, 謂之性. 自明誠, 謂之教. 誠則明矣, 明則誠矣."; 『중용』 27장. "大哉聖人之道. 洋洋乎, 發育萬物, 峻極于天. 優優大哉, 禮儀三百, 威儀三千. 待其人而後行. 故曰苟不至德, 至道不凝焉. 故君子尊德性而道問學, 致廣大而盡精微, 極高明而道中庸. 溫故而知新, 敦厚以崇禮."

29) 『맹자』 「고자 상」 8장. "孔子曰, 操則存, 舍則亡. 出入無時, 莫知其鄕. 惟心之謂與?"

30) 『맹자』 「진심 상」 1장. "存其心, 養其性, 所以事天也."

31) 『맹자』 「공손추 상」 2장. "我善養吾浩然之氣. … 其爲氣也, 至大至剛, 以直養而無害, 則塞于天地之間. 其爲氣也, 配義與道. 無是, 餒也. 是集義所生者, 非義襲而取之也. 行有不慊於心, 則餒矣. 我故曰, 告子未嘗知義, 以其外之也. 必有事焉而勿正, 心勿忘, 勿助長也."

광풍제월처럼 되었네[光風霽月]'라고 하면서 염계 주돈이(1017~1073)를 등장시킨다. 이황은 주돈이가 「태극도」와 「태극도설」의 세계와 인간에 대한 이해에 기반하며 강조한 '주정'32)과 '무욕'33)에 주목한다. 이황은 인간 마음 본연의 고요한 상태를 유지하고 스스로 욕심을 극복하여 없애는 것에서 주돈이의 지향을 읽어낸다. '광풍제월'은 비가 개고 맑은 바람과 밝은 달을 뜻하는데,34) 이는 당시에도 주돈이의 고결한 인품과 그가 추구했던 마음의 경지를 상징하는 표현이었다.

이어 이황은 '풍월을 읊조리며 돌아오니[吟弄歸來], 햇살처럼 따뜻하고 산처럼 굳세었네[揚休山立]'라는 구절을 통해 명도 정호(1032~1085)를 주돈이 다음에 위치시킨다. '음롱귀래'는 정호가 스승 주돈이를 찾아뵙고 돌아와서 한 말로 이 만남을 통해 정호는 공자가 칭찬했던 증자의 기상(氣象)을 느꼈다고 전한다.35) 참고로 주희는 이 증점의 기상을 통해 유행하는 천리와 제 자리에서 제 삶을 실현하고 있는 천지 속 만물과의 교감을 읽어낸다.36) 또 '양휴산립'은 주희가 작성한 「정명도화상찬(程明道畫像贊)」의 말로, 봄볕처럼 따스하게 만물을 감싸 안으면서도[揚休], 동시에 산처럼 굳건히 서서 흔들림 없는[山立] 그의 인품을 찬탄한 말이었다.37)

---

32) 주돈이, 「태극도설」. "聖人定之以中正仁義而主靜, 立人極焉."

33) 주돈이, 『통서』「聖學」. "或問, 聖可學乎? 曰可. 有要乎? 曰有請問焉. 曰一爲要. 一者無欲也. 無欲則靜虛動直, 靜虛則明, 明則通, 動直則公, 公則溥, 明通公溥, 庶矣乎."

34) 황정견, 「濂溪詩序」. "周茂叔人品甚高, 胷中灑落, 如光風霽月."

35) 『이락연원록』 권1 「濂溪先生 · 遺事」. "明道先生自再見周茂叔後, 吟風弄月以歸, 有吾與點也之意."

36) 『논어집주』, 「선진」 25장. "曾點之學, 蓋有以見夫人欲盡處, 天理流行, 隨處充滿, 無少欠闕. 故其動靜之際, 從容如此. 而其言志, 則又不過卽其所居之位, 樂其日用之常, 初無舍己爲人之意. 而其胸次悠然, 直與天地萬物上下同流, 各得其所之妙, 隱然自見於言外."

37) 주희, 「六先生畫像贊 · 明道先生」『朱子大全』 권85. "揚休山立, 玉色金聲, 元氣之會, 渾然

다음으로 이황은 정호의 동생, 이천 정이(1033~1107)에 대해서 '정제하고 엄숙하며[整齊嚴肅], 전일을 주로 하여 흔들림이 없었네[主一無適]'라는 구절로 표현한다. '정제엄숙'은 몸가짐을 단정히 하고 엄숙하게 유지하는 것으로, 정이가 강조했던 '경(敬)' 공부의 핵심이다.[38] '주일무적'은 마음을 오로지 하나에 집중하여 다른 곳으로 흩어지지 않도록 하는 것으로, 이 또한 '경'의 상태의 마음에 대한 대표적인 설명 가운데 하나이다.[39] 이 지점에서 이황이 유학의 심법의 전개를 정이가 제시한 경으로 이어진다고 봄을 알 수 있다.

마지막으로 이황은 회암 주희(1130~1200)에 대해서, '넓게 배우고 예로 단속함을 모두 지극하게 하였으니[博約兩至], 유학의 연원이 되는 바른 줄기였네[淵源正脈]'라고 평가하며 심법과 도통의 핵심을 성취한 인물로 제시한다. '박약양지'는 주희가 『논어』를 통해 강조했던 널리 배우고[博文] 예로써 요약하는[約禮] 공부, 즉 앎과 실천이 모두 지극한 경지에 이르렀음을 의미한다.[40] 이황은 주희가 요순으로부터 시작된 유학의 심법의 근원과 바른 맥락을 명확히 잇고 있다고 평가하는데, 이는 결국 주희를 통해 유학의 정통이 확립되었음을 보인 것이라고 할 수 있다.

결국 이황이 김성일에게 전한 「병명」에는 앞서 김성일의 연보 기록에서 언급된 바와 같이 "요순 이래로 성현들이 서로 전한 심법"이

天成, 瑞日祥雲, 和風甘雨, 龍德正中, 厥施斯普."

38) 『이정유서』 권15. "一者無他, 只是整齊嚴肅, 則心便一. 一則自是無非僻之干. 此意但涵養久之, 則天理自然明."; "嚴威儼恪, 非敬之道, 但致敬須從此入."

39) 『이정유서』 권15. "人心不可二用. 用一事, 則他事更不能入者, 事爲之主也. 事爲之主, 尙無思慮紛擾之患, 若主敬, 又焉有此患乎. 所謂敬者主一之謂敬, 所謂一者無適之謂一, 且欲涵泳主一之義. 不一, 則二三矣, 至於不敢欺, 不敢慢, 尙不愧于屋漏, 皆是敬之事也." 등.

40) 이방자, 「주자연보」. "博文約禮, 兩極其至者, 先生一人而已."

기술되어 있으면서도 그 심법이 송대 주돈이, 정호, 정이를 거쳐 주희에게서 체계화되었다는 이해도 함께 담겨있다. 즉, 「병명」은 유학의 역대 성현들이 유학의 도를 체득하고 전수해 온 모습과 방식, 그리고 그것의 실현 방법으로서 '경'과 그에 기반한 앎과 실천의 노력을 종합적으로 문인에게 전하기 위해 작성한 것이라고 할 수 있다.

여기서 이 글에서 새삼 주목하고자 하는 바는, 이처럼 이황이 「병명」을 지어 제자 김성일에게 전했던 1566년 1월이, 요순에서 시작하여 우, 탕, 문, 무, 주공을 거쳐 공자와 증자, 안자 그리고 자사와 맹자에 이르고, 송대의 주돈이, 정호, 정이를 지나 주희에 의해 종합되며, 그것이 다시 조선의 이황 자신에게까지 이어져 온 유학의 심법과 도가, 그의 문인 김성일에게 다시 한번 이어지는 순간이라는 것이다. 이 '이어짐'의 순간은 약 150여 년의 세월이 흐른 18세기에 이르러, 또 다른 방식과 의미를 더하여 재현된다. 바로 이상정에 의한 『병명발휘(屛銘發揮)』의 편찬을 통해서이다.

3. 이상정의 『병명발휘』와 목판 간행

이황이 「병명」을 작성한 1566년부터 약 150여 년이 흐른 시점에 대산 이상정(1711~1781)은 「병명」의 의미를 잘 드러내고자 『병명발휘』라는 제목의 책을 편찬한다. 수당 이남규(1855~1907)가 작성한 이상정의 「시장(諡狀)」에서는 이 책에 대해 다음과 같이 설명한다.

『병명발휘』는 학봉 김 선생이 퇴도 선생으로부터 받은 글을 취해서

각 장마다 그 본문을 제시하고 거기에 여러 선비들이 언급한 요지들을 붙인 것으로 곧 사도(斯道)의 전수 과정을 밝힌 것인바, 만년에 자임한 바가 실로 무거운 것이었음을 여기에서 은연중 살필 수 있다.[41]

『병명발휘』는 18세기의 학자 이상정이, 16세기에 이황이 제자 김성일에게 지어준 80자의 「병명」 각 구절의 의미를 보다 주자학적 이해에 기반하여 해석할 수 있도록 편찬한 주해서이다. 이를 위해 이상정은 그와 관련된 경전의 구절들과 역대 신유학자들의 발언 및 해설들을 모아 「병명」의 각 구절 아래에 배치한다. 그러한 점에서 이 책은 「병명」의 구체적 함의를 확인할 수 있는 일종의 자료집 성격도 갖는다.

『병명발휘』는 「병명」의 원문 20구 80자를 주해의 대상으로 삼아 구성된다. 이상정은 이 80자를 의미상 연결되는 두 구절, 여덟 글자씩 짝을 지어 10개의 항목으로 구성한다. 10개의 항목은 다음과 같다.

① 堯欽舜一, 禹祗湯慄.	② 翼翼文心, 蕩蕩武極.
③ 周稱乾惕, 孔云憤樂.	④ 曾省戰兢, 顔事克復.
⑤ 戒懼愼獨, 明誠凝道.	⑥ 操存事天, 直義養浩.
⑦ 主靜無欲, 光風霽月.	⑧ 吟弄歸來, 揚休山立.
⑨ 整齊嚴肅, 主一無適.	⑩ 博約兩至, 淵源正脈.

『병명발휘』에서 항목화한 이황의 「병명」 열 구절에는 해당 구절의 사상적 연원이나 직접적인 전거가 되는 유학 경전의 관련 부분, 선대 신유학자들의 주요 논설을 인용하여 배치한다. 이 과정을 통해 이황이 네 글자나 여덟 글자로 표현한 인물과 관련 키워드들은 그 이

41) 李南珪, 「大山先生謚狀」, 『修堂遺集』 5책. 번역은 한국고전종합DB의 홍승균 역, 1999.

면에 자리하고 있는 유학적 배경과 맥락 속에서 해석되게 된다. 예를 들면 다음과 같다.

① 堯欽舜一, 禹祗湯慄

①-1 『서경』 「요전」 1장: 欽明文思安安, 允恭克讓.

①-2 『서경』 「대우모」 15장: 人心惟危, 道心惟微, 惟精惟一, 允執厥中.

①-3 『서경』 「우공」 100장: 祗台德先, 不距朕行.

①-4 『서경』 「탕고」 6장: 慄慄危懼, 若將隕于深淵.

② 翼翼文心, 蕩蕩武極.

②-1 『시경』 「문왕지십 · 대명(大明)」: 維此文王, 小心翼翼, 昭事上帝, 聿懷多福, 厥德不回, 以受方國.

②-2 『서경』 「홍범」 14장: 無偏無陂, 遵王之義, (…) 無偏無黨, 王道蕩蕩, (…) 會其有極, 歸其有極.

이상은 전체 열 개의 항목 가운데 첫 두 사례이다. 이러한 방식의 주해를 통해 『병명발휘』는 「병명」의 요, 순, 우, 탕에 관한 기술이 모두 『서경』의 구절들로부터 온 것이며, 문왕과 무왕에 관한 언급은 각각 『시경』과 『서경』으로부터 온 것임을 알려준다. 이 글의 앞 절에서 이황의 「병명」에 대해서 해설하면서 간략히 다루기는 하였지만, 사실 「병명」의 구절만으로 이황의 취지나 해당 구절의 함의를 선명하게 읽어내기는 쉽지 않다. 이상정은 「병명」에서 상징적이고 압축적인 어휘로 표현되었던 유학의 도를 이어온 인물과 그들의 삶, 사유를 보다 풍성하게 읽어낼 수 있도록, 그것의 유학 경전과 유학 전통과의 연결점을 보여준다.

『병명발휘』의 마지막 열 번째 항목은 이와는 조금 다르다. 유학의 경전이 아닌 선대 신유학자들의 저작을 통해 주희에 대한 「병명」의 구절을 부연한다.

⑩ 博約兩至, 淵源正脈.

⑩-1 이방자, 「주자연보」: 果齋李氏曰, 先生之道之至 (…)

⑩-2 황간, 「주자행장」: 勉齋黃氏撰行狀曰, 先生之爲學也 (…)

그런데 이상정의 『병명발휘』 편찬 작업은 여기서 그치지 않는다. 이상정은 자신이 제시한 「병명」의 전거에 해당하는 경전 구절이나 신유학자들의 글에 대하여, 주희 혹은 그의 문인의 주석이나 해석, 나아가 조선의 주자학자, 정확히는 이황에 대해 그의 문인들이 언급한 글을 추가로 인용한다.[42] 예를 들면 다음과 같다.

① 堯欽舜一, 禹祗湯慄

①-1 『서경』 「요전」 1장: 欽明文思安安, 允恭克讓.

①-1-1 『서집전』 「요전」 1장 주석: 蔡氏曰, 欽, 恭敬也 (…)

①-1-2 『주자어류』 12:70: 朱子曰, 堯是初頭出治第一箇聖人 (…)

①-1-3 『주자어류』 7:11: 又曰, 敬是徹上徹下工夫 (…)

①-2 『서경』 「대우모」 15장: 人心惟危, 道心惟微, 惟精惟一, 允執厥中.

①-2-1 「중용장구서」: 朱子曰, 心之虛靈知覺 (…)

①-3 『서경』 「우공」 100장: 祗台德先, 不距朕行.

①-3-1 『서집전』 「우공」 100장 주석: 蔡氏曰, 惟敬德以先天下 (…)

①-4 『서경』 「탕고」 6장: 慄慄危懼, 若將隕于深淵.

①-4-1 『서집전』 「탕고」 6장 주석: 蔡氏曰, 天使我輯寧爾邦家 (…)

①-4-2 『시경』 「상송(商頌) · 장발(長發)」: 聖敬日躋.

①-4-2-1 『주자대전』 「경연강의」 등: 朱子曰, 成湯之聖 (…)

①-4-2-2 『주자어류』 17:55: 又曰, 湯工夫全在敬字上看來 (…)

---

42) 월천 조목의 「언행총록」과 학봉 김성일의 언행록이 인용되어 있다.

『병명발휘』는 첫 번째 항목 “① 堯欽舜一, 禹祗湯慄”에서 「병명」이 『서경』을 통해 요, 순, 우, 탕과 관련한 유학의 전통 개념을 흠(欽), 일(一), 지(祗), 율(慄)로 표현했음을 밝힌 뒤,(①-1, ①-2, ①-3, ①-4) 해당 개념과 그 원 출전을 이해하는 데 도움이 되는 주자학적 해석을 연이어 제시한다. 『서경』에 대한 주희 문인 채침의 주석(①-1-1, ①-3-1, ①-4-1)은 물론 그와 관련된 주희의 발언(①-1-2, ①-1-3)을 함께 수록하는 것이다.

한 가지 유의할 것은 『서경』에 등장하는 16자 심법에 관한 구절은 채침의 『서집전』이 아니라 주희의 「중용장구서」(①-2-1)를 통해 보완하고 있으며, 탕의 ‘두려워함[慄]’과 관련해서는 『서집전』의 주석 외에도 『시경』(①-4-2)과 그에 대한 주희의 설명을 『주자대전』(①-4-2-1)과 『주자어류』(①-4-2-2)를 통해 수록하고 있다는 점이다.

이는 두 번째 항목 “② 翼翼文心, 蕩蕩武極”을 통해서도 확인된다.

② 翼翼文心, 蕩蕩武極.

②-1 『시경』 「문왕지십 · 대명(大明)」: 維此文王, 小心翼翼, 昭事上帝, 聿懷多福, 厥德不回, 以受方國.

②-1-1 『시집전』 「문왕지십 · 대명」 주석: 朱子曰, 小心翼翼 (…)

②-1-2 (미상) 輔氏曰, 昭事上帝, 言文王之敬 (…)

②-1-3 (미상) 朱氏曰, 聖人之德, 敬爲大 (…)

②-1-4 『시경』 「문왕지십 · 문왕(文王)」: 穆穆文王, 緝熙敬止.

②-1-4-1 『대학장구』 「전3장」 주석: 朱子曰, 穆穆深遠之意

②-1-5 『시경』 「문왕지십 · 사제(思齊)」: 雝雝在宮, 肅肅在廟, 不顯亦臨, 無射亦保.

②-1-5-1 『시집전』 「문왕지십 · 사제」 주석: 朱子曰, 文王在閨門之內 (…)

②-1-5-2 (미상) 眞氏曰, 此詩言文王之在宮中 (…)

②-2『서경』「홍범」14장: 無偏無陂, 遵王之義, (…) 無偏無黨, 王道蕩蕩, (…) 會其有極, 歸其有極.

②-2-1 **蔡氏曰, 偏不中也 (…)**

『병명발휘』가 이러한 편찬 방식, 즉 원 출전 경전에 대한 주희 및 주자학자들의 해석을 제시하는 방식을 택함으로써, 「병명」의 인물과 사유들은 한편으로는 유학적인 것이면서도 다른 한편으로는 주자학이라는 해석의 틀 안에서 연속성을 갖는 것들로 구성된다. 결국 이러한 작업은 이황을 조선에서 유학의 도통을 주자학적 입장에서 계승한 인물로 그려내며, 그의 문인 김성일 역시 이 도통 안에 자리하게 한다. 그리고 이상정의 『병명발휘』 편찬 역시 조선에서 진행된 주자학적 도통의 이어짐의 과정에 참여하는 행위로 해석할 수 있게 된다.

이상정은 선학의 학문을 기반으로 이 책을 편찬했고, 후학들은 이 책을 통해 이상정과 김성일, 이황은 물론 주희로부터 요순까지 거슬러 올라가며 유학의 도를 공유할 수 있게 된다. 이처럼 『병명발휘』는 유학이라는 하나의 지적 전통이 이어지는 방식을 보여주는 자료이다.[43] 요컨대, 『병명발휘』는 16세기 중엽 조선에서 이황이 문인 김성일에게 요순으로부터 주희까지의 유학의 도통을 간명하게 짚어내 전해주었던 「병명」을, 18세기에 이르러 유학 경전을 비롯한 수많은 신유학의 문헌 자료를 선별, 집성하여 놓음으로써, 유학의 도의 이어짐을 지속하고자 하는 시도, 즉 앞서 언급한 "선학과 후학이 책을 통하여 서로 소통하는 'Text Communication'의 원형"을 구현한 하나의 사례로 해석될 수 있다.

이렇게 18세기에 완성된 이상정의 『병명발휘』는 20세기 초 목판

43) 이러한 측면은 『병명발휘』의 유치명의 발문을 통해서도 엿볼 수 있다. 유치명, 「屛銘發揮跋」, 『定齋先生文集』 권23 참조.

(木板)으로 제작되어 유학적 가치의 이어짐과 관련한 사례를 다시 한번 제공한다. 1900년 이상정과 그의 문인 이종수의 후손들은 『병명발휘』를 목판으로 제작한다. 이 목판 간행의 의미를 파악하는 데 있어 당시 간행에 참여했던 이중명(李重明)이 작성한 발문[44]은 유학의 도의 이어짐을 세 단계로 조망할 수 있게 해준다.

> 아, 우리 퇴도(退陶:이황) 부자는 위로 고정(考亭:주희)의 실마리를 잇고 아래로 무궁한 학문을 열었는데, 요순 이래로 서로 전한 심법을 일일이 서술하여 병명으로 모아 지어서, 학봉 김선생(김성일)에게 만세토록 이어진 심학의 연원을 전해 주었으니, 이를 대체할 것은 없다.[45]

이중명의 「발문」에 따르면, 그 처음은 16세기 조선의 신유학자 이황에 의해 포착되어 「병명」을 통해 제자 김성일에게로 전해진, 요순으로부터 시작하여 우, 탕, 문, 무, 주공 그리고 공자와 안자, 증자, 자사와 맹자를 거쳐 송대 주돈이, 정호, 정이 그리고 주희에까지 이르며 심법이 전해진 과정이다.

다음은 이렇게 이황에게서 김성일에게로 전해진 「병명」이 약 150여 년이 지난 18세기 조선에서 이상정에 의해 보완되는 과정이다.

> 우리 선군자 대산 선생(이상정)이 부자(이황)가 학옹(김성일)에게 전해준 실마리를 보고서 「병명」의 의미를 장구별로 발휘하였는데, 훈석한 것이 어두운 거리를 밝히는 등불처럼 밝아 지남거와 같다. 부자의 공이 여기에서 커졌으니 (대산) 선생이 없었다면 그 말을 통해 그 마음을 얻을

---

44) 李重明의 『병명발휘』 발문. 국립중앙도서관 소장본(청구기호: 우촌古1250-14).

45) 李重明의 『병명발휘』 발문. "於休, 我退陶夫子, 上紹考亭之緖, 下啓無窮之學, 而歷敘堯舜以來, 相傳心法, 彙爲屛銘, 以與鶴峯金先生萬世心學之淵源, 無以易此."

수 없었을 것이다. 아, 아름답다. (대산) 선생이 일찍이 손수 한 책을 써서 후산 이선생(이종수)에게 주었으니, 지결을 수수함이 전후 같은 생각이다.[46]

이상정은 「병명」의 각 구절을 송대 이후 신유학자들의 유가 경전 해석은 물론 그와 관련된 논설들을 통해 부연하여 『병명발휘』를 편찬하며, 이것은 다시 그의 문인 이종수에게로 이어진다.

마지막은 이 『병명발휘』가 1900년을 전후한 시기, 조선의 이중명과 이기락(李基洛) 등 후손들에 의해 목판 제작을 기획하고 제작하여 책의 형태로 간행되는 과정이다.[47]

사실 목판을 제작하고 간행하는 데는 수많은 인력과 재원을 준비하고 관련된 작업 공간과 보관처도 마련하여야 할 뿐만 아니라, 완성까지 적지 않은 시간이 소요된다.[48] 이를 감안하면, 목판은 해당 텍스트의 내용을 항구적으로 보존하고 확산시키고자 하는 목적 아래 제작자들이 선택했던 매체라고 할 수 있다.[49] 바로 이황의 「병명」에서 시작하여 이상정의 『병명발휘』로 이어지고, 다시 그것을 1900년에 목판으로 간행한 것에서, 이황과 이상정의 학문이 20세기 초는 물론 그 이후의 시대에도 공유될 수 있도록 하겠다는 그들의 의도를 읽어낼

---

46) 李重明의 『병명발휘』 발문. "我先君子大山先生, 覦夫子之接鶴爺之緒, 發揮屛銘章句, 而訓釋之炳如昏衢之燭, 指南之車矣. 夫子之功於是爲大, 而微先生亦莫能因其語而得其心也. 於乎嫰矣. 先生嘗手書一冊, 以與后山李先生, 其授受旨訣, 前後一揆也."

47) 李重明의 『병명발휘』 발문. "晩生蒙學, 何敢與議其間耶. 特以后翁祀孫基洛氏, 以重明爲吾祖之孫, 命爲一言之識於後, 以爲兩家後承世守之資."

48) 손계영, 「책판 간행 이면의 조선 지식문화 저변」, 『목판의 행간에서 조선의 지식문화를 읽다』, 글항아리, 2014 참조.

49) 송정숙, 「지식과 정보 전달 매체로서의 목판」, 『목판의 행간에서 조선의 지식문화를 읽다』, 글항아리, 2014 참조.

수 있다는 것이다.

현재 통용되는 『병명발휘』는 바로 1900년 목판으로 제작된 『병명발휘』의 인쇄본이다. 「병명」과 『병명발휘』는 유학의 심법과 도가 요순으로부터 주희까지 이어지고, 그것이 다시 조선에서 16세기와 18세기를 거쳐 20세기까지 이어짐을 확인할 수 있게 해준다. 그리고 목판으로 제작된 『병명발휘』는 그 이어짐의 시간을 21세기 한국의 현재까지 확장시킴으로써, 항구적 보존이라는 목적 아래 과거와 현재, 그리고 미래를 잇는 'Text Communication'의 장을 마련한 하나의 사례로서 주목할 수 있게 한다.

4. 나오는 말

이 글은 유네스코 세계기록유산인 '한국의 유교책판' 중 대표적인 성리서이자 비-문집 자료인 『병명발휘』를 중심으로, 유학의 도의 '이어짐'이 어떠한 방식으로 진행되었고 현재화되는지를 살펴보고자 하였다. 16세기 퇴계 이황은 요순으로부터 주희에 이르는 유학의 도통과 심법을 「병명」이라는 80자의 간결한 글로 제자 학봉 김성일에게 전수한다. 그리고 그로부터 약 150년 후인 18세기, 대산 이상정은 이 「병명」의 의미를 구체화하고 부연하여 『병명발휘』를 편찬하고, 이를 다시 문인 후산 이종수에게 전한다. 또한 1900년을 전후한 시기, 이상정과 이종수의 후손들은 『병명발휘』를 목판으로 간행하여 그 내용을 항구적으로 보존하고자 한다.

이 글은 이러한 「병명」과 『병명발휘』 그리고 그것의 목판 제작

과정이 ‘한국의 유교책판’이 지닌 세계기록유산으로서의 가치, 즉 ‘선학과 후학이 문헌을 통하여 서로 소통하는 Text Communication의 원형’이자 ‘공론’에 의한 ‘공동체 출판’ 및 ‘집단지성’의 성과라는 평가를 확인할 수 있도록 해주는 하나의 사례임을 보이고자 하였다. 아마도 이것은 「병명」이라는 하나의 텍스트가 유학의 의미를 시간적 계보화를 통해 보이고 있으며, 그에 대한 보완과 목판 간행이라는 특징적 과정을 거쳤기 때문에 발견될 수 있는 지점일 것이다. 다만 이 글에서 주목한 ‘이어짐’이라는 키워드가 오랜 시간 동안 당대라는 현재의 시점에서 과거의 사유를 재구성하고 다시 미래로 발신하는 과정의 축적으로 이해됨으로써, 한국의 유교책판을 통한 유학의 한 특성을 짚어내는 데 기여할 수 있길 기대한다.

【참고문헌】

金誠一, 『鶴峯集』(한국고전종합DB, https://db.itkc.or.kr/)
柳致明, 『定齋集』(한국고전종합DB)
宋浚吉, 『同春堂集』(한국고전종합DB)
李南珪, 『修堂遺集』(한국고전종합DB)
李象靖, 『屛銘發揮』(국립중앙도서관 소장본, 청구기호: 우촌古1250-14, 청구기호: 한古朝17-136, https://www.nl.go.kr/)
李滉, 『退溪集』(한국고전종합DB)
許傳, 『性齋集』(한국고전종합DB)

박순, 『유교책판』, 민속원, 2020.
손계영, 「책판 간행 이면의 조선 지식문화 저변」, 『목판의 행간에서 조선의 지식문화를 읽다』, 글항아리, 2014.
송정숙, 「지식과 정보 전달 매체로서의 목판」, 『목판의 행간에서 조선의 지식문화를 읽다』, 글항아리, 2014.
옥영정, 「한국국학진흥원 소장 族譜, 童蒙書, 地誌, 日記類 등 책판의 성격과 가치」, 『대동문화연구』 70, 2010.
유네스코한국위원회 〈유네스코와 유산〉 heritage.unesco.or.kr
이명수, 「퇴계 이황의 「병명」과 그 사상적 의의」, 『한국사상과 문화』 19, 2003.
이황, 이광호 번역, 『퇴계집』, 한국고전번역원, 2017.

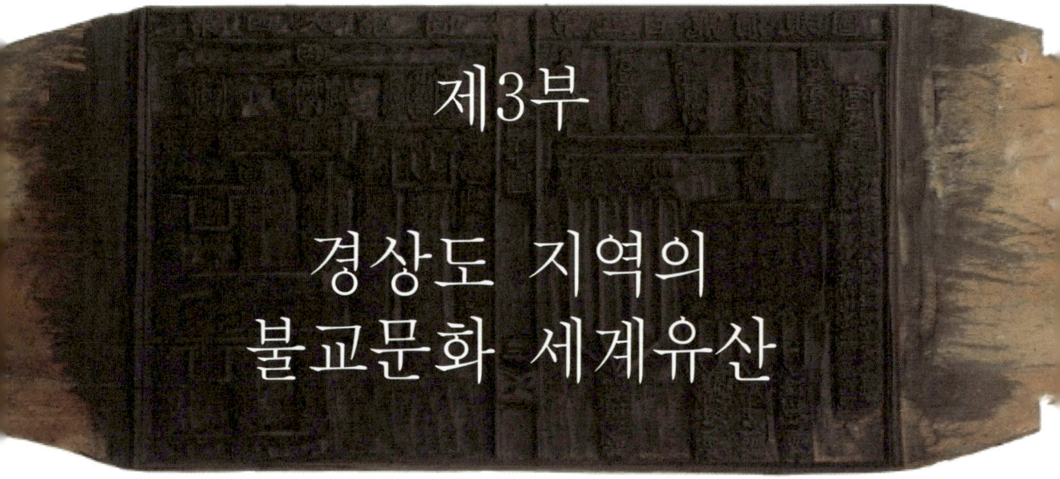

제3부

경상도 지역의 불교문화 세계유산

부석사 연기설화의 심미적 경험과 치유적 기능

박 재 현

1. 머리말

본 연구에서는 국제 문화유산으로 인정받은 한국 산사의 연기설화(緣起說話)를 심미적 경험(aesthetic experience)을 통한 심리치유적 기능을 중심으로 살펴본다. 2018년 '산사(山寺), 한국의 산지승원(Sansa, Buddhist Mountain Monasteries in Korea)이 한국의 13번째 유네스코 세계유산으로 등재되었다. 양산 통도사, 영주 부석사, 안동 봉정사, 보은 법주사, 공주 마곡사, 순천 선암사, 해남 대흥사 등 7곳이 지정 대상 사찰로 정해졌다. 사실상 한국의 산사 문화 전체가 세계유산으로 인정된 것으로 볼 수 있다. 산사는 7~9세기 창건된 이후 신앙・수도・생활의 기능을 유지한 종합 승원이라는 점에서 세계유산

필수 조건인 '탁월한 보편적 가치(OUV)'를 인정받았다.

지금까지 산사에 관한 연구는 그 지형적 위치나 공간 가람배치의 특징, 산사에 소재하고 있는 불교 문화재인 불상과 탑, 탱화 등에 관해서 주로 연구가 이루어졌다. 하지만 이러한 실물적 측면 못지않게 산사는 의례, 신행 활동, 각종 설화 등 비실물적 문화콘텐츠로서의 가치를 지니고 있다. 산사를 한국 고유의 문화유산이라는 측면만 강조하게 되면, 산사의 인문학적 의미와 가치를 밝히는 데는 오히려 한계로 작용할 수도 있다. 산사는 산중에 있는 오래된 건축물이라는 실물적 문화유산으로서의 가치에 더하여 심미적 경험을 통한 심리 치유의 효과를 가지고 있기 때문이다.

산사가 세계유산으로 인정받을 수 있었던 데에도, 그것이 출가자와 일반신자의 수행과 신앙, 생활이 현재까지도 이루어지고 있다는 점이 중요하게 작용했다. 산사 주위의 산과 계류 등 자연경관과 종교적 가치가 구현된 사찰 공간 구성 등도 가치를 인정받았지만, 더 중요한 부분은 승가 공동체의 종교 활동이 현재까지 변함없이 이어지고 있다는 점이 높은 평가를 받았기 때문이다. 이러한 진정성을 유지하는 중요한 힘은, 사찰 연기설화 서사(narrative)를 통해 이루어지는 심미적 경험이 이루어내는 심리 치유적 효과이다.

2002년 이후 한국불교는 템플스테이를 중심으로 K-컬처의 중요한 한 축을 이루었다. 이후 2018년 한국의 산사(山寺)가 유네스코 문화유산에 등재되었고, 산사에서 이루어지는 참선 수행은 'K-명상(K-meditation)'이라는 이름으로 시선을 끌고 있다. 이제 한국의 불교문화는 특정 지역의 이색적 문화로 받아들여지는 데서 그치지 않고 보편적 학술의 지평 위에서 조명될 필요가 있으며, 한국의 산사에서 이루어지는 심미적 경험과 심리적 치유를 인간 보편의 인문학적 관점에서 살펴볼 필요가 있다.

이에 본 연구에서는 유네스코 세계유산에 등재된 한국의 산사 가운데 하나인 부석사 창건과정에 얽힌 연기설화를 중심으로 성화(聖化, sanctification), 정화(淨化, Catharsis), 승화(昇華, Sublimation) 등 3가지 심리적, 미학적 코드를 통해 살펴볼 것이다. 사찰 연기설화의 내러티브를 통해 이루어지는 심미적 경험이 어떤 치유 효과를 이루어내고, 그것이 인간 보편의 문제에 어떻게 연결될 수 있는지 구체적인 사례를 통해 분석할 것이다. 산사에서 이루어지는 심미적 경험을 심리 치유적 관점에서 고찰함으로써 한국 산사를 인간 보편의 인문적 관점에서 논의할 수 있을 것이다.

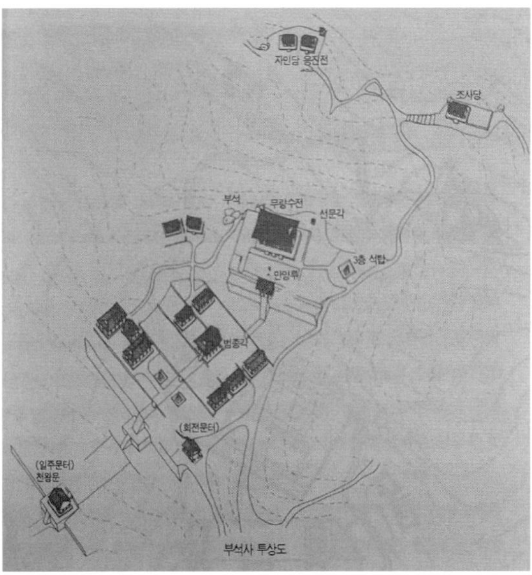

부석사 투상도와 선묘각의 위치

2. 부석사의 창건과 연기설화: 공간의 성화(聖化)

경상북도 영주 부석사는 신라의 승려 의상(義湘, 625~702)이 676년(문무왕 16) 창건한 산사이다. 이 사찰에는 안동 봉정사 극락전과 함께 한국 최고(古)를 다투는 목조 건축물 무량수전이 있다. 부석사와 봉정사는 자매 사찰이다. 봉정사는 부석사에서 100리쯤 떨어진 정남 쪽에 있는데, 두 사찰 모두 7세기 무렵 비슷한 시기에 세워진 것으로 보인다. 현재 남아 있는 두 전각 모두 고려 후기 전형적인 목조건물 양식을 반영하고 있으며, 배흘림기둥으로 지붕을 떠받치고 있고, 기둥 바로 위에만 공포가 설치된 주심포식 공포 양식을 가진 것도 같다.

부석사의 창건 및 연기설화와 관련해서 본 연구에서는 다음과 같은 몇 가지 사실에 주목하고자 한다. 첫 번째는 부석사의 창건이 개인의 종교적 발원보다는 국가 정책적 차원에서 진행되었다는 점이다. 『삼국사기』는 "(문무왕) 16년 봄 2월에 고승(高僧) 의상(義相)이 왕의 명을 받들어 부석사(浮石寺)를 창건하였다"[1]고 기록하고 있다. 부석사 창건은 의상의 개인적 발원에 의한 것이 아닌 국가적인 계획과 지원 아래에서 시작되었다. 그리고 여기서 국가적 계획이란 구체적으로 전쟁 계획이다. 부석사는 전쟁 수행과 관련되어 창건된 사찰이다. 그 구체적인 내용은 『삼국유사』에 전한다.

이미 본국의 승상(承相) 김흠순(金欽純) 혹은 인문(仁問)이라고도 하는데

---

1) "十六年春二月, 高僧義相奉旨, 創浮石寺." 『三國史記』 권제7, 新羅本紀 제7 文武王. 원문과 우리말 번역은 국사편찬위원회 한국고대사료DB(http://db.history.go.kr/id/sg_007r_0020_0550.

그와 양도(良圖) 등이 당나라에 가서 구금되었고, 고종(高宗)이 군사를 크게 일으켜 신라를 치려고 하였다. 흠순 등이 비밀리에 의상에게 일러 앞질러 [신라로] 가게 하였다. 함형(咸亨) 원년 경오(庚午)에 귀국하여 [그] 사정을 조정에 알렸다. [조정에서는] 신인(神印) 대덕(大德) 명랑(明朗)에게 명하여 임시로 밀단법(密壇法)을 설치하고 기도하여 이를 물리치게 하니 이에 국난을 면하였다. 의봉(儀鳳) 원년(676년)에 의상이 태백산(太伯山)에 돌아와 조정의 뜻을 받들어 부석사(浮石寺)를 창건하고 대승(大乘)을 널리 펴니 영감이 많이 나타났다.[2]

위의 내용은 부석사 창건 이전 당나라 유학 중이던 의상이 귀국하게 되는 과정과 귀국 후 부석사를 창건한 것을 상세히 전하고 있다. 중국 송대(宋代)의 승려인 찬녕(贊寧, 919~1002)이 982년부터 988년에 걸쳐 편찬한 『송고승전』에서는 의상의 귀국 동기를 단순히 '법을 전하고 일깨우기 위하여[傳法開誘]'라고 했지만[3], 『삼국유사』에서는 위와 같이 당나라 고종의 신라 침략 소식을 본국에 알리기 위해서였음을 분명히 보여주고 있다.

부석사의 창건 및 연기설화와 관련해서 두 번째 주목하는 것은 사찰 경내 선묘각(善妙閣)에 안치되어 있어 선묘상인데, 한국의 산사에서는 드물게 여성상을 안치하고 있어서 눈길을 끈다. 선묘에 얽힌 부석

---

2) 「義湘傳教」, 『三國遺事』 권제4, 義解第五, "旣而本國承相金欽純一作仁問, 良圖等往囚於唐, 高宗将大舉東征. 欽純等密遣湘誘而先之. 以咸亨校勘 元年庚午還國聞事於朝. 命神印大德明朗假設密壇法禳之, 國乃免. 儀鳳元年湘歸太校勘 伯山, 奉朝旨創浮石寺敷敞大乘靈感頗著." 원문과 우리말 번역은 국사편찬위원회 한국고대사료DB(http://db.history.go.kr/id/sy_004r_0010_0080_0020).

3) 『송고승전』에서 의상의 귀국동기와 관련된 내용은 다음의 한 구절뿐이다. "… 이에 돌아갈 여정과 법을 전하고 일깨울 것을 의논하여[乃議迴程, 傳法開誘]…." 『宋高僧傳』 卷第四, 義解篇 第二之一, 唐 新羅國 義湘傳. 출전: 한국고대사료집성 중국편(https://db.history.go.kr/id/ko_052_0010_0050).

사 연기설화는 문헌상으로는 『송고승전』 「당신라국의상전(唐新羅國義湘傳)」에서 기원한다. 선묘설화는 『송고승전』에 실려 전하는데, 해당 편에서 상당히 많은 분량을 점하고 있다.

이 기록에서 선묘는 의상의 행적 가운데 3차례나 등장한다. 의상이 처음 등주에 도착하여서 한 신도의 집에 머물렀을 때, 10여 년 뒤에 의상이 귀국할 때 선묘가 바다에 투신하여 해룡(海龍)으로 변신했을 때, 부석사 창건 시 선묘용이 큰 바위를 변해 하늘을 날았을 때이다. 널리 알려진 내용이므로 간략히 주요 부분만 살펴보면 다음과 같다.

> 그녀(*선묘를 칭함)가 다시 이에 놀라, 내가 원 건데 이 몸이 변하여 큰 용(龍)이 되어 배의 앞뒤를 날개로 받쳐 들고 나라를 건너가 법을 전하고자 한다고 말하였다. 그리고 소매를 걷어 올리더니 바다에 몸을 던졌다. … 의상이 입국 후에 산천을 편력하다가 고구려의 먼지와 백제의 바람 그리고 말과 소가 닿지 않는 땅에 이르러 말하기를, 이곳은 땅이 신령스럽고 산이 수려하여 불법(佛法)의 수레바퀴를 굴리기에 진정 알맞은 곳인데 어째서 다른 무리가 반천(半千)이나 모여 있는가라고 하였다. 의상은 또 대화엄(大華嚴)의 가르침은 복되고 좋은 땅이 아니면 흥할 수 없을 것으로 생각했다. 그때 선묘 용(龍)은 [의상을] 늘 따라다니며 지켜주고 있었는데, [의상의 이런 생각을] 알아채고 큰 신통력을 부려 허공중에 큰 돌로 변했다. 그리고 종횡으로 일리(一里)나 되게 가람 위를 덮으며 [공중에서] 떨어질 듯 말 듯 한 모습으로 있으니, 떠지어 모인 승려들이 기이하고 놀라워 어찌할 바를 몰라 하며 사방으로 흩어졌다. 의상이 절에 들어가 이 경전을 펼쳐 밝히니 겨울에 양지를 찾고 여름에 그늘을 찾는 것처럼 부르지 않아도 스스로 찾아오는 이가 많았다.[4]

4) 賛寧等 撰, 「唐 新羅國 義湘傳」, 『宋高僧傳』, "其女復誓之, 我願是身, 化爲大龍, 扶翼舳艫, 到國傳法. 於是攘袂, 投身于海. … 湘入國之後, 遍歷山川, 於駒塵百濟風馬牛不相及地, 曰此中地靈山秀, 眞轉法輪之所, 無何權宗異部聚徒可半千衆矣. 湘默作是念, 大華嚴教, 非福善之地,

이처럼 『송고승전』에서는 의상을 소개하며 선묘설화를 들려주는 데 많은 분량을 할애하고 있다. 이는 『삼국유사』에서 적어 놓은 의상의 정치·군사적 목적의 귀국 동기를 희석하기 위한 것일 수도 있고, 당시 중국 땅에 유행하던 관음신앙 및 묘선관음(妙善觀音) 설화를 의상의 행적에 번안한 것일 수도 있다.[5] 이 설화의 기원 문제는 본 연구의 주제가 아니므로 차치하고, 여기서는 이 설화의 서사구조에만 집중하기로 한다. 선묘설화의 서사구조는 인간의 실존적 문제의식인 '상실(loss)'과 그것의 '승화(昇華, Sublimation)'로 요약할 수 있다. 선묘는 먼저 '사랑의 상실'을 보여준다. 이루어질 수 없거나 이루어지지 못한 사랑이다. 선묘의 상실은 고통이나 절망으로 치닫지 않고 용(龍)과 부석(浮石)으로 승화된다.

본 연구에서 세 번째로 주목하는 것은 무량수전에 안치된 부석사의 주불인 소조아미타여래좌상이다. 부석사는 화엄 도량이고 창건자인 의상은 해동 화엄의 초조(初祖)로 칭해진다. 그래서 부석사의 주전

不可興焉. 時善妙龍恒隨作護, 潛知此念, 乃現大神變於虛空中, 化成巨石. 縱廣一里蓋于伽藍之頂, 作將墮不墮之狀, 群僧驚駭, 罔知攸趣, 四面奔散. 湘遂入寺中, 敷闡斯經, 冬陽夏陰, 不召自至者多矣." 원문 출처: 국사편찬위원회 한국 고대 사료 DB 한국고대사료집성 중국편(https://db.history.go.kr/id/ko_052_0010_0050).

5) 『송고승전』보다 훨씬 후대에 한반도에서 간행된 『海東高僧傳』(1215년경 편찬)이나 『三國遺事』(1282년경 편찬)에는 선묘 관련 내용이 기재되어 있지 않다. 이를 근거로 『송고승전』 편찬자인 찬녕이 당시 중국에 유행하던 묘선관음(妙善觀音) 설화를 번안(飜案)하여 실었다는 의견도 있다. 조영록, 「香山 妙善公主와 登州 善妙娘子 : 觀音·龍神 설화와 한중 해양불교 교류」, 『동양사학연구』 115, 동양사학회, 2011, 177-205쪽. 그러나 이러한 분석 역시 관음설화라는 점에서 유사하다는 것과 묘선과 선묘가 이름이 유사하다는 것을 근거로 하고 있어 문학적 비교로는 미흡하며, 서사 구조와 그 기능에서의 유사성까지 고려하며 비교할 필요가 있다는 지적 또한 있다. 신연우, 「〈바리공주〉와 중국 〈妙善〉 및 유사설화 비교의 관점」, 『한국무속학』 27, 2013, 112쪽.

이 무량수전이고 주불이 아미타불인 것만 해도 사찰 건축이나 불교미술사의 관점에서 볼 때 일단 이상한 일이다. 게다가 주불의 수인(手印)이 석가모니 부처를 상징하는 항마촉지인(降魔觸地印)을 하고 있다는 사실까지 보태진다. 이런 사실들과 관련된 기록이 고려시대 때부터 있었고, 현대의 사찰 건축과 불교미술 분야에서도 여러 의견이 개진되고 있다.[6]

주전인 무량수전의 주불 불상이 아미타불인가 석가모니불인가를 놓고도 해석이 분분하고, 주불이 왜 기다란 건물의 서쪽 끝에서 동쪽을 향해 돌아앉아 있는지도 분명치 않다.[7] 우선 해동 화엄의 발상지로 불리는 부석사의 가람배치가 미타정토신앙을 배경으로 하여 조성되었고, 아미타불을 주불로 했다는 사실은 아무래도 이해하기 어려워, 의상 당시에는 부석사 본전의 주불로 아미타불을 봉안하지는 않았고, 현재와 같은 장려한 가람 구조를 갖추지도 않았다는 사학계의 의견이 있다. 여기서는 부석사에 아미타불을 주불로 조성한 때를 11세기 전반기에 중창하면서 대찰의 규모를 갖추었을 때로 추측한다. 그리고 고려 말에는 의상에 기탁되었던 아미타불 봉안 설화가 더욱 발전하여, 『석가여래행적송』에 의상은 아미타불이 있는 방향인 서쪽을 등지고 앉지도 않았다는 내용이 추가되었을 것으로 본다.[8]

---

6) 무량수전의 주불 불상이 아미타불인가 석가모니불인가를 놓고도 해석이 분분하고, 주불이 왜 기다란 건물의 서쪽 끝에서 동쪽을 향해 돌아앉아 있는지도 분명치 않다. 무량수전은 본래는 불상을 모신 곳이 아니라 강당이었고 그 아래에 금당이 따로 있었을 것이라는 의견도 있다. 주수완, "주수완의 한국불교미술사의 난제들(16): 부석사 무량수전 부처님이 옆으로 돌아앉은 까닭?", 〈법보신문〉 2016.08.24.

7) 무량수전은 본래는 불상을 모신 곳이 아니라 강당이었고 그 아래에 금당이 따로 있었을 것이라는 의견도 있다. 주수완, "주수완의 한국불교미술사의 난제들(16): 부석사 무량수전 부처님이 옆으로 돌아앉은 까닭?", 〈법보신문〉 2016.08.24. http://www.beopbo.com/news/articleView.html?idxno=93950

이에 반해 부석사 창건 당시부터 아미타불이 주불로 조성되었을 것으로 보는 측에서는, 의상과 그 스승인 지엄이 정토 신앙에 깊이 경도되어 있었기 때문에 정토 신앙을 배경으로 가람을 배치했을 것이라고 보고 있다.[9] 이러한 의견의 문헌적 근거가 되는 것은 고려 충숙왕 15년(1238) 운묵무기(雲默無寄)가 찬술한 『석가여래행적송(釋迦如來行蹟頌)』이다. 여기서 관련 내용을 살펴보면 다음과 같다.

> 옛날 신라의 의상 조사는 오로지 안양국에 태어나기를 희구하여 평생토록 앉을 때 서쪽을 등지지 않았다. 그의 문도 가운데 죄를 범한 한 비구가 있어 법대로 그를 내쫓았다. 그 비구는 대중을 떠나 다른 곳을 유행하였는데, 그 스승을 우러러 흠모하여 형상을 만들어 짊어지고 다녔다. 조사께서 이를 듣고 불러들여 말씀하시기를, "네가 실로 나를 기억하였다면 내가 평생 동안 앉을 때 서쪽을 등지지 않았으니 형상도 그러해야 할 것이다"라고 하였다. 이에 형상을 서쪽을 등지게 앉혔는데, 앉은 형상이 스스로 몸을 돌려 서쪽을 향해 앉았다. 조사께서는 "훌륭하도다" 하시고는 죄를 사하여 다시 거두어 주셨다. 그러므로 서방정토를 구할 때는 반드시 우러러 본받아야 한다.[10]

---

8) 최병헌, "최병헌의 한국 역사와 불교: 의상과 화엄종의 사회적 성격"(154), 〈법보신문〉, 2023.11.06. http://www.beopbo.com/news/articleView.html?idxno=318857. 최병헌을 비롯하여 역사학계 연구자들은 대부분 부석사 중창 작업을 국사를 역임한 원융국사 결응(決凝, 964~1053)이 주도한 것으로 설명해왔지만, 이는 원응국사 천희(1307~1382)를 착각한 것이며 잘못된 설명이라는 주장도 있다. 김태형, 『다시 읽는 부석사』, 상상창작소봄, 2018; "우리 고장 우리 마을 숨겨진 보물을 찾아서[82]: 부석사 무량수전③", 〈영주시민신문〉 2023.05.12. https://www.yjinews.com/news/articleView.html?idxno=72275.

9) 김상현, "부석사에 밝힌 화엄의 등불", 〈법보신문〉, 2011.10.06. http://www.beopbo.com/news/articleView.html?idxno=67582.

10) 『釋迦如來行蹟頌』, "昔新羅義湘祖師. 專求安養. 平生坐不背西. 其門徒中. 有一犯罪比丘. 依法擯之. 離群出去. 遊行他界. 仰慕其師. 造像負行. 師聞之. 召來告曰. 汝若實憶我者. 我一生來.

앞의 내용에서 전하는 의상의 세계관을 보면, 부석사는 처음 창건할 때부터 서방정토에 대한 희구를 담아 가람을 배치하고 불상을 조성했으리라는 추정이 가능하다. 그래서 부석사는 화엄종 도량임에도 불구하고 그 가람배치는 미타정토신앙을 배경으로 하여, 부석사의 석단은 크게 세 구획으로 나누어 일주문에서 무량수전까지 크게 세 구획으로 나누고 9단으로 구분하였는데, 이는 '관무량수경(觀無量壽經)'에 토대하는 구품왕생(九品往生)을 의미한다고 설명한다.[11]

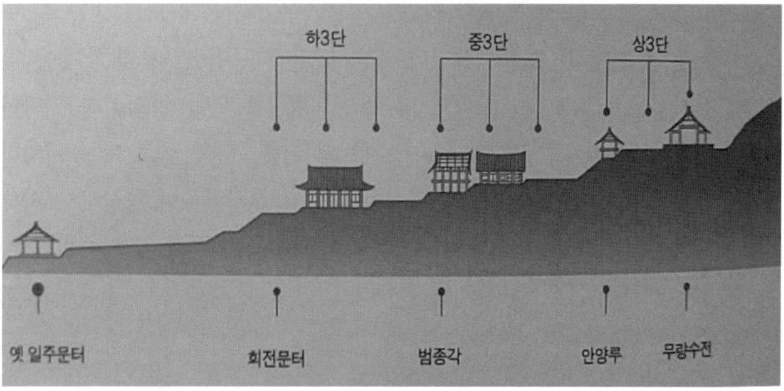

부석사 대지 종단면도

건축학적 관점에서 볼 때도, 부석사의 가람배치는 크게 세 개의 영역으로 나눠지는데[12] 마지막 세 번째 영역에서 무량수전을 중심으

坐不背西. 像亦應尒. 於是令像背西. 而坐像自廻身向西而坐. 師乃善之. 赦罪還攝. 是故求西應仰效之." 원문과 번역 출전: 불교기록문화유산 아카이브(ABC, H0093 v6, p.537c01-c09).

11) 김상현, 앞의 글.

12) 부석사 투상도와 종단면도는 다음의 연구결과물에서 가져왔다. 김봉렬, 『이 땅에 새겨진 정신』(한국건축의 재발견 3), 이상건축, 1999, 61-64.

로 전각 안의 아미타불여래좌상과 바깥의 선묘각, 부석이 함께 사찰 연기설화의 의미를 시각적으로 구현하고 있다. 이렇게 미타정토 사상이 반영된 현재의 부석사 가람 구조와 불상 형태가 창건 당시의 원형에서 크게 벗어나지 않았다는 것을 전제로 생각해 보았을 때, 이것은 '죽음'에 대한 상징을 강하게 내포한다는 것을 알 수 있다. 그리고 죽음은 가장 극단적인 상실의 형태라는 점에서, '전쟁'을 떠올리게 되고 선묘설화의 상징성과 부합한다.

사찰 연기설화는 사찰 건립과 동시에 만들어지거나 완성되지 않는다. 그것은 사찰이 수행도량과 귀의처로 기능하면서 지속해 만들어져 가는 과정의 이야기이다. 특히 무량수전 영역은 시각 체험의 중심이며 동시에 기억의 중심이기도 하다. 여기에는 연기설화 형태로 만들어진 예배자들의 기억과 염원이 시각화되어 있다. "'무량수전' 영역은 '부석'과 '선묘각'을 통해 창건주 의상과 부석사 공간의 신성성을 예배자에게 끊임없이 상기시키는 기억의 중심으로도 인식되었을 것이다."[13]

연기설화는 부석사를 공간적으로 성화(聖化)하여 통일 전쟁을 성전(聖戰)으로 자리매김하는 역할을 했다. 신라인들에게 통일 전쟁은 성전이었고 불민한 세상을 치유하여 온전하게 하는 과정으로 받아들여졌다. "치유는 성스러움과 온전함과 연관이 있다. 신화의 시대에는 세계 속에서 온전하지 않으면 성스럽지 않으며, 온전하지 않아서 성스럽지 않게 된 사회는 건강한 사회가 아니다. 그래서 그 사회를 치유하려면 온전하지 않아서 성스럽지 않게 된 상태를 고쳐야 한다."[14] 부석사

---

13) 장규언, 「한국 전통 산사 건축에 보이는 공간 인식: 부석사를 실례로」, 『환경철학』 20, 한국환경철학회, 2015, 111-112쪽.

14) 이민용, 「내러티브와 사회적 치유: 게르만신화 신들의 죽음과 『황금가지』의 사제왕 살해 관습을 중심으로」, 『독일어문화권연구』 20, 서울대학교 독일어문화권연구소, 2011, 26쪽. 성(聖)을 뜻하는 holy는 앵글로색슨어의 hal이 어근인데, 이 말

연기설화는 사찰의 창건 동기와 목적이 밖으로는 성전을 통해 불민한 세상을 바로잡아 치유하고, 안으로는 그렇게 하는 과정에서 상처받은 '나'를 치유하는 데 있었음을 보여준다.

3. 사랑과 상실을 바라보는 불교의 시선

신라의 통일 전쟁은 지리했다. 나당연합군이 백제를 멸망시킨 660년을 기점으로 해서 668년 고구려 멸망 그리고 이어진 8년간의 나당전쟁(羅唐戰爭, 670~676)까지, 단순 계산해도 신라는 16년 동안 전시체제에 놓여 있었다. 나당전쟁 동안 투입된 당군의 전체 규모는 최소 10만에서 최대 20만 명에 달했고, 이 시기에만 신라는 백제 및 고구려 유민들을 흡수하여 7~8만 명 정도의 병력을 운용했을 것으로 추정된다.[15] 『삼국유사』에서는 부석사 창건이 나당전쟁과 밀접한 관련된 것으로 서술하는데, 여기에는 당시의 국제관계와 시대 상황 및 전시체제 아래에서 부석사의 역할이 함축되어 있을 것이다.

은 '건강한', '온전한' 혹은 '전체의' 의미를 지니고 있다. 동일한 어근에서 나온 hale이란 단어도 '강건한'이란 의미를 지닌 것으로 짐작된다. 또 온전함 혹은 전체성을 뜻하는 영어의 whole이란 단어가 그리스어 heil과 친족관계를 가지고 있으며, 독일어의 heilen이란 동사로 남아 병을 치료한다는 의미가 되었다. 이렇게 보면, healthy, heal, hale, holy, whole 등은 모두 동일한 의미를 내포하고 있음을 알 수 있다. 즉 고대의 인간들은 병이나 재난의 원인을 성 혹은 완전성(전체성)에서 분리된 결과라고 보고 있다. M. 엘리아데, 이은봉 역, 『성과 속』, 한길사, 1998, 22쪽 참조.

15) 이상훈, 「나당전쟁 연구」, 경북대학교 대학원 사회교육학과 박사학위논문, 2011, 293쪽.

현재 부석사의 위치를 보면 한강 이남의 오지(奧地)로, 훗날 이른바 십승지지(十勝之地)라고 해서 세상의 난리와 소란스러움이 닿지 않는다고 거론되는 곳 대부분이 있는 소백산맥 줄기에 자리를 잡고 있다. 그래서 언뜻 세상의 희로애락이나 오욕칠정과는 멀리 떨어진 염세와 탈속의 공간처럼 보인다. 하지만 부석사 창건 당시로 돌아가 보면 상황은 다르다. 부석사가 인접한 죽령은 조령, 추풍령과 더불어 도성과 영남을 이어주는 간선도로 가운데 하나였다. 특히 죽령 일원은 삼국시대에는 고구려와 신라의 접경지역으로 분쟁 지역이자 군사적 요충지였고 중요한 교통로였다.

부석사에서 죽령을 넘어 남한강에서 배에 오르면 당시 대당 해상무역항이었던 당항성(화성)까지 물길로 이어졌다. 의상이 원효와 함께 당나라 유학을 도모하며 밀항을 모색했던 곳이다. 그곳에서 서해를 건너면 당나라 등주에 다다른다. 등주에서 서쪽으로 계속해서 길을 잡아 나가면 청주, 연주, 운주, 낙양을 거처 당나라 수도 장안에까지 닿을 수 있었다. 이러한 지역적 특징 때문에 나말여초에는 남한강 주변에 여러 사원이 분포했고, 이는 교통의 편리성에 기반을 둔 인구 집중에 따른 도시의 발달과 상업적 이득 등 경제적 효과와 연관성이 있다.16)

문무왕 10년부터 16년까지 신라는 7년간에 걸쳐 당나라와 전쟁을 치러냈다. 나당전쟁 전반기의 분수령이 되었던 것은 672년 8월 석문(石門)전투였다. 이 전투에서 신라는 당나라에 대패했다. 이에 신라는 주요 요충지에 다수의 성곽을 축조하여 방어선을 구축하는 데 전력했다. 673년에 집중적으로 축조된 10여 개의 성들은 신라의 방어전략을

16) 김혜완, 「나말여초 남한강 주변의 선종사원과 선사들의 활동: 정치세력과의 관계를 중심으로」, 『한국고대사연구』, 한국고대사학회, 2008, 257-292쪽.

엿볼 수 있는 중요지표가 된다. 신라는 임진강 방어선 후방에 새로운 방어선을 구축했고, 소백산맥을 중심으로 하는 방어선을 강화하여 경상도 내륙 방어를 보완했다. 이렇게 신라는 대대적인 축성작업을 통해 수도 경주를 중심으로 전방위에 걸쳐 방어망을 보완하며 전쟁 의지를 불태웠다.[17]

의상이 부석사를 창건하였을 때는 문무왕 16년(676) 2월이었다.[18] 의상이 왕명을 받고 부석사를 창건한 것은 나당전쟁 수행과 직접적인 관련이 있으며, 소백산맥 남쪽에 조성된 이유 역시 부석사 북쪽 소백산맥 넘어 분포해 있는 고대 산성들과 관련이 있는 것으로 보인다. 나당전쟁 과정에서 부석사는 주변 지역 백성들을 위무하고, 고대 산성들과 후방의 왕경을 원활하게 연계하는 일종의 후방 배후기지 역할을 하였던 것으로 추정된다.[19]

전쟁은 총력전이다. 흔히 역사에서 전쟁을 다루게 되면 전쟁의 원인과 경과, 전략의 유효성, 승패 등에만 집중해서 보는 경향이 있다. 하지만 단발성 전투가 아니라 긴 세월을 두고 벌어지는 전쟁을 치르기 위해서는 한 국가의 가용 자원이 총동원되어야 할 뿐만 아니라 그 동

17) 이상훈, 「나당전쟁기 신라의 대규모 축성과 그 의미」, 『한국고대사탐구』 23, 한국고대사탐구학회, 2016, 79-104쪽.

18) 『三國史記』, 「新羅本紀」 第七, 文武王, "十六年, 春二月, 高僧義相奉旨, 創浮石寺." https://db.history.go.kr/item/compareViewer.do?levelId=sg_007_0020_0550

19) 정성권, 「항마촉지인 불상의 신라 등장시기와 배경: 부석사 무량수전 소조여래좌상을 중심으로」, 『신라사학보』 59, 신라사학회, 2023, 59-95쪽. 이 연구에서는 무량수전의 아미타불이 항마촉지인을 취하고 있는 이유 역시 당나라 군대를 불력(佛力)에 기대어 제압해야 할 항마의 대상으로 보았기 때문으로 추정하였다. 아울러 같은 연구자는, 영주 봉화 지역의 7세기 신라불교 조각의 조성 배경에도 호국의 성격이 반영된 것으로 보았다. 정성권, 「영주 및 봉화지역 7세기 신라 불교조각의 조성 배경: 영주 가흥동 마애여래삼존상을 중심으로」, 『대구사학』 151, 대구사학회, 2023, 117-156쪽.

원력을 지속해 유지할 수 있어야 한다. 따라서 작전과 병력의 운용 못지않게, 지속적 전비 조달을 위한 국가 경제활동과 부상자와 일반백성들에 대한 구호 활동 및 심리적 위무 등도 전쟁 수행에 포함된다.

신라의 왕들은 곧 부처였고, 신라는 통일 전쟁을 성전(聖戰)으로 형상화했다. 신라는 산을 통째로 기단으로 삼아 불탑을 세웠고, 왕은 스스로 나아가 부처의 노비 됨을 자처했다. 그렇게 신라의 왕들은 불교와 왕권을 뒤섞었다. 적들은 국경 너머 밖에서도 몰려왔지만, 마음속에서 솟구쳐 나오는 마군(魔軍)이기도 했다. 내 안의 적들은 번뇌 망상이고 업의 형성력이 만들어낸 마라(Ma-ra)이다. 그 적들에 맞서지 못하고 패하게 되면, 병들고 죽고 윤회전생의 굴레에 갇힌다. 그것들을 쓸어버리면 강해지는 것이고, 온전해지는 것이고, 성스러워지는 것이다. 죽어 용이 된 왕이 지키는 것은 정치권력의 결정체로서의 국가가 아니라 부처의 세계였다.

부석사의 선묘설화는 전쟁 피해자들의 상실감을 이야기라는 심미적 경험을 통해 치유했을 것이다. 선묘 이야기는 전쟁이 초래하는 객관적이고 실제적인 피해와 상실을 이야기로 극복하려는 모색이었다. 선묘설화의 모티프는 사랑이다. 좀 더 구체적으로는 사랑의 상실이다. 이루어질 수 없는 그래서 이루어지지 못한 사랑이다. 불교에서 사랑을 대하는 방식은 금욕과 절제이다. 불교의 시선으로 보면, 모든 사랑은 갈애(渴愛, taṇhā)다. 사랑은 탐진치(貪瞋痴) 삼독(三毒)으로 압축되는 욕망에서 비롯된다. 어원적으로 갈애는 동사 '목마르다'에서 파생된 명사이다. 목마른 이가 애타게 물을 찾듯, 인간은 사랑(하기 혹은 받기)에 목말라한다.

심리 현상의 순서로 보면 갈애는 눈·귀·코 따위의 여섯 감관을 통해 발생하며, 느낌(受, vedanā)에 이어서 나타나고 집착(取, upādāna)

을 유발한다.[20] 이것이 사랑을 대하는 불교의 첫 번째 시선이다. 사랑은 갈애이고 그것이 결국 윤회생사를 되풀이하게 하니, 초기 경전에서는 대개 사랑을 절제하거나 단절하라고 권한다. 대표적 초기 경전인 『법구경』 「호희품(好喜品)」에서 흔히 알려진 구절을 다시 확인해 보면 다음과 같다.

> 사랑하는 것을 향해 가지 말고 사랑하지 않는 것 만들지 말라.
> 사랑하는 것 보지 못하면 근심하고 사랑하지 않는 것 보면 또한 근심한다.
> 그러므로 사랑을 만들지 말라. 사랑으로 말미암아 미움이 생긴다.
> 이미 그 결박에서 벗어난 사람 사랑할 것도 없고 미워할 것도 없네.
> 사랑하고 기뻐하는 데서 근심 생기고 사랑하고 기뻐하는 데서 두려움 생긴다.
> 사랑하거나 기뻐할 것 없다면 무엇을 근심하고 무엇을 두려워하랴.[21]

사랑은 번뇌와 고통의 씨앗이다. 그래서 인도 불교에서는 탁발로 살생을 면했고, 출가와 금욕으로 사랑을 피했다. 이러한 태도는 도덕적 엄숙주의보다는 심리 현상의 분석에 기인한 것으로 보인다. 사랑이 성(性)관계를 포함하는 경우, 율장에서는 더욱 선명한 태도로 그것이 인간을 고통으로 이끄는 독(毒)이 된다고 설명한다. 율장 가운데 숫

---

20) 갈애를 기르는 자들은 집착의 대상을 기르는 자들이고, 집착의 대상을 기르는 자들은 괴로움을 기르는 자들이며, 괴로움을 기르는 자들은 태어남과 늙음·죽음, 슬픔·비탄·괴로움·불쾌·번민 따위에게서 벗어나지 못한다(SN. II. 109).

21) 法救 撰, 維祇難等 譯, 『法句經』, "不當趣所愛, 亦莫有不愛, 愛之不見憂, 不愛見亦憂. 是以莫造愛, 愛憎惡所由, 已除縛結者, 無愛無所憎. 愛喜生憂, 愛喜生畏, 無所愛喜, 何憂何畏. 好樂生憂, 好樂生畏, 無所好樂, 何憂何畏. 貪欲生憂, 貪欲生畏, 解無貪欲, 何憂何畏." 원문과 번역문 출처: 동국대학교 불교기록문화유산 아카이브(ABC, K1021 v30, p.570b19).

따위방가(Sutta-vibhaṅga)에는 출가 후에 속가의 아내와 성관계를 가진 한 비구에 관한 이야기가 나오는데 그를 향한 붓다의 꾸짖음은 단호하다.

> 스승인 붓다께서 그를 꾸짖었다. 어리석은 자여, 그것은 적합하지 않으며, 어울리지 않으며, 바르지 않고, 은둔자에게 어울리지 않으며, 허용되지 않고, 행해서는 안 될 일이다. … 내가 여러 번 감각적 쾌락을 버려야 한다고 하지 않았더냐. 감각적 쾌락의 열기를 가라앉혀야 한다고 하지 않았더냐. 이 어리석은 인간아, 네 성기(male organ)를 여자의 그것에 넣으려면 차라리 독기 가득한 뱀의 입 속에 넣는 게 낫다. 뱀의 검은 입 안에 집어넣거나 불타는 장작더미 속에 넣어 버는 게 차라리 낫다. 왜 그런지 아느냐? 그 때문에 너는 죽게 되거나 참을 수 없는 고통을 겪을 테지만, 적어도 그렇게 하더라도 죽은 다음에 악도(惡道)나 심연(深淵)이나 지옥(地獄)에 떨어지지는 않을 것이다. 하지만 여자와 관계를 맺으면 죽고 나서 몸이 다 망가진 다음에도 악도나 심연이나 지옥에 다시 태어날 것이기 때문이다.[22]

이렇게 사랑을 대하는 불교의 첫 번째 시선은 다분히 부정적이다. 하지만 불교에서 사랑을 보는 또 하나의 시선이 있다. 이는 선악을 넘어서는 진리를 명분으로 해서 모든 관념을 전복시키는 태도로써 주로 대승불교에서 강조되었다. 여기서는 특히 도덕률에 대한 초월(transgression) 여부가 깨달음의 증거로 작동하기도 한다. 이러한 시선은 모래알 없이 진주가 만들어지지 않는 것처럼, 우리의 현실은 헤

22) 율장의 해당 원문에 대한 번역은 다음의 연구성과를 참조하였다. B. Faure, *The Red Thread: Buddhist Approaches to Sexuality*, Princeton University Press, 1998, pp.75-76; I.B. Horner tr., *The Book of the Discipline(Vol.1)*, Pali Text Society, Luzac & Company, 1949, p.36.

아릴 수 없을 만큼의 고통으로 가득 차 있는 현실을 그대로 인식하고 그것을 피하려고 할 것이 아니라, 그런 가운데서 우리의 삶을 어떻게 고상하고 만족스럽게 영위해 나갈 것인가 하는 것이 중요하다는 관점이다. 붓다는 고귀한 삶에 대해 말했는데, 고귀한 삶이란 고통 없는 삶이 아니라 의미 있는 삶이라는 것이다.[23)]

대승불교에서 주로 나타나는 사랑에 대한 시선은 생사즉열반(生死卽涅槃)과 일체개공(一切皆空)의 논리에 기반한다. 사랑은 더 이상 그 자체로 불순한 무엇이 아니다. 사랑을 절제하거나 단절하려는 생각이 도리어 사랑을 실체화한 미망(迷妄)과 번뇌이다. 부석사의 선묘 이야기는 이러한 사랑관을 보여준다. 『송고승전』「의상전」에서 사랑이 형성되었다가 상실되는 과정에 해당되는 부분만 살펴보면 다음과 같다.

> [의상은] 669년 상선을 타고 등주(登州) 해안에 도착하여서 한 신도의 집에 머물렀는데, [그 집 주인은] 대사의 용모가 빼어남을 알아보고 오랫동안 머무르게 하였다. [그 집에] 고운 옷을 입고 곱게 단장한 한 소녀가 있었는데 이름이 선묘(善妙)였다. [그 소녀가] 유혹하는 모습을 보였으나 의상의 마음은 돌과 같아서 움직일 수 없었다. 여자가 말을 해도 [의상에게서] 대답을 듣지 못하자 문득 도심(道心)을 일으켜 [의상] 앞에서 크게 서원하기를, 영원토록 화상(和尙)께 귀명(歸命)하여 대승(大乘)을 배우고 익혀 깨달음을 얻을 것이며, 이제 제자로서 반드시 단월이 되어 [당신의 수행에] 보탬이 되도록 하겠습니다라고 하였다.[24)]

---

23) David Brazier, *The Feeling Buddha: A Buddhist Psychology of Character, Adversity and Passion*, St. Martin's Griffin, 2002.

24) 贊寧等 撰, 「唐 新羅國 義湘傳」, 『宋高僧傳』, "以總章二年(669)附商船達登州岸, 分衛到一信士家, 見湘容色挺拔, 留連門下旣久. 有少女麗服靚粧, 名曰善妙. 巧媚誨之, 湘之心石不可轉也. 女調不見答, 頓發道心, 於前矢大願言, 生生世世, 歸命和尙, 習學大乘, 成就大事. 弟子必爲檀越, 供給資緣." 원문 출처: 국사편찬위원회 한국 고대 사료 DB 한국고대사료집성

「송고승전」에서는 선묘가 용이 되는 과정에서 '대승(大乘)'과 '단월(檀越)' 두 가지를 뚜렷이 부각하고 있다. 단월은 출가자 개인이나 승가를 물질적으로 후원하는 행위 및 그런 행위를 하는 사람을 가리키는 용어인데, 시주(施主, dāna-pati) 또는 단나(檀那)라고도 한다. 물론 단월이 대승에만 한정되지는 않는다. 석가모니 부처 재세 당시는 물론이고 이른바 소승불교 시기로 일컬어지는 때에도 단월은 있었다. 하지만 대승에서 보는 단월에는 다른 맥락이 있다.

대승 이전의 단월이 단순 후원을 통한 공덕 쌓기 정도의 의미였는데 비해, 대승의 단월은 보시하는 당사자의 수행 과정으로 본다는 점에서 차이가 있다. 대승에서 보살의 여섯 가지 실천 덕목을 육바라밀 혹은 육도(六度)라고 하는데, 그 첫 번째가 단월바라밀(檀越波羅蜜)이다. 대승에서 단월은 단순히 출가자를 후원한다는 의미에서 그치는 것이 아니라, 보시자 본인의 구체적인 수행이며 깨달음의 실제적 구현이라는 의미를 담고 있다.

선묘는 의상에 대한 자신의 애욕을 부정하지 않는다. 오히려 적극적으로 노출한다. 중요한 것은 이러한 욕망이 현실적으로 좌절되었을 때의 태도이다. 욕망이 좌절될 때 즉 욕구불만(frustration)의 상황이 벌어졌을 때, 일반적인 감정적 반응 형태는 짜증과 실망, 분노와 폭력 등 공격적 성향으로 나타난다. 그런데 선묘설화는 '대승'과 '단월'이라는 승화(sublimation)의 코드를 제시한다. 선묘설화는 열정(애욕, 갈망)이라는 고귀한 실재를 수용하는 것이 위대한 정화(淨化)이고, 그 카타르시스가 인생의 변화를 만들어낸다는 것을 보여준다.[25)]

중국편(https://db.history.go.kr/id/ko_052_0010_0050).

25) David Brazier, *The Feeling Buddha: A Buddhist Psychology of Character,* Adversity and Passion, St. Martin's Griffin, 2002.

4. 승화, 상실을 치유하는 가장 아름다운 방법

「華嚴宗祖師繪傳」, ©高山寺(https://kosanji.com)

부석사 선묘 연기설화의 심미적 경험과 치유적 기능은 일본에서도 적극적으로 활용되었다. 유네스코 세계문화유산에 등재된 일본 사찰 고잔지(高山寺)에는 원효와 의상의 일화를 그린 「화엄종조사회전(華嚴宗祖師繪傳)」이 소장되어 있다. 일본 가마쿠라(鎌倉) 시대(1185~1333)에 제작된 것으로 추정되는 30m 크기의 두루마리 그림[繪圈]이다.[26]

이 그림책에서는 긴 화면 속에 이야기를 연속적으로 그려 보는 사

---

26) 이 그림은 「화엄연기(華厳縁起)」라고도 칭한다. 원래는 의상 그림 4권, 원효 그림 2권 형태로 각각 따로 있었는데, 이후에 손실, 착간이 있는 각 3권의 형태로 오랫동안 전해지다가 1996년에 보수 수리하여 현재 의상 그림 4권, 원효 그림 3권으로 형태로 바뀌어 전해지고 있다. 高山寺 홈페이지(https://kosanji.com)에서 전체 그림 가운데 일부를 살펴볼 수 있다.

람을 이야기 속으로 끌어들이는 강한 힘이 느껴진다. 특히 이 그림책의 절정 단계에 해당되는 선묘가 당나라 유학을 마치고 귀국하는 의상을 떠나보내며 슬퍼하는 장면, 불구(佛具)가 든 상자를 바다에 던지는 장면, 선묘가 스스로 몸을 던져 용으로 몸을 바꾸는 장면 등이 리드미컬하게 그려져 있어, 보는 사람의 기분이 점점 고조되어 간다.

이 그림은 고잔지를 창건한 묘에(明惠, 1172~1233)가 『송고승전』에 실린 원효와 의상의 일대기를 바탕으로 하여 제작한 것이라고 전한다. 묘에는 자신도 동경했던 당나라 유학까지 마친 의상을 존경하여 신라 화엄사상에 심취한 인물로 알려져 있다. 특히 의상의 일화에 등장하는 선묘에게서 강한 인상을 받아 선묘설화의 의미를 밝혀내고, 이를 나름대로 설득하기 위해 그림책 형태로 제작된 것으로 추정한다. 그리고 그림의 소재가 된 대상은 조큐의 난(承久の乱) 와중에 남편을 잃고 고잔지에 피신한 여인들이었다고 한다. 이 여인들이 그림책을 보고 선묘에게 공감하고 불법에 귀의할 수 있도록 한 것이다.[27)]

27) 京都国立博物館(https://www.kyohaku.go.jp/jp/learn/home/dictio/kaiga/43kegon) 참조.

「善妙神像」, ©高山寺

기록에 의하면 고잔지의 별원(別院)으로 선묘사(善妙寺)는 1223(貞應2)년에 창립되어 평강(平岡)에 있었다는 것을 알 수 있고, 이 선묘사는 또한 중어문종행(中御門宗行)의 후실(后室)인 선니(禪尼)가 출가해서 묘에에게 귀의하여 망부(亡夫)의 보리(菩提)를 빌기 위해 서원사(西園寺) 공경(公經)의 고당(古堂)을 옮겨서 창립한 니승사(尼僧寺)인 것을 알 수 있다. 그리고 사찰 건립쯤에 남편 잃은 여인들을 위로하기 위해 따로 공간을 마련하고 그곳에 선묘상을 안치하고, 선묘를 보살로 받들었다고 전한다. 이 밖에도 선묘설화는 일본에서 여러 형태의 연기설화로 나타난다.[28)]

일본의 선묘설화 응용사례는 이 이야기가 단순히 이적(異蹟)을 강조하는 사찰 창건 설화에 그치지 않고, 예배자들이 심미적 경험을 통해 심리 치유적 효과를 거둘 수 있도록 활용되었음을 보여준다. 오랜 전쟁에서 비롯된 깊은 상실감과 삶의 무의미를 예배자들은 선묘설화를 통해 극복했을 것이다. 기존에 불교 이론과 이야기는 대개 종교일반의 용어로 하면 구원론(Soteriology) 또는 수증론(修證論)의 맥락에서 주로 다루어져 왔다. 하지만 최근 들어 심리치료와 관련하여 적극적으로 재해석 및 연구되고 있다.

불교의 핵심 이론인 고(苦, dukkha)는 대개 삶의 고통(suffering)이나 불만족(unsatisfactoriness)으로 이해되지만, 특히 현대 심리 치유 분야에서 불교를 연구하고 있는 이들은 이러한 번역과 이해가 그리 적절치 못하다는 점을 자주 지적한다. 고에는 많은 부분 '상실(loss)' 이라는 의미가 들어있다. 상실에서 비롯되는 비통함이 바로 고이다. 붓다의 생애에서 가장 극적인 상실은 그의 어머니가 자신을 출산하다가 세상을 떠났다는 사실이었다. 어머니의 상실이라는 고통이 붓다의 생애 속에서 커다란 열정이며 삶의 원동력이 되었고, 이런 고통이 없었다면 그는 깨닫지 못했을 것이다.[29]

상실이란 무엇일까. 미국 사회심리학자인 존 하비(John H. Harvey, 1911~1997)는 상실에 대해 '생활하면서 감정적으로 투자하던 무언가를 잃어버리는 것'이라고 정의한다. 우리가 그토록 두려워해서 피하려고만 했던 죽음과 상실의 정체는 바로 '사랑'이다. 죽음과 슬픔과 아

---

28) 일본지역 선묘설화의 유래와 형태에 대해서는 다음 연구성과물에 자세하다. 김운학, 「일본에 미친 의상선묘설화」, 『불교학보』 13, 동국대학교 불교문화연구원, 1976, 87-102쪽 참조.

29) David Brazier, *The Feeling Buddha: A Buddhist Psychology of Character,* Adversity and Passion, St. Martin's Griffin, 2002.

픔을 통해 우리가 진정으로 사랑을 느끼는 것이 바로 죽음과 상실의 의미이자 목적이다. 공감(empathy)의 어원은 '고통(to suffer, pathos)에 들어감(in)'을 뜻하는 그리스어 empatheia에서 유래한다. 자신의 아픔과 두려움을 외면하고 타인을 공감하기는 불가능한 일이다. 자신의 아픔을 회피하거나 무시하면 타인의 아픔이 잘 느껴지지 않는다. 공감의 기초는 자기 상실과 아픔을 스스로 느끼고 이해하는 것이다.[30)]

심리학에서 슬픔을 겪어내는 5가지 단계는 널리 알려져 있는데, '애도의 5단계' 또는 '죽음 또는 상실을 받아들이는 5단계'로도 칭한다. 죽음 학자인 엘리자베스 퀴블러 로스(Elizabeth Kubler Ross)는 그것을 '부정(denial)-분노(anger)-타협(bargaining)-우울(depression)-수용(acceptance)'의 다섯 단계를 거친다고 설명했다고 알려져 있다.[31)] 그런데 사실은 여기에 한 단계가 더 있다고 한다. 로스와 함께 『슬픔과 애도(On Grief and Grieving)』를 공동 집필한 데이비드 케슬러(David Kessler)는, 실제로 퀴블러 로스는 5개 이상의 단계를 이야기했지만 언론이 5개 단계를 집중적으로 보도하면서 사람들이 5개 단계에 집착하게 된 것이라면서 사실은 한 단계를 추가한 6단계를 제안했었다고 전했다. 그 여섯 번째 단계는 바로 '의미 찾기(Finding meaning)'이다.

이 여섯 번째 단계에서 우리 대부분은 슬픔(grief)이 시간이 지남에 따라 강도가 약해지긴 하지만 절대 끝나지는 않는다는 것을 알게 된다. 그러나 이 중요하고 심오한 여섯 번째 단계인 '의미(meaning)'로 완전히 나아갈 수 있다면, 우리는 슬픔을 풍부하고 충만한 어떤

---

30) 임은주, "죽음과 상실을 어떻게 받아들여야 할까: 공감과 성장", 심리칼럼(74), https://m.blog.naver.com/rosa8769/222883675433.

31) Elisabeth Kübler-Ross/David Kessler, *On Grief and Grieving: Finding the Meaning of Grief Through the Five Stages of Loss*, Scribner, 2014.

것(something rich and fulfilling)으로 변화시킬 수 있다. 의미를 통해 우리는 고통(pain) 이상의 것을 찾을 수 있다. 사랑하는 사람과 사별하거나 이혼하거나 일하던 회사가 문을 닫거나, 자연재해로 집이 파괴되는 등과 같은 어떤 심각한 상실(loss)을 경험하게 될 때, 우리는 그 단순한 상실의 사실 이상의 것을 원한다. 우리는 의미를 찾고 싶어 하는 것이다. 상실은 우리를 상처 입히고 마비시킬 수 있다. 그것은 오랫동안 우리를 짓누를 수도 있다. 그러나 상실에서 의미를 찾게 되면 우리는 앞으로 나아갈 길(a path forward)을 찾을 힘을 얻게 된다. 의미는 우리가 슬픔을 이해하도록 도와준다.[32]

케슬러는 모든 슬픔은 주목받을 자격이 있으며, 슬픔의 전환과정은 부정, 분노, 타협, 좌절, 그리고 수용을 통해 의미를 찾는 것이라고 강조한다. 그리고 이것이 슬픔을 승화하여 삶의 힘으로 만드는 것이라고 설명한다.[33] 상실을 겪게 될 때, "마음은, 우리도 모르는 사이 자신을 보호한다. 마음이 마음을 지키는 방법이 방어 기제이다. 방어 기제가 매우 세련되지 못하면 외려 더욱 곤란한 갈등을 유발하기도 한다. 성숙한 방어 기제에는 본능적인 성적, 공격적인 욕구를 보다 사회적인 가치를 위한 방향으로 전환하는 승화(sublimation)가 있다."[34]

---

32) David Kessler, *Finding Meaning: The Sixth Stage of Grief,* Scribner, 2019, 2.

33) 王詩琪 譯, 『意義的追尋: 轉化哀慟的最終關鍵』, 時報出版, 2020 [David Kessler, *Finding Meaning,* Chinese edition].

34) "탓하지 않는 분노, 잊지 않겠다는 의지, 죽음과 무관한 사랑과 그래서 더욱 사무치는 그리움. 사무치는 아픔을 누구도 다치지 않는 방식으로 표현하는 것. 누구도, 내가 겪은 아픔을 겪지 않았으면 좋겠다는 바람이 표현된 것. 혹 같은 아픔을 겪는 이가 있다면, 나의 아픔이 승화된 무엇이, 그를 위로할 수 있기를 바라는 것. 그리하여 너와 내가 오늘을 살게 하고, 오늘의 행복에 웃음 지을 수 있게 하는 것. 그것이 바로 승화이다." 이두형, "아픔을 가장 아름답게 그려내는 일: 마음속 방어기제와 승화", 〈정신의학신문〉, 2019.03.02. http://www.psychiatricnews.net

고산지의 「화엄종조사회전」과 선묘사 건립 과정을 보면 선묘설화가 종교적 이적이나 영험을 나타내는 데 그치지 않았음을 보여준다. 고산지의 사례는 선묘설화가 사람들의 신앙생활에 실제로 어떤 기능을 했는지 짐작게 한다. 부석사와 선묘사의 창건과정에는 전쟁, 죽음, 상실, 상처받고 살아남은 이들에 대한 구호와 위무, 그리고 이야기를 통한 치유가 공통으로 확인된다. 이는 선묘설화가 상실로 인해 슬픔과 절망에 빠진 이들을 승화를 통해 새로운 의미찾기를 유도하는 역할을 했다는 것을 보여준다. 슬픔과 절망은 억지로 견뎌내야 할 것이 아니라, 잃어버린 그것의 의미를 새롭게 찾게 되는 계기이다.

고산지에는 선묘신상과 더불어 또 하나의 특이한 유물이 있는데, 「명혜상인수상좌선상(明恵上人樹上坐禅像)」으로 알려진 그림 한 폭이다. 이 그림은 명혜의 제자인 성인(成忍)이 그린 것으로 13세기 초반의 작품으로 알려져 있다. 그림 속에서 묘에는 숲속의 나뭇가지 위에 올라앉아 좌선하고 있다. 이 그림을 두고 자연과 물아일체 된 성인의 모습을 나타낸 것이라는 등 여러 가지 설명이 있기는 하지만 그림의 내력과 메시지에 대한 이해할 만한 설명은 찾아보기 어렵다.

이와 유사한 맥락의 이야기는 선종사에서 당나라 때 선사 조과 도림(鳥道臨, 741~846)에게서 발견되는데, 그는 늘 나무 위에 올라가 참선했는데 그 옆에는 까치가 둥치를 틀고 살기도 했다고 하여 작소선사(鵲巢禪師)라고 불렸다는 이야기가 『경덕전등록』 등에 전한다. 시성(詩聖) 백낙천이 그를 찾아가 나눈 이야기는 극적으로 구성되어 사찰 벽화 소재로도 자주 쓰인다. 나뭇가지에 올라앉아 있는 조과를 보고 백낙천이 너무 위태롭다고 말하자, 조과선사가 "내가 보기에는 그대가 더 위험하오. 티끌 같은 세상 지식으로 교만한 마음만 늘어 번뇌

/news/articleView.html?idxno=14386&replyAll=Y&reply_sc_order_by=I.

「明恵上人樹上坐禅像」, ©高山寺

가 끝이 없고, 탐욕의 불길이 쉬지 않으니 어찌 위험하지 않은가?"라고 응대했다는 이야기이다.35)

「명혜상인수상좌선상」은 조과선사 이야기와 맥락에서 이해해야 한다. 이런 설화는 모두 삶의 위태로움과 생사대사(生事大事)의 시급함을 강조하는 불교의 전통적인 서사구조 안에 있다. 삶은 본래 나뭇가지 위에 앉아있는 것처럼 위태롭다. 다만, 그것을 잊고 살 뿐이다. 상실과 마주치게 되는 순간은, 본래 위태로웠던 삶이 제 모습을 드러낸 것이고, 잠시 잊고 살았던 진실을 목격하는 순간이다. 늘 함께하리라 여겼던 것이 허상이고, 눈앞에서 사라져버린 것이 진상이다. 상실은 본래 없었던 것, 본래 내 것이 아니었던 것이 제자리로 돌아간 것일 뿐이다. 제자리로 돌아간 것을 붙잡고 늘어지는 그 마음이 바로 상실을 만들어낸다. 중요한 것은 상실이 닥쳤을 때 비애에 빠지는 것이 아니라, 그 속에서 삶의 의미를 발견해 내는 것이다. 그것이 상실을 치유하는 가장 아름다운 방법이다.

선묘설화는 의미찾기를 통해 상실의 승화를 도모한다. 설화를 통해 사람들은 모든 상실은 의미를 가지고 있다(Every loss has meaning)는 것을 알게 된다. 선묘설화가 보여주는 의미는 갈애로서의 사랑을 초월한 더 큰 사랑이다. 종교적 맥락에서는 단월로 상징되는 대승적 사랑이고, 세속적 맥락에서는 나라 사랑 즉 호국(護國)이다. 여기서 선묘설화는 죽어서 용이 되어 불법과 나라를 수호하는 호국용(護國龍)이 되었다는 문무왕 설화와도 연결된다. 부석사 창건에는 호국신앙과 불교신앙 그리고 토속신앙이 복합적으로 융합된 것으로 보이며, 이러한 부

35) 『景德傳燈錄』 大正藏 51, 230b. "杭州鳥窠道林禪師, 本郡富陽人也, 姓潘氏. … 後見秦望山, 有長松枝葉繁茂盤屈如蓋, 遂棲止其上. 故時人謂之鳥窠禪師, 復有鵲巢于其側, 自然馴狎人亦目爲鵲巢和尚. … 元和中白居易出守玆郡, 因入山禮謁, 乃問師曰: 禪師住處甚危險. 師曰: 太守危險尤甚. 曰: 弟子位鎭江山, 何險之有. 師曰: 薪火相交, 識性不停, 得非險乎."

석사의 조영 방식이 후에 감은사 조영에도 영향을 끼쳤을 것으로 보인다.[36]

의상은 부석사를 창건한 지 5년 후, 『삼국사기』에 다시 의미 있게 등장한다. 681년 6월에 문무왕이 왕경에 성을 새로 쌓으려고 하여 승려 의상에게 물어보니 의상이 대답하기를, "비록 들판의 띠집에 살아도 바른 도를 행하면 곧 복된 일이 길 것입니다. 만약 그렇지 않으면 비록 사람을 수고롭게 하여 성을 만들지라도 또한 이익되는 바가 없습니다"라고 대답하였고, 이에 왕이 공사를 그만두었다는 내용이다.[37] 이를 보면 산성 구축을 통해 국방력 강화에 몰두해온 문무왕에게 의상은 백성들의 마음을 위무하고 치유하는 게 더 시급하다고 진언했음

36) 김승제, 「부석사 청건에 미친 토속신앙과 불교와의 융합 및 문무왕의 호국신앙」, 『대한건축학회논문집』 5-2, 대한건축학회, 1989, 59-67쪽.

37) 『三國史記』, 新羅本紀 第七, 「文武王」. "王欲新京城, 問浮屠義相對曰, '雖在草野茅屋, 行正道即福業長, 苟爲不然, 雖勞人作城, 亦無所益.' 王乃止役." 비슷한 내용이 『삼국유사』에도 전한다. "(문무)왕이 처음 즉위하여 남산에 장창(長倉)을 설치하였으니 길이가 50보, 넓이가 15보였는데, 쌀과 병기를 저장하니, 이것이 우창(右倉)이고, 천은사(天恩寺) 서북쪽 산 위에 있는 것은 좌창(左倉)이다. 다른 책에는 건복(建福) 8년 신해(辛亥)에 남산성(南山城)을 쌓았는데, 둘레가 2천 8백 50보라고 하였다. 곧 진평왕(眞平王) 때에 처음으로 쌓았던 것을 이때 중수한 것이다. 또 부산성(富山城)을 쌓기 시작하여 3년 만에 마쳤고, 안북하(安北河) 가에 철성(鐵城)을 쌓았다. 또한 서울에 성곽을 쌓고자 이미 관리를 갖추라고 명령하였다. 그때 의상법사가 이 소식을 듣고 글을 보내 아뢰기를, '왕의 정교(政敎)가 밝으면, 비록 풀 언덕에 땅 금을 그어서 성으로 삼아도 백성이 감히 넘지 못하고, 가히 재앙을 씻어서 복이 될 것이나, 정교가 밝지 못하면, 비록 장성이 있더라도 재해를 없앨 수 없을 것입니다'라고 하였다. 왕은 이에 역사를 중지하였다.(王初即位置南山長倉, 長五十步, 廣十五步, 貯米穀兵器, 是爲右倉, 天恩寺西北山上是爲左倉. 別本云建福八年辛亥築南山城, 周二千八百五十步. 則乃真徳王代始築而至此乃重修爾. 又始築富山城, 三年乃畢, 安北河邊築鐵城. 又欲築京師城郭旣令真吏. 時義相法師聞之致書報云, 王之政教明, 則雖草丘盡地而爲城, 民不敢踰, 可以潔災進福, 政教苟不明, 則雖有長城災害未消. 王於是□罷其役.)" 『三國遺事』 紀異第二, 「文武王法敏」. 원문과 번역 출전은 한국사데이터베이스(https://db.history.go.kr).

을 알 수 있다.

부석사에서 선묘와 아미타불을 예배하는 이들의 기억에는 잃어버린 사랑과 죽음이라는 인간의 보편적이고 실존적인 상실감이 깊게 드리워져 있다. 예배자들은 이 공간에서 전쟁과 상실이라는 삶의 무의미를 성스러운 '이야기의 힘'으로 극복했다.

5. 맺음말

"사랑을 잃고 나는 쓰네"는 한국인들에게 익숙한 시 구절이다. '잃고'에는 인간의 보편적이고 실존적 문제인 상실(loss)이 있고, '쓰네'에는 그것의 극복과 치유가 있다. 상실은 삶에서 누구나 당면하는 보편적인 문제여서 아무도 피할 수 없지만, 서사를 통해 극복하고 치유될 수 있다. 그 사례로 본 연구에서는 부석사 사찰 연기설화를 살펴보았다. 부석사 연기설화에는 사랑을 잃은 여성 선묘와 생명을 잃은 죽음을 상징하는 아미타불이 있다. 여기서 상실이라는 인간의 실존적 문제는 설화를 통한 심미적 경험을 거쳐 새로운 의미찾기로 승화함으로써 치유된다.

부석사 창건은 종교적 염원에서 비롯된 것이 아니라 나당전쟁과 삼국통일이라는 16년에 걸친 신라의 통일전쟁 와중에 국책사업으로 진행되었다. 한 국가의 가용 자원이 모두 동원된 총력전을 치르기 위해서는 직접적인 전략 전술의 운용 못지않게 후방지원과 지속적 경제활동을 위한 교통로 확보가 필요했고, 부상자와 일반백성들에 대한 구호활동 및 심리적 위무도 필요했다. 부석사는 이와 같은 목적에서 국가적 차원에서 건립된 것으로 보이는데, 특히 부석사 연기설화는 전쟁으로 인한 백성들의 깊은 상실감을 부처와 호국이라는 성스러운 의미로 승화시키는 데 주효했다.

이야기는 위로하고, 이야기는 치유한다. 상실하여 상처 난 마음은 상실을 서술한 이야기를 들음으로써 위로받는다. 이것은 카타르시스(catharsis)와는 일정 부분 겹치기도 하고 다르기도 하다. 카타르시스는 비극을 보거나 읽어서 내면의 상처를 직면하고 비로소 하지 못했던 슬퍼함을 통하여 치유하는 것을 의미한다. 순화(purification), 정화(lustration) 또는 배설(purgation)이라는 뜻이 있어 때때로 복합적인 의미로도 사용되었다.

2001년 제25회 이상문학상 대상 수상작은 신경숙 작가의 소설『부석사』였다. 연인의 배반으로 뜻하지 않은 이별을 당한 '그녀'와 회사 동료로부터 배신당한 '그'가 부석사를 향해가는 여정을 그렸다. 상처받은 관계, 관계에서 상처 입은 이들이 찾아 떠난 곳이 하필이면 부석사였다. 한국인들에게 부석사는 여전히 세상살이에서 비롯된 상실감과 삶의 무의미를 회복시켜주는 치유의 공간이다.

【참고문헌】

法救 撰, 維祇難等 譯, 『法句經』

贊寧等 撰,『宋高僧傳』

道原 纂, 景德傳燈錄』 大正藏 51

金富軾 宣撰, 三國史記』

一然 撰, 『三國遺事』

無寄 撰集, 『釋迦如來行蹟頌』

M. 엘리아데, 이은봉 역, 『성과 속』, 한길사, 1998.

김봉렬, 『이 땅에 새겨진 정신』(한국건축의 재발견3), 이상건축, 1999.

김승제, 「부석사 청건에 미친 토속신앙과 불교와의 융합 및 문무왕의 호국신앙」, 『대한건축학회논문집』 5-2, 대한건축학회, 1989.

김운학, 「일본에 미친 의상선묘설화」, 『불교학보』 13, 동국대학교 불교문화연구원, 1976.

김태형, 『다시 읽는 부석사』, 상상창작소봄, 2018.

김혜완, 「나말여초 남한강 주변의 선종사원과 선사들의 활동: 정치세력과의 관계를 중심으로」, 『한국고대사연구』, 한국고대사학회, 2008.

신연우, 「〈바리공주〉와 중국 〈妙善〉 및 유사설화 비교의 관점」, 『한국무속학』 27, 2013.

이민용, 「내러티브와 사회적 치유: 게르만신화 신들의 죽음과 『황금가지』의 사제왕 살해 관습을 중심으로」, 『독일어문화권연구』 20, 서울대학교 독일어문화권연구소, 2011.

이상훈, 「나당전쟁 연구」, 경북대학교 대학원 사회교육학과 박사학위논문, 2011.

이상훈, 「나당전쟁기 신라의 대규모 축성과 그 의미」, 『한국고대사탐구』 23, 한국고대사탐구학회, 2016.

장규언, 「한국 전통 산사 건축에 보이는 공간 인식: 부석사를 실례로」, 『환경철학』 20, 한국환경철학회, 2015.

정성권, 「영주 및 봉화지역 7세기 신라 불교조각의 조성 배경: 영주 가흥동 마애여래삼존상을 중심으로」, 『대구사학』 151, 대구사학회, 2023.

정성권, 「항마촉지인 불상의 신라 등장시기와 배경: 부석사 무량수전 소조여래좌상을 중심으로」, 『신라사학보』 59, 신라사학회, 2023.

王詩琪 譯, 『意義的追尋: 轉化哀慟的最終關鍵』, 時報出版, 2020.

B. Faure, The Red Thread: Buddhist Approaches to Sexuality, Princeton University Press, 1998.

David Brazier, The Feeling Buddha: A Buddhist Psychology of Character, Adversity and Passion, St. Martin's Griffin, 2002.
David Kessler, Finding Meaning: The Sixth Stage of Grief, Scribner, 2019.
Elisabeth Kübler-Ross/David Kessler, On Grief and Grieving: Finding the Meaning of Grief Through the Five Stages of Loss, Scribner, 2014.
I. B. Horner tr., The Book of the Discipline(Vol.1), Pali Text Society, Luzac & Company, 1949.
京都国立博物館 홈페이지(https://www.kyohaku.go.jp)
高山寺 홈페이지(https://kosanji.com)
국사편찬위원회 한국고대사료DB(http://db.history.go.kr)
동국대학교 불교기록문화유산아카이브(https://kabc.dongguk.edu/index)
〈법보신문〉 2011.10.06.; 2016.08.24; 2023.11.06.
〈영주시민신문〉 2023.05.12.
〈정신의학신문〉 2019.03.02.
임은주의 심리학 세상(https://m.blog.naver.com)

신라 불국신앙(佛國信仰)의 기록과 미술

송 은 석

1. 서론

신라의 불국신앙(佛國信仰)은 신라가 오랜 옛날 과거세의 부처와 인연이 있거나, 신라가 부처나 보살들이 살고 있는 '부처의 나라'이기 때문에, 부처의 가호를 받아 재난과 위험에서 벗어날 수 있으며 안락과 평안을 누릴 수 있다는 믿음이다.[1] 이러한 믿음 속에서 사찰과 불

1) 佛國土, 佛緣國土, 淨佛國土 등은 國(나라, 국체)과 土(땅, 영토)라는 의미가 함께 포함된 개념이지만 영토라는 의미가 좀더 강조된 용어이다. 본고에서는 영토라는 개념을 배제한 국가 즉, 신라라는 의미에 집중하기 위하여 佛國이란 용어를 사용하도록 하겠다. 慧遠의 『大乘義章』(T.1851) 권19에서는 佛刹, 佛界, 佛國, 佛土, 淨刹, 淨界, 淨國, 淨土 등을 모두 불국과 유사한 개념으로 파악하고 있다. "言佛國者. 攝人之所, 目之爲國. 約佛辨國, 故名佛國. 言佛土者. 安身之處, 號之爲土. 約佛辨土, 名爲佛土. 若論其國, 王領者有, 不王者無. 土卽不爾, 有身皆有."

탑을 세우고, 불상과 불화를 제작하는 일은 매우 자연스럽게 장려될 수 있었고, 정치적 안정도 꾀할 수 있었다. '부처의 나라'인 인도 이외의 지역에서 신라처럼 부처의 나라를 자칭하는 현상은 불교가 유입된 많은 지역에서 발견된다. 그러나 각 지역마다 불국신앙의 방식이 달랐고, 그와 관련된 시각문화의 제작 양상도 같지 않았다. 기록과 시각문화의 멸실 등으로 불국신앙의 흔적이 발견되지 않는 고구려와 백제와 달리 신라에서는 매우 강한 불국신앙의 흔적을 찾아볼 수 있다. 이는 불국신앙 기록이 많이 남겨진 『삼국유사』가 신라 위주의 기록인 점에서 찾을 수도 있지만, 실제로도 고구려나 백제와 다른 신라만의 불국신앙이 성행하였기 때문이기도 하다.

지금까지 신라의 불국신앙은 주로 정치적 관점에서 해석되었다. 즉, 신라 중고기(中古期)의 불국신앙은 왕실의 가계가 석가모니의 가계와 동일하다는 인식을 통해 왕실의 위상을 높이고 내외의 정국을 안정시키려는 목적에서 만들어졌다고 평가되었다. 또한 하대(下代)에는 주로 신흥 지방세력의 정치적 정당성 확보를 목적으로 신라 땅 곳곳에 불보살들의 진신이 상주하고 있다는 인식이 확대되었다고도 해석되었다.[2] 즉, 지금까지는 주로 정치적 목적에서 생산된 '불국토사상'의 양상을 살펴보거나, 승려들의 교학 속에 있는 불국토사상의 모습을 분석하는 등, 사상과 교학 측면의 탐구가 주를 이루었으며, 불국신앙의 결과로 생산된 시각문화는 크게 주목되지 못하였다. 그 이유는 불국신앙을 바탕으로 생산된 기록은 적지 않게 남아 있지만, 이와 관련된 시각문화의 유존 사례는 많지 않기 때문일 것이다.

그러나 정치적 관점이나 종교적 관점에 기반한 기록 분석만으로

2) 신동하, 「新羅 佛國土思想의 展開樣相과 歷史的 意義」(서울대학교 박사학위논문, 2000. 2), 165-171쪽.

는 신라의 불국신앙의 전모가 드러나는 데에 한계가 있으며, 문화적 관점으로 해석될 미술품의 분석이 더해져야 신라의 불국신앙이 올바로 드러날 것으로 생각한다. 이러한 인식 속에서 본 연구는 신라 불국신앙의 시각적 결과물인 시각문화의 면모를 찾아 드러내고 해석하여 정치적, 종교적 해석과 종합하여 원형에 가까운 모습을 재현하는 데 집중하고자 한다. 먼저, 기록에 의존하여 신라 불국신앙의 틀을 살펴보고, 유존한 미술품을 직접적으로 분석하거나 인멸된 미술품을 간접적을 분석함으로써, 신라 불국신앙 미술의 성격을 구명한 후, 종합적으로 신라 불국신앙의 전모를 드러내도록 하겠다.

한편, 황룡사, 사천왕사, 불국사, 석굴암, 낙산, 오대산 등 신라 불국신앙의 미술과 관련된 역사의 현장은 대부분 현재 세계문화유산으로 지정되어 있기에, 신라 불교신앙의 한 축을 이루고 있는 불국신앙은 이들 세계문화유산적 가치 형성에 중요 부분을 이루고 있다고 하겠다. 이처럼 불국신앙 미술의 분석과 연구를 통하여 세계문화유산으로서 다양한 가치를 새로이 획득할 수 있을 것으로 기대한다.

2. 신라인의 불국에 대한 인식 층위

신라 불국(토)사상, 또는 불국신앙은 신라불교사의 중요 주제로 연구되어 왔으며, 불국토사상의 시대적 흐름과 정치의 관계를 위주로 한 분석에서 많은 성과를 내었다. 중고기, 중대, 하대의 순으로 불국토사상의 정치적 성격이 변화한 과정, 신라 교학자들의 연구서에 나타난 불국사상의 양상 등에 대한 연구가 특히 많이 이루어졌다.[3] 그러나 불국신앙의 대상인 '불국'에 대한 신라인들의 인식에 대해서는 다소 불명확하고 모호하게 처리되어 있으며, 그 '불국'을 조형화한 미술에 대한 설명은 거의 없던 것이 사실이다. 그러므로, 본 연구에서 신라인들의 불국에 대한 이해를 보다 체계적으로 이해하기 위하여 신라인들이 바라보았던 불국에 대한 인식의 차이와 이에 따른 미술의 차이를 함께 연결하여 설명하는 것도 신라 불국신앙의 전모를 파악하기 위한 유의미한 일로 판단된다. 『삼국유사』 등 신라인들의 불국에 관련된 기록에 의하면, 신라인들이 인식한 불국(佛國)은 모두 4가지 층위를 갖고 있었던 것으로 보인다.

첫째, 석가족의 영역인 가비라국으로 불국을 인식한 것이다. 가비라국의 왕족인 석가모니의 가계를 신라왕계에 대입한 것이 그 사례인데, 이때의 불국은 가비라국인 것이다. 가비라국이 묘사된 미술이 신라에 존재하였는지에 대한 명확한 증거는 확인되지 않았다.

둘째, 석가모니가 출가하고 성도한 이후 열반에 들 때까지 활동하였던 북인도의 사위성(코살라국의 슈라바스티), 왕사성(마가다국의 라즈기르) 등을 신라 왕경인 금성(金城)에 대입하여 불국으로 인식한 것이다. 즉, 이는 석가모니의 성적(聖跡)이 신라(주로 금성)에도 있다는 인식이며, 황룡사 장육상, 연좌석, 석불사(석굴암) 등이 이에 해당한다.

셋째, 석가모니불 이외의 여러 불보살들의 상주처(常住處)인 인도 전역을 불국으로 인식하였으며, 신라 전국을 인도의 불보살 상주처와 동일한 곳으로 인식한 것이다. 인도 남부에 위치한 관음보살 상주처인 보타락가산이 양양의 낙산으로, 중국 오대산의 문수보살 성지가

---

3) 불국토사상 또는 불국신앙 연구에 대한 개설은 신동하(2000. 2), 3-6쪽; 박광연, 「신라 중대의 정불국토(淨佛國土) 인식과 의미」, 『불교학보』 68(2014. 7), 115-116쪽 참조.

평창 오대산으로 대입된 것 등이 이에 해당한다.

넷째, 인도를 벗어난 공간, 즉 수미산을 중심으로 한 소세계(小世界) 전체를 불국으로 인식한 것이다. 경주의 낭산을 세계의 중심 산인 수미산으로 인식하고, 낭산 중턱에 있는 사천왕사를 수미산 주변의 사천왕천에 비정하는 등의 인식이다.

3. 석가탄생지 가비라국으로서의 불국

법흥왕 때인 527년 불교가 신라에서 공인된 이후 법흥(法興), 진흥(眞興), 진지(眞智), 진평(眞平), 선덕(善德), 진덕(眞德) 등 6대에 걸쳐 불교식 왕명이 지어져 사용되었다. 그중 진흥왕은 아들들의 이름을 동륜(銅輪), 사륜(舍輪=鐵輪)으로 지음으로써 자신은 금륜(金輪)으로 인식한 것으로 판단된다.[4] 동륜과 사륜은 4종의 전륜성왕(轉輪聖王) 중 3·4번째 왕이며, 금륜은 첫 번째 왕이다. 437년에 한역된 『아비담비바사론(阿毘曇毘婆沙論)』에 금륜왕이 사천하를 다스리고, 은륜왕은 삼천하, 동륜왕은 이천하, 그리고 철륜왕은 일천하를 다스린다고 하였으며, 646년에 완성된 『대당서역기(大唐西域記)』에는 좀더 구체적으로 다스리는 천하를 구분하여 서술하였다.[5] 즉, 금륜왕은 사천하, 은륜왕은 동·남·

---

4) 진지왕의 이름인 舍輪의 舍가 '쇠'의 음사라는 견해로는 김철준, 「新羅上代社會의 Dual Organization 下」, 『歷史學報』 2(1952. 10), 91쪽 참조.

5) 孫英剛, 「轉輪王與皇帝—佛教對中古君主概念的影響」, 『社會科學戰線』 221(2013. 11), 80쪽; 浮陀跋摩·道泰等 譯, 『阿毘曇毘婆沙論』(T.28-1546) 卷16, 120쪽: "轉輪王無那羅延力, 隨輪寶德, 身力及餘寶亦然. 若其輪是金, 王四天下, 其力最勝. 若其輪是銀, 王三天下, 其力轉減. 若其輪是銅, 王二天下. 其力復減. 若其輪是鐵, 王一天下, 其力最劣."

서천하, 동륜왕은 동·남천하, 철륜왕은 남천하를 관할하는 것으로 구체화하여 전륜성왕 지위의 고하를 확정한 것이다.[6)]

아들의 이름을 동륜왕, 철륜왕으로 지어 자신을 금륜왕으로 인식시키면서 전륜성왕의 가계를 표방한 것은 2가지로 해석되었다. 하나는 미륵하생신앙에 의거한 해석이며, 다른 하나는 석가족 가계와 신라 왕계를 동일시했다는 해석이다. 『장아함경(長阿含經)』「전륜성왕수행경(轉輪聖王修行經)」이나 『불설미륵하생경(佛說彌勒下生經)』에 의하면, 미래불인 미륵불이 도솔천으로부터 하생할 곳을 다스리는 왕은 전륜성왕 상구(蠰佉, 또는 儴伽)이다.[7)] 그러므로 진흥왕이 두 아들의 이름을 통해 자신이 전륜성왕임을 천명한 것은 미륵하생신앙에 바탕을 둔 용화세계의 군주임을 칭한 것으로 해석될 수 있다.[8)] 6-7세기 신라에 미륵하생신앙이 성행하고 있었다는 연구 결과도 이러한 해석에 도움을 주고 있다. 한편, 『석가보(釋迦譜)』 등에 의하면, 석가족의 선대에는 대대로 수많은 전륜성왕이 출세하였다고 하기 때문에, 신라의 진흥왕이 전륜성왕으로 자처한 것은 석가족 가계와 신라의 왕계를 연결지은 것이라는 해석이다.[9)] 싣다르타가 탄생하였을 때 출가하지 않으면 전륜성왕이 될 것이라는 점사도 이와 같은 맥락에 의한 것이다. 진흥왕은 자신을 비롯한 중고기 신라왕계가 석가족 가계와 연관성이 있음을 강

---

6) 玄奘 譯·辯機 撰, 『大唐西域記』(T.51-2087) 卷1, 869쪽: "金輪王乃化被四天下, 銀輪王則政隔北拘盧, 銅輪王除北拘盧及西瞿陀尼, 鐵輪王則唯贍部洲."

7) 佛陀耶舍·竺佛念 譯, 『長阿含經-轉輪聖王修行經』(T.1-1) 卷6, 41-42쪽: "當於爾時, 有佛出世, 名爲彌勒如來 …彼時有王名曰儴伽, 刹利水澆頭種轉輪聖王, 典四天下"; 竺法護 譯, 『佛說彌勒下生經』(T.14-453), 421-422쪽: "爾時, 法王出現, 名曰蠰佉. …是時蠰佉王, 聞彌勒已成佛道, 便往至佛所欲得聞法."

8) 김남윤, 「新羅 彌勒信仰의 전개와 성격」, 『역사연구』 2(1993. 11), 10-20쪽; 孫英剛, 81쪽.

9) 僧祐 撰, 『釋迦譜』(T.50-2040) 卷1, 2쪽: "從善思以來有十族轉輪聖王相續不絕."

조하여 자신의 정통성을 강조한 것으로 해석되고 있다.[10] 진흥왕이 두 아들을 통해 전륜성왕임을 천명한 배경이 미륵하생신앙인지, 석가족 가계에 기댄 것인지는 명확히 구분되지는 않는다.

그러나 진흥왕의 큰아들 동륜의 아들들인 진평왕과 형제들의 이름에는 보다 확연한 석가계보 의식이 반영되어 있다. 진흥왕의 장자인 동륜은 왕위에 오르지 못하였으나, 그의 아들은 왕위에 올라 진평왕이 되었다. 진평왕의 이름은 백정(白淨), 부인의 이름은 마야(摩耶), 그리고 동생들은 백반(伯飯), 국반(國飯) 등이었다. 이러한 이름은 석가모니의 아버지인 정반(淨飯) 또는 백정(白淨), 삼촌인 백반(白飯)·곡반(斛飯)과 같거나 유사하여 석가의 가계에서 유래하였을 것으로 판단된다.[11] 지금까지의 연구들에 따르면 이러한 석가계보식 이름은 동륜태자가 지은 것에 대해 부정적인 의견이 대부분이다. 진평왕 당대에 자신을 포함한 형제들의 이름을 바꾸었다는 의견이거나, 선덕왕대에 부모대의 이름을 바꾸었다는 의견인 것이다. 즉, 진평왕과 부인의 이름이 백반-마야(석가의 어머니)인 것으로 보아 진평왕 당대에 석가에 버금가는 인재의 탄생을 기원하며 자신 부부와 형제들의 이름을 석가부모대의 이름들에 빗대어 칭하였다는 것과, 진평왕의 자식이어서 정반왕의 아들인 석가에 해당하는 선덕왕에 의해 부모와 삼촌들의 이름을 석가계보에 따라 개칭하였을 가능성이 있다는 것이다.[12] 그러나 진평왕과 형제들이 스스로 개명을 하였다거나, 딸인 선덕왕이 부모와 삼촌들의 이름을 바꾸는 일은 일반적인 일로 보기는 어렵다. 필자는

---

10) 남동신, 「자장의 불교사상과 불교치국책」, 『한국사연구』 76(1992. 3), 30-33쪽; 신동하(2008. 2), 10-11쪽.

11) 신동하(2008. 2), 7-8쪽.

12) 金哲埈(1952. 10), 91-94쪽; 신동하, 「신라 골품제의 형성 과정」, 『韓國史論』 5(1979. 10), 38-43쪽; 남동신(1992. 3), 30-33쪽.

동륜태자가 지었을 가능성에 좀더 무게를 두고자 한다. 아버지인 동륜이 석가계보에 따라 백정, 백반, 국반으로 지은 일은 형제 자신들이 개명하였다고 하는 것보다 매우 자연스러운 일이다. 한편 진평왕의 왕비 이름은 아마 혼인 이후에 진평왕인 백정의 이름에 맞추어 마야로 개명하였다고 해석하는 것이 보다 합리적일 것으로 판단한다.

진평왕의 딸인 덕만(德曼)과 진평왕의 동생 국반의 딸인 승만(勝鬘)이 차례로 왕위에 올라, 각각 선덕왕(善德王)과 진덕왕(眞德王)이 되었다. 선덕과 진덕은 재위 당시에도 사용되었던 이름인 것으로 보이는데,[13] 선덕은 『대방등무상경(大方等無想經)』, 진덕의 이름인 승만은 『승만경(勝鬘經)』에서 유래한 것으로 확인되었다.[14] 특히 『대방등무상경』에서 설하고 있는 선덕바라문은 석가 사후 염부제의 아쇼카[阿叔迦]왕이라는 전륜성왕이 될 것으로 예언되었으며, 사리를 공양하여 도리천주(忉利天主)가 되고싶다는 소원을 내기도 하였다.[15] 이는 곧 선덕여왕이 아쇼카왕 즉 전륜성왕이라는 인식과 함께 사후 도리천에 묻히기를 희망한 도리천왕생 신앙과도 연결되어 있었다.[16]

이처럼 진흥왕-진평왕-선덕왕으로 이어진 중고기 왕들에게서 신라왕과 왕계는 석가족의 왕계와 동일시되었으며, 신라는 석가모니불의 가비라국과 다르지 않은 나라로 인식된 것이다. 즉, 이들 신라왕들이 상정하였던 '불국(佛國)'은 석가족의 나라인 '가비라국(迦毗羅國)'이었던 것이다. 그러나 아쉽게도 현재 '가비라국으로서의 불국'을 나타내

13) 남동신(1992. 3), 29쪽; 『舊唐書』 卷3: "新羅女王 金善德死 遣冊立其妹 眞德爲新羅王."

14) 남동신(1992. 3), 29쪽.

15) 曇無讖 譯, 『大方等無想經』(T.12-387) 卷4, 1096-1097쪽: "若能供養如來舍利如芥子許, 福報應得忉利天主 …爾時大臣, 即今善德婆羅門是. 是婆羅門, 於我滅後百二十年, 王閻浮提, 字阿叔迦, 住於波梨弗羅城中, 姓無邪氏, 得轉輪王."

16) 남동신(1992. 3), 29-30쪽.

는 확실한 시각문화는 남아 있지 않은 것으로 판단된다. 중고기 불국 신앙의 중심지였던 진흥왕-진평왕-선덕왕대의 황룡사에 장육석가상과 구층목탑이 건립되었지만, 이 유물들은 가비라국을 나타낸 것이 아니기 때문이다. 즉, 신라 중고기 왕실에서 가비라국의 석가족 왕계를 본떠 정치적 권위를 확고히 하였지만, 이를 시각문화로서 재현한 것은 석가 재세시 또는 후세의 북인도에 집중되어 있었던 것으로 판단된다. 석가의 탄생지인 가비라국의 룸비니를 배경으로 한 사상도(四相圖)나 팔상도(八相圖) 등의 부분으로 탄생도(誕生圖)가 제작되었지만, 신라에 이러한 미술이 있었다는 증거는 아직 발견된 바 없다.17)

4. 석가모니 성적(聖跡)의 현장 북인도로서의 불국

석가모니가 출가한 이후 수행, 성도, 설법, 열반 등 모든 활동의 무대였던 북인도의 사위성(코살라국의 슈라바스티), 왕사성(마가다국의 라즈기르) 등 북인도 지역이 신라 또는 왕도(왕경, 쇠벌)와 동일시된 관점이다. 즉, 석가족의 가비라국을 불국으로 받아들여 신라 왕계를 석가왕국으로 인식하였던 중고기 왕실의 불국인식에서, 출가 후

17) 최근 경주 불국사의 '불국'이 석가모니 귀향 설법의 장소인 가비라성을 형상화한 것이라는 의견이 제기되었다. 어머니 마야부인을 위한 설법 장소인 도리천궁이 석굴암이며, 아버지 정반왕을 위한 설법 장소인 가비라성이 불국사였다는 의견이다. 석굴암과 불국사의 밀접한 관계는 불교적 효행사상을 기반으로 한 석가모니의 부모와 연관된 장소였음을 밝힌 연구로서 중요성이 있으나, 조형적으로는 아직 논의할 부분이 남겨져 있다. 남동신, 「불국으로서의 불국사」, 『불국사 -불국사박물관 개관전 도록』(2018. 11), 228-237쪽; 남동신, 「佛教的 理想世界로서의 佛國寺」, 『신라문물연구』 12(2019. 12), 121-143쪽.

여래로서 석가모니가 주로 활동한 북인도 전역으로 확대된 인식인 것이다. 북인도에는 석가모니 재세 시의 성적이 곳곳에 분포하고 있으며, 과거육불(過去六佛) 등 석가 이전 전불시대(前佛時代)의 성적들로 알려진 유적도 남겨져 있다. 지역적으로는 쉬라바스티(사위성), 라즈기르(왕사성), 파탈리푸트라(파트나), 보드가야, 바이샬리, 상카샤 등 석가모니가 활동하였던 북부지역 전역에 해당한다.

신라의 왕도를 포함한 강역 안에 인도 북부지역과 같이 전불시대부터 깊은 인연이 있는 유적과 유물이 유존하고 있었으며, 북인도의 석가모니 성적도 남겨져 있다는 인식이 또 다른 불국신앙의 모습인 것이다. 북인도의 여러 성적(聖跡)들이 신라의 왕경에도 자리하고 있다는 믿음은 아쇼카왕과 관련된 황룡사의 장육상과 전불시대 유적으로 마가다국 왕사성에 있다는 연좌석이 황룡사 경내에 자리하고 있었다거나, 보드가야 마하보리사의 항마성도상이 경주 토함산 석굴암에 재현되어 있었으며, 전불시대부터 인연이 있었던 가람 터가 신라 왕도에 일곱 곳이나 있었다는 등의 설화로 표현되었다.

신라의 전륜성왕으로 자처한 것으로 판단되는 진흥왕은 인도의 대표적인 전륜성왕인 아쇼카왕이 주조에 실패한 장육존상을 조성하여 황룡사에 봉안함으로써 아쇼카왕을 능가하는 권능을 천명할 수 있었다. 574년에 주조된 장육존상은 1238년 몽고군의 침입으로 소실되었지만, 『삼국유사』에 장육상과 관련된 전설적인 기록이 남겨져 있다. 이 불상은 인도 마우리아 왕조(322~185BCE)의 군주 아육왕(아쇼카왕, Aśoka: 재위 약 268~232BCE)이 보낸 작은 석가동불상을 모본으로 삼아 만들어졌다고 전해진다.[18]

---

18) 一然 撰, 『三國遺事』 塔像第4, 皇龍寺丈六.

一然 撰, 『三國遺事』 塔像第4, 皇龍寺丈六:

"新羅第二十四眞興王卽位十四年癸酉二月, 將築紫宮於龍宮南, 有黃龍現其地. 乃改置爲佛寺, 號黃龍寺. 至己丑年, 周圍墻宇, 至十七年方畢. 未幾, 海南有一巨舫, 來泊於河曲縣之絲浦. 撿看有牒文云, 西竺阿育王, 聚黃鐵五萬七千斤, 黃金三萬分, 將鑄釋迦三尊像, 未就. 載舡泛海而祝曰, 願到有緣國土, 成丈六尊容. 幷載摸樣一佛二菩薩像. 縣吏具狀上聞, 勅使卜其縣之城東爽塏之地, 創東竺寺, 邀安其三尊, 輸其金鐵於京師. 以大建六年甲午三月, 鑄成丈六尊像, 一鼓而就. 重三萬五千七斤, 入黃金一萬一百九十八分. 二菩薩, 入鐵一萬二千斤, 黃金一萬一百三十六分. 安於皇龍寺.

신라 24대 진흥왕이 즉위한 14년째인 계유년(553) 2월에 용궁의 남쪽에 황궁을 지으려 하였는데, 그 땅에서 황룡이 나왔다. 이에 사찰로 바꾸어 짓고 황룡사라 하였다. 기축년(569)에 이르러 담장을 둘러 17년 만에 공사를 마치었다. 얼마 지나지 않아, 남쪽 바다에 큰 배 한 척이 와서 하곡현의 사포에 정박하였다. 조사해 보니 첩문이 있었는데, 다음과 같다. 서축의 아육왕이 황철 5만 7천근과 황금 3만분을 모아 석가삼존상을 주조하려 하였으나 이루지 못하였다. (삼존상을) 배에 실어서 바다에 띄우면서 '인연이 있는 나라에 이르러 장육존용을 이루기'를 축원하였다. 아울러 1불 2보살상의 모본을 함께 배에 실었다. 현의 관리가 상황을 자세히 적어서 아뢰니, 왕은 사신에게 명해 그 현성의 동쪽 높고 트인 땅을 택해 동축사를 세워 삼존상을 봉안하고, 금과 철은 서울로 보내도록 하였다. 대건 6년 갑오년(574) 3월에 장육존상을 주조하였는데, 단번에 이루었다. (불상의) 무게는 3만 5007근이며, 들어간 황금은 1만 198분이었다. 두 보살상에는 철 1만 2000근과 황금 1만 136분이 들어갔다. 황룡사에 봉안하였다."

또 별본(別本)에는 다음과 같이 불상을 주조한 장소와 동축사 불상의 이안 사실도 기록하고 있다.

一然 撰, 『三國遺事』 塔像第4, 皇龍寺丈六:

"南閻浮提十六大國, 五百中國, 十千小國, 八萬聚落, 靡不周旋, 皆鑄不成. 最後到新羅國, 眞興王鑄之於文仍林, 像成. (中略) 像成後, 東竺寺三尊, 亦移安寺中.

남염부제 16대국, 500중국, 1만소국, 8만취락을 두루 돌았는데 모두 주조를 이루지 못하였다. 마지막으로 신라국에 이르러, 진흥왕이 문잉림에서 주조하였더니 상이 이루어졌다. (중략) 장육상이 이루어진 후에 동축사의 삼존상도 황룡사 안으로 옮겨 봉안하였다."

연기 설화의 내용으로 보아 황룡사의 장육불상은 아육왕이 만들었다고 전해지는 '아육왕상(阿育王像)'일 것으로 여겨져 왔으며, 필자도 동의하는 바이다. 아육왕상은 보통 아육왕이 만든 석가모니불상으로 알려져 있는데, 중국의 기록에는 유위불(維衛佛), 가섭불(迦葉佛), 정광불(定光佛), 문수보살(文殊菩薩), 미륵보살(彌勒菩薩) 등도 석가불과 함께 아육왕상에 포함되어 있으며, 아육왕이 직접 조성한 불상 이외에도 아육왕의 딸이 만든 불상과 아육왕의 동생인 선용왕(善容王)이 만든 불상까지 포함되기도 한다.[19] 또한 아육왕상이 인도에서 제작된 사례는 아직 발견되지 않았고 중국 남북조시대 남조에서 주로 신앙되어 제작되었다고 연구되었다.[20] 이러한 이유로 황룡사 장육상은 중국 남조의 4–6세기에 성행한 아육왕상 신앙과 깊은 연관을 맺고 만들어진 것으로 추정되고 있다.[21]

---

19) 소현숙, 「위진남북조시대 阿育王像 전승과 숭배」, 『불교미술사학』 11(2011. 3), 32–33쪽.

20) 아육왕상이 발견된 바는 없지만 중국 문헌에 인도의 아육왕상에 대한 소개가 없는 것은 아니다. 『고승법현전』에 석가모니가 도리천에서 어머니에게 설법을 다한 후 내려온 상카샤에 남아 있던 삼보 계단 자리에 장육불상을 세웠다는 기록과, 『남해기귀내법전』의 '착의법식'에 '阿育王像'의 착의법을 설명한 부분이 있다. 法顯 記, 『高僧法顯傳』(T.51–2085), 859쪽; 義淨 撰, 『南海寄歸內法傳』(T.54–2125) 卷2, 215쪽; 소현숙(2011. 3), 28–29쪽; 金理那, 「皇龍寺의 丈六尊像과 新羅의 阿育王像系佛像」, 『震檀學報』 46·47(1979. 6), 204쪽; 신동하(2000. 2), 98쪽.

역사상의 불상이 서력 기원후 1세기경에야 비로소 출현하였기 때문에 서력 기원전에 활동한 아육왕이 불상을 만들었다는 것은 우전왕상 조상처럼 설화에 불과할 수도 있다. 그러나 당시 신라인들은 이를 다만 전설이나 설화로만 인식하지는 않았을 것이다. 오히려 당시 중국인들처럼 불국 인도의 성왕이 만들어 많은 이적을 행할 수 있는 상서로운 불상으로 인식하였을 가능성이 높다. 이런 이유로 황룡사의 장육존상과 그 설화는 불국신앙을 보여주는 중요한 사례의 하나로 들 수 있는 것이다. 또한 아육왕의 마우리아 왕조가 인도 북부의 파탈리푸트라(지금의 비하르주 파트나)에 도읍하였기 때문에, 아육왕상의 신라 재현 설화는 불국의 두 번째 범주인 북인도로서의 불국에 들어간다고 판단된다.

한편 선덕왕대의 불국신앙을 주도한 인물인 자장율사는 진흥왕대에 만들어진 황룡사의 장육존상을 신라의 삼보(三寶)로 격상시켜 왕권을 공고히 하려는 시도를 하였다. 전륜성왕으로 추앙받는 인도 아육왕(아쇼카왕)이 조성하려다 실패한 불상이 진흥왕에 의해 완성되었다는 설화를 통해 진흥왕-진평왕-선덕왕으로 이어지는 왕권의 신성함을 강조하고자 한 것이다.[22] 또한 아육왕이 건립한 8만4천탑과 동일한 성격을 가진 구층목탑을 주도적으로 건립하면서, 다시 한번 선덕왕에게 전륜성왕의 권위를 부가하고자 하였다.

'아육왕상'으로 추정되는 황룡사 장육상의 모습을 중국에 전해지는 아육왕상과 관련 기록에서 찾으려는 시도는 매우 타당한 방법이다. 황룡사 장육상이 만들어진 6세기 후반까지의 중국 불상 중에서

---

21) 소현숙, 「新羅 皇龍寺 丈六像의 淵源과 性格 -6세기 중국 南北朝時代 '政治的瑞像'과 比較分析을 통한 연구」, 『선사와 고대』 37(2012. 12), 10-19쪽.

22) 金相鉉, 「新羅 三寶의 成立과 그 意義」, 『東國史學』 14(1980. 1), 64쪽; 남동신(1992. 3), 30-33쪽.

명문을 수반하여 명확한 아육왕상으로 밝혀진 불상은 2사례가 알려져 있다. 1937년 사천성(四川省) 성도시(成都市) 만불사지(萬佛寺址)에서 출토된 "아육왕상(阿育王像)"과 1995년 성도시 서안남로(西安南路)에서 발견된 "육왕상(育王像)"이다(도 1). 만불사지 출토 아육왕상의 명문에 "□州摠管柱國/趙國公招敬造/阿育王像一軀"라 하였으며, 서안남로 발견 아육왕상의 명문에 "太淸五年/九月三十日/佛弟子柱僧逸爲亡兒李/佛施敬造育王像供養…"라 하여, 아육왕상임을 밝히고 있다.[23]

다만 서안남로 출토 불상이 불신과 대좌와 광배까지 온전히 갖추어진 채 발견된 반면, 만불사지 출토 불상은 불두를 결실한 상태여서 머리 이하의 불신에 대해서는 공통적인 특징을 찾을 수 있지만 불두 부분에 대해서는 서안남로 불상만으로 찾아보아야 한다. 다만, 만불사지에서는 서안남로 불상의 얼굴과 같은 특징을 갖고 있는 다수의 불두가 발견되어 참고할 수 있다. 이들 아육왕상의 특징으로 많은 학자들은 다소의 가감은 있지만 대체로 다음과 같은 특징을 들고 있다. 머리카락이 선각된 커다란 육계, '八' 모양의 콧수염, 크게 뜬 눈, 가슴에서 다리까지 전면에 'U' 모양의 주름이 상하 분리되어 새겨진 통견식 대의, 시무외인을 지은 오른손과 가사를 쥔 왼손 등, 인도 불상의 표현 특징이 뚜렷이 드러나 있는 불상인 것이다.[24] 당대(唐代)에 아육왕상에 대한 방대한 자료를 모아 출간한 도선(道宣)은 왼손으로 가사

23) 袁曙光, 「四川省博物館藏萬佛寺石刻造像整理簡報」, 『文物』 545(2001. 10), 23쪽; 成都市文物考古工作隊·成都市文物考古研究所, 「成都市西安南路南朝石刻造像淸理簡報」, 『文物』 510(1998. 11), 4-20쪽.

24) 王劍平·雷玉華, 「阿育王像的初步考察」, 『西南民族大學學報』 193(2007. 9), 67쪽; 소현숙, 「政治와 祥瑞, 그리고 復古 南朝 阿育王像의 形式과 性格」, 『美術史學硏究』 271·272(2011. 12), 263쪽; 董華鋒, 「成都出土石刻阿育王瑞像硏究」, 『敦煌學輯刊』 95(2017. 3), 79쪽; 祁海寧, 「東晋阿育王像硏究」, 『東南文化』 280(2021. 4), 122쪽.

를 쥔 모습이 아육왕상의 중요 특징의 하나로 인식하였고, 당대 일행(一行)도 왼손으로 가사 모서리를 쥔 모습이 아육왕상의 특징으로 인식하고 있었다.[25] 즉, 중국 남북조시대 불상의 다양한 형상이 잘 알려져 있는 21세기 현재는 물론 8-9세기 당대에도 아육왕상은 매우 독특한 형상을 한 불상으로 인식되고 있었던 것으로 파악되었던 것이다.

중국 아육왕상과 매우 비슷한 도상적 특징을 갖고 있는 불상으로, 신라 신문왕(재위: 681~692)의 호지불로 추정되는 전 황복사탑 사리장엄구에 안치되었던 금불상이 주목되었다(도 2). 크게 뜬 눈, 시무외인을 한 오른손, 가사를 쥔 왼손, 그리고 'U'자 모양의 옷주름을 가진 통견의 대의, 발보다 높이 자리한 대의와 대의 아래로 드러난 군(裙) 등에서 성도출토 아육왕상들과 동일한 점이 많이 확인된다. 다만, 얼굴에 수염이 없는 모습이 다를 뿐이다.[26] 전 황복사상이 가진 아육왕상적 특징이 그대로 황룡사 장육상의 모습이었을 가능성을 부각시킨 주장과 함께,[27] 황룡사 서상을 따른 후대의 상이 전무하다는 점에 착안하여 좀더 중국적으로 변모한 6세기 후반의 고구려 불상과 유사한 모습이었을 것이라는 주장도 제기되기도 하였다.[28]

황룡사의 장육상이 신라의 삼보이자 '서상(瑞像)'이었기 때문에 후대에 모사본들이 많이 제작되었을 가능성이 있는데, 지금까지 이러한

---

25) 一行 記, 『大毘盧遮那成佛經疏』(T.39-1796) 卷5, 633쪽: "謂以左手執袈裟角. 如今之阿育王像"; 王劍平・雷玉華(2007. 9), 67쪽; 소현숙, 「佛像의 複製와 變奏 -6~8세기 중국 阿育王像의 標準形式과 異形을 중심으로」, 『동악미술사학』 33(2023. 6), 97-98쪽.

26) 소현숙은 도선의 『율상감통전』에 언급된 "女形"에 따라 수염이 없는 얼굴이 오히려 중원지역의 '표준' 아육왕상에 가까운 것으로 해석하였다. 소현숙(2023. 6), 104쪽; 道宣 撰, 『律相感通傳』(T.45-1898), 879쪽: "今諸像面莫匪女形."

27) 김리나(1979. 6), 207-208쪽; 소현숙(2023. 6), 104쪽.

28) 최성은, 「신라 皇龍寺 중금당 장육삼존불상에 대한 연구」, 『신라사학보』 23(2011. 12), 272-279쪽.

모습의 불상이 거의 발견되지 않은 점을 들어 황룡사 장육상의 모습이 이러한 이국적인 모습이 아니었을 것으로 추정되기도 한다.29) 그러나 신라 중고기 왕과 왕계를 인도 가비라국과 동일시하였던 불국신앙의 성격에 비추어 보면, 이러한 인도적 불상의 특징을 보이는 아육왕상이 황룡사에 봉안되었을 가능성을 무시할 수 없다. 특히 574년 장육상 봉안의 주인공인 진흥왕이 전륜성왕을 자부하였던 태도로 본다면 이러한 가능성이 전혀 없다고 보기 어렵다. 황룡사 장육상과 같은 인도적 아육왕상을 통해 신라왕실의 인도 석가족 왕계와 더욱 밀접한 연관성을 드러내고자 하였을 가능성도 있다. 아육왕상의 특징을 잘 구비하고 있는 순금불입상이 신문왕을 위해 세워진 전 황복사 탑 안에 봉납되어 있던 점도 왕실에서 전륜성왕인 아육왕이 만든 석가불상에 대한 추앙의 전통이 남아 있었던 증거라고 판단된다.

황룡사에 있었다는 '가섭불연좌석'도 불국신앙을 나타내는 주요 유물이다.30)

> 一然 撰, 『三國遺事』 塔像第4, 迦葉佛宴坐石:
>
> "新羅月城東龍宮南, 有迦葉佛宴坐石. …宴坐石在佛殿後面. 嘗一謁焉, 石之高可五六尺來, 圍僅三肘, 幢立而平頂. 眞興創寺已來, 再經災火, 石有拆裂處, 寺僧貼鐵爲護.
>
> 신라 월성의 동쪽 용궁의 남쪽에 가섭불이 설법할 때 앉았던 돌이 남아 있다. …연좌석은 불전의 뒷쪽에 있었다. 일찍이 한 번 봤는데, 돌의 높이는 5, 6척이고 둘레는 겨우 3주인데, 우뚝하게 서 있으며 그 위는 평평하다. 진흥왕이 절을 세운 이후로 두 번이나 화재를 겪어, 돌에 갈라진 곳이 있어서 절의 승려가 쇠로 이어 붙여서 보호하였다."

---

29) 최성은(2011. 12), 264-269쪽.

30) 一然 撰, 『三國遺事』 塔像第4, 迦葉佛宴坐石.

이 연좌석은 과거칠불 중 석가불 직전의 부처인 가섭불이 앉아서 설법하였던 돌기둥인데, 인도에는 보드가야 마하보리사 앞의 니련선하 건너편 숲속에 있었다고 한다.[31] 인도에 있었던 가섭불의 설법한 돌기둥은 중국에도 전해져 당대 장안(長安)에 있던 "고사대(高四臺)"라는 누대가 가섭불의 연좌대로 인식되었다.[32] 중국의 고사대는 토단 위에 300척 높이로 세운 누대형식의 목조건물이었기 때문에 돌로 만든 인도의 연좌석과 다른 형태였는데, 오히려 신라 황룡사의 연좌석은 중국의 연좌대와 달리 인도의 원형과 동일한 돌기둥 모습이어서 주목된다.[33]

신라 황룡사의 가섭불연좌석 전설은 선덕왕대 자장에 의해 유입되었을 가능성이 높은 것으로 추정된다.[34] 연좌석 이야기는 자장이 중국으로 유학할 당시 오대산에서 문수보살의 수결을 받을 때 들은 이야기로 『삼국유사』에 기록되어 있기 때문이다.[35] 또한 가섭불 인연설을 적극적으로 주창하며 가섭불 때 만들어졌다고 하는 불상, 사찰, 불탑 등을 많이 모아서 소개한 당대 승려 도선이 당을 방문한 자장과 교유하였기 때문에, 도선의 가섭불 인연설이 자장을 통해 신라에 유입되었을 가능성이 높은 것으로 추정된다.[36]

---

31) 玄奘 譯, 『大唐西域記』(T.51-2087) 卷9 摩伽陀國下, 919쪽: "菩提樹東渡尼連禪那河, 大林中有窣堵波. …其側窣堵波, <u>前建石柱. 是昔迦葉波佛於此宴坐</u>. 其側有過去四佛坐及經行遺迹之所"; 道宣 撰, 『釋迦方志』(T.51-2088) 卷下 遺跡篇, 963쪽: "菩提樹院東渡尼連河. 大林中塔北池者. 佛昔爲香象子. 侍盲象母處. <u>前建石柱. 昔迦葉波佛於此宴坐</u>. 側有四佛行坐跡."

32) 道宣 撰, 『道宣律師感通錄』(T.52-2107), 436쪽: "所問高四臺者. 其本迦葉佛, 於此第三會說法度人"; 道宣, 『律相感通傳』(T.45-1898), 875쪽: "京西高四臺者, 其本迦葉佛於此第三會說法度人."

33) 道宣 撰, 『道宣律師感通錄』(T.52-2107), 436쪽: "於土臺上造重閣, 高三百尺. 時人號爲高四臺. 或曰高四樓."

34) 남동신(1992. 3), 15-16쪽.

35) 一然 撰, 『三國遺事』 塔像第4, 皇龍寺丈六: "後大德慈藏西學, 到五臺山, 感文殊現身授訣, 仍囑云: 汝國皇龍寺, 乃釋迦與迦葉佛講演之地, 宴坐石猶在."

그러나 신라에서는 도선 등에 의해 소개된 고사대 등의 가섭불 연좌대에 머물지 않고, 인도의 연좌석(宴坐石)으로 소급하여 원형을 재현하였다는 점에서 인도의 직접적인 영향의 가능성도 낮지 않다고 판단된다. 이러한 태도는 앞서 언급한 황룡사 장육상의 형상이 중국적으로 변형된 모습이 아닌 인도적인 원형에 충실한 아육왕상이었을 가능성도 높여준다고 하겠다.

경주 석불사(석굴암) 정각상은 석가모니의 성도지인 인도 보드가야에 세워진 마하보리사의 항마성도상이 신라에 재현된 상이라는 사실이 이미 여러 선학들에 의해 주장되었고 증명된 바 있다.[37] 보드가야의 성도지는 비하르주 중남부에 위치하며, 옛 마가다국의 수도인 왕사성(현 Rajgir)의 동남쪽 70km 지점에 있다. 석가모니가 출가한 이후 가장 많은 시간을 보낸 16대국의 하나였기에, 석가모니 성적의 현장 북인도로서의 불국에 해당한다.

석불사 불상이 마하보리사 불상의 재현상이라는 가장 중요한 근거는 두 불상의 크기가 동일하다는 것이다. 인도 마하보리사 성도상의 크기는 현장의 『대당서역기』(645)를 비롯해 왕현책(王玄策)의 『중천축국행기(中天竺國行記)』(661~666년 중 간행) 등에 당척(唐尺)으로 자세히 소개되어 있었으며,[38] 석굴암 불상의 크기도 미전미대치(米田美代治)에

---

36) 道宣 撰, 『律相感通傳』(T.45-1898), 875-879쪽; 남동신(1992. 3), 15-16쪽; 신동하(2000. 2), 79-81쪽. 자장과 도선의 관계에 대해서는 南東信(1992. 3), 10-12쪽 참조.

37) 석불사 성도상과 마하보리사 정각상의 밀접한 관련성에 관한 연구는 김리나, 「印度佛像의 中國傳來考: 菩提樹下 金剛座眞容像을 중심으로」, 『한우근박사정년기념사학논총』(지식산업사, 1981), 737-752쪽; 강우방, 「석불사 본존의 도상 小考」, 『미술자료』 35(1984. 12), 55쪽 참조.

38) 『中天竺國行記』는 현재 멸실된 상태로 『法苑珠林』(道世, 668)에 마하보리사 방문 부분을 비롯한 일부 내용이 실려 있다. 왕현책의 기록에는 대좌 높이가 4척 3촌임. 道世 撰, 『法苑珠林』(T.53-2111) 卷29, 503쪽.

의해 당척으로 환산되어 있던 상황이었다.[39] 석불사 불상의 크기가 인도 마하보리사 성도상에서 연유하였으며, 이를 통해 석불사 불상이 마하보리사 불상의 재현품이라는 사실이 확인된 것이다. 두 불상의 밀접한 관계는 비단 크기에서만 확인된 것은 아니다. 석불사 정각상은 대의가 편단우견 방식으로 착용되었으며, 왼손은 선정인을 지었고 오른손은 촉지인을 지었으며, 결가부좌한 두 다리는 오른쪽 다리가 왼쪽 다리 위에 올려져 있다(도 3). 이러한 도상적 특징과 크기는 모두 현장의 『대당서역기』 등에 기록되어 있는 마하보리사 정각상의 모습과 대부분 일치하는 것이다.

玄奘 譯, 『大唐西域記』(T.51-2087) 卷8, 916쪽:

"見精舍內佛像儼然結加趺坐. 右足居上, 左手斂右手垂, 東面而坐, 肅然如在. 座高四尺二寸, 廣丈二尺五寸, 像高丈一尺五寸, 兩膝相去八尺八寸, 兩肩六尺二寸.

정사 안의 불상을 보니, 근엄하게 결가부좌 모습으로 앉아 있었다. 오른쪽 발이 위에 올려져 있었으며, 왼손은 끌어당겨 두었고, 오른손은 내려 두었으며, 동쪽을 향해 앉아서, 앞에 있는 듯이 엄숙한 모습이었다. 대좌의 높이는 4척 2촌, 폭은 1장 2척 5촌, 상의 높이는 1장 5촌, 양 무릎의 거리는 8척 8촌, 양 어깨의 거리는 6척 2촌이었다."

5. 불보살들의 상주처(常住處)인 인도로서의 불국

북인도의 석가모니 성적을 넘어 인도의 전 영역이 신라의 전국토와 동일시된 인식이다. 즉, 석가모니 열반 후 불교 교학의 발달과 해

39) 米田美代治, 「慶州石窟庵の造營計劃」, 『考古學』 10-3(1939. 3), 132-148쪽.

석의 다양화가 진행되었고, 특히 대승불교의 성립과 함께 다불신앙이 대두하였으며, 인도 남부 보타락가산에 관음보살이 상주하고 있다는 등의 진신상주신앙이 성립하게 되었다. 이러한 진신상주신앙은 중국을 비롯한 동아시아에도 전해져 크게 꽃피웠는데, 인도의 보살 상주처에 대응하는 중국 등의 상주처도 상정되었다. 관음보살은 중국 절강성(浙江省)의 보타산(普陀山), 문수보살은 중국 산서성(山西省)의 오대산(五臺山), 보현보살은 사천성(四川省) 아미산(峨眉山), 그리고 지장보살은 안휘성(安徽省)의 구화산(九華山)에 거주하고 있다는 신앙이 차례로 성립한 것이다.

인도와 중국의 진신상주 신앙은 불국신앙의 한 형태로 신라에 유입되었다. 석가모니가 탄생한 나라인 가비라국을 불국으로 인식한 신앙, 석가모니가 활동하던 북인도를 불국으로 인식한 신앙과 달리, 인도의 전역을 불국으로 인식한 신앙인 것이다. 이러한 인식은 시간·역사의 흐름에 따른 것이기도 하지만, 전적으로 시간의 흐름에 따른 변화라고 할 수는 없다. 불국에 대한 여러 인식은 동시대에 두 개 이상의 인식들이 겹쳐 있을 수도 있기 때문이다. 신라의 진신상주 신앙은 중국의 보현보살과 지장보살 상주처 대신 천관보살(天冠菩薩)과 법기보살(法起菩薩)의 상주처가 추가되어, 평창 오대산의 문수보살 상주처, 양양 낙산사의 관음·정취보살 상주처, 장흥 지제산의 천관보살 상주처, 고성 금강산의 법기(담무갈)보살 상주처 등으로 나타났다. 이는 중국처럼 인도의 진신보살 상주신앙의 성적을 신라에 대입함으로써 신라 전 국토의 불국화를 의도한 것이다.

중국과 신라의 진신상주 신앙은 『화엄경』 「보살주처품」에 나오는 보살들의 주처가 중국이나 신라의 영역 안에 존재한다는 믿음이다. 『화엄경』에 등장하는 보살들의 상주처는 인도의 각 곳에 분포하고 있는데, 동, 남, 서, 북, 동북, 동남, 서남, 서북의 8방(方)과 대해(大海)와 해(海)의 2해, 그리고 비사리성을 비롯한 12(80화엄)-13(60화엄)국의 산, 바다, 굴 등이다. 『화엄경』은 북인도 마갈제국(摩竭提國)의 적멸도량(寂滅道場)에서 석가의 성도 직후에 설한 것으로 기록되어 있으므로, 실제 화엄경 편찬지와 상관없이 중국과 신라의 불교도들은 북인도를 중심으로 한 인도 전역의 동남서북 등지에 있는 상주처로 인식하였을 것이다.[40] 당대 화엄학자인 법장도 『화엄경탐현기』에서 8방주처는 염부주(閻浮洲)에 의거한 것이지 동서북방의 다른 주(洲)에 의거한 것이 아님을 밝히고 있다.[41]

22-23곳의 보살진신의 상주처 중에서 신라에서 중요하게 인식된 곳은 앞에서 언급한 네 곳인데, 이중 문수보살, 천관보살, 법기보살의 주처는 「보살주처품」에 의거한 것이고, 관음보살의 상주처는 「입법계품」에 의거한 것이어서 차이가 있다. 신라에서 가장 먼저 보살의 주처로서 성립된 곳은 문수보살의 주처인 오대산이다.[42]

---

40) 화엄경의 성립 장소에 대한 여러 이견에 대해서는 석길암, 「화엄경의 편집은 호탄(Khotan)에서 이루어졌는가」, 『불교학연구』 42(2015. 3), 86-89쪽 참조.

41) 法藏 述, 『華嚴經探玄記』(T.35-1733) 卷15, 391쪽: "於中有三. 初擧八方住處, 二辨四海住處, 三諸國住處. 初中八方, 唯據此界, 非約他方. 就此界中, 唯約此閻浮提, 非是餘洲. 이 중에 셋이 있다. 첫째는 八方의 住處를 거론하며, 둘째는 4海의 주처를 분별하고, 셋째는 여러 나라의 주처(를 밝히는 것이다). 첫째 중에서 팔방은 오직 이 세계만을 의거한 것이며, 다른 세계를 기준으로 한 것은 아니다. 이 세계에서도 오직 이 閻浮提만 의거한 것이며, 다른 洲에 의거한 것은 아니다." 번역문은 불교기록문화유산아카이브 [웹사이트]. (2025.1.10.). URL:https://kabc.dongguk.edu/content/view?itemId=ABC_IT&cate=bookName&depth=3&upPath=N&dataId=ABC_IT_K1513_T_015.

42) 佛陀跋陀羅 譯, 『大方廣佛華嚴經』(T.9-278) 卷29, 590쪽: "東北方有菩薩住處, 名清涼山, 過去諸菩薩常於中住. 彼現有菩薩, 名文殊師利. 有一萬菩薩眷屬, 常爲說法"; 實叉難陀 譯, 『大方廣佛華嚴經』(T.10-279) 卷45, 241쪽: "東北方有處, 名清涼山, 從昔已來, 諸菩薩眾於中止住. 現有菩薩, 名文殊師利. 與其眷屬, 諸菩薩眾一萬人俱, 常在其中而演說法."

문수보살이 오대산에 상주한다는 신앙은 구역 『화엄경』이 한역된 420년 이후 경전 속 청량산이 중국 산서성의 오대산으로 비정되면서 정착하였다. 북위 대 6세기 경에 오대산이 불교의 명산으로 인식되고 사찰이 건립되기 시작하였지만, 본격적인 문수보살의 영장으로 인식된 것은 당대에 들어서였다는 데에 대부분의 학자들이 동의하고 있다.[43] 『화엄경』의 청량산이 중국 대주(代州)의 오대산이라는 인식을 확실히 보여주는 전거는 687~695년 사이에 저술된 법장의 『화엄경탐현기』의 "청량산은 대주의 오대산"이라는 구절이다.[44] 그러나 법장 이전에도 오대산의 일부가 청량산으로 불렸고, 문수보살이 상주한다는 인식은 이미 성립되고 있었다. 644년에 찬술된 『집신주삼보감통록』에서 도선은 서진(西晉)의 섭도진(聶道眞)이 번역한 『문수사리반열반경(文殊師利般涅槃經)』을 인용하여 "문수보살이 500선인을 이끌고 청량설산에 갔다 하였는데 (청량설산은) 즉 이 땅(오대산)"이라고 하였다.[45] 도선은 『문수사리반열반경』 원문에 없었던 "청량(淸凉)"을 "설산(雪山)" 앞에 추가하여 "청량설산(淸凉雪山)"이라 설명하여 아직 정착되지 않은 청량산의 오대산설을 강화하려 한 것으로 보인다. 7세기 중후반 화엄경과 문수사리열반경을 중심으로 청량산으로서의 지위를 공고히 한 오대산은, 8세기 후반 불공(不空)에 의해 밀교가 더하여지고 징관에 의해

---

43) 井上以智爲, 「五臺山佛教の展望」, 『支那佛教史學』 3(1938. 3), 110-111쪽; 朴魯俊, 「五臺山信仰의 起源研究 -羅·唐 五臺山信仰의 比較論的 考察」, 『영동문화』 2(1986. 2), 57-67쪽; 남동신(1992. 3), 21쪽; 郭磊, 「신라 오대산문수신앙의 성립에 대한 재검토」, 『불교학연구』 54(2018. 3), 98-103쪽.

44) 郭磊(2018. 3), 102-103쪽; 法藏 述, 『華嚴經探玄記』(T.35-1733) 卷15, 391쪽: "五清涼山, 則是代州五臺山是也. 於中現有古清涼寺, 以冬夏積雪故以爲名."

45) 남동신(1992. 3), 23-24쪽; 道宣 撰, 『集神州三寶感通錄』(T.52-2106) 卷下, 424쪽: "岱州東南五臺山. 古稱神仙之宅也. …南號清涼山, 亦立清涼府. 經中明文殊將五百仙人, 往清涼雪山, 即斯地也."

화엄교학의 중추가 되었다.[46)]

『삼국유사』에 언급된 오대산 문수신앙은 밀교와 화엄이 포함된 8세기 후반의 신앙인 것으로 판단되기 때문에 7세기 인물인 자장의 생전에 도입될 수는 없다. 다만, 자장이 만년에 신라의 동북방인 강릉군 수다사(水多寺), 대송정(大松汀), 태백산 갈반지(葛蟠地) 등을 문수보살 상주처의 후보지들로 찾아본 것으로 보아, 자장이 『문수사리반열반경』과 함께 『화엄경』 「보살주처품」에 의거한 오대산 문수보살신앙을 도입하고 신봉하였던 것은 사실로 추정되고 있다.[47)] 즉, 7세기 중후반의 도선(596~667)과 법장(643~712) 단계에서 오대산의 청량산化가 진행되었고, 이러한 오대산신앙이 자장(610전후~650년대 전반)과 의상(625~702)을 통해 7세기 후반에서 8세기 초반 사이에 신라에 유입되었으며[48)], 이후 불공(705~774)과 징관(738~839) 단계의 오대산신앙이 9세기 경에 신라에 유입되어 『삼국유사』에 언급된 신라의 오대산신앙이 완성된 것으로 이해되기도 한다.[49)]

신라 당시의 오대산 문수보살 미술의 유존 사례는 현존하지 않는다. 그러나 고려와 조선을 거쳐 지금까지도 오대산의 문수보살 신앙은 유존하고 있으며, 특히 조선 세조대에 조성된 2구의 문수보살상은 왕실의 후원으로 제작된 사례로 알려져 있다(도 4, 5).[50)] 1466년의 발

---

46) 박노준(1986. 2), 63쪽.

47) 남동신(1992. 3), 22쪽.

48) 남동신(1992. 3), 22-23쪽; 郭磊(2018. 3), 106-113쪽.

49) 박노준, 「당대(唐代) 오대산신앙(五臺山信仰)과 징관(澄觀)」, 『관동사학』 3(1988. 2), 109-117쪽; 金福順, 「新羅 下代 華嚴의 1例 -五臺山事蹟을 중심으로」, 『史叢』 33(1988. 6), 1-24쪽.

50) 문명대, 「상원사 목문수동자상의 연구」, 『월정사성보박물관 학술총서 II-강원도 불교문화재의 종합적 검토』(2001), 37-49쪽; 유근자, 「강릉 보현사 목조문수보살좌상의 복장 유물과 중수발원문의 분석」, 『동국사학』 72(2021. 12), 115-155쪽.

원문에 따르면 노(老)문수 동자(童子)문수로 불렸으며 조선 초기 15세기 불상 양식이 잘 드러나 있다.

금강산의 담무갈(법기)보살 진신상주신앙도 『화엄경』「보살주처품」에 근거하고 있다.[51] 60화엄에서는 해중의 "지달(枳怛)"산에 담무갈보살(曇無竭菩薩)이 상주한다고 하였으며, 80화엄에서는 해중의 "금강산(金剛山)"에 법기보살(法起菩薩)이 상주한다고 하였다. 금강산에 대한 고려 후기의 자료인 민지(閔漬)의 『금강산유점사사적기』(1297년)에서도 『화엄경』「보살주처품」에 의거한 금강산의 담무갈(법기)보살 상주신앙을 펴고 있다고 상세히 설명되어 있다.[52] 이 『사적기』의 또 하나의 중요한 특징은 오대산-문수보살과 연관성이다. 의상법사가 오대산을 거쳐 금강산으로 들어왔다고 하여 의상을 통하여 오대산과 금강산 두 산을 서로 연관지었고[53], 유점사의 53불상 조성과 유점사의 창건에도 깊이 관여한 것이 그것이다.[54] 이는 금강산의 인접 지역에 위치한 오대산

51) 佛陀跋陀羅 譯, 『大方廣佛華嚴經』(T.9-278) 卷29, 590쪽: "四大海中有菩薩住處, 名枳怛, 過去諸菩薩常於中住. 彼現有菩薩, 名曇無竭. 有萬二千菩薩眷屬, 常爲說法"; 實叉難陀 譯, 『大方廣佛華嚴經』(T.10-279) 卷45, 241쪽: "海中有處, 名金剛山, 從昔已來, 諸菩薩眾於中止住. 現有菩薩, 名曰法起. 與其眷屬, 諸菩薩眾千二百人俱, 常在其中而演說法."

52) 閔漬, 「金剛山楡岾寺事蹟記」(1297): "是山, 本爲大聖曇無竭眞身住處, 名載大經, 實天下之名山也.

53) 閔漬, 「金剛山楡岾寺事蹟記」(1297): "新羅古記云. 義湘法師, 初入五臺山, 次入是山. 曇無竭菩薩現身."

54) 閔漬, 「金剛山楡岾寺事蹟記」(1297): "我佛滅度後, 有文殊大聖, 受佛遺囑 … 汝誠慕我佛, 莫若鑄像供養. 於是, 勸三億家, 各鑄一像, 及乎聚金, 金之入火騰躍者受之, 否者還之. 各隨所出多少而成, 金旣不等, 像有短長, 或有盈尺, 或不能尺, 旣鑄像已. 復鑄一鍾, 擇諸像中相好全備者五十有三, 合安于鍾內. 又爲文以記其事 鑄盖以覆其鍾, 泛于海. 而祝之曰, 惟我本師釋迦五十三像, 往住有緣國土. … 來至于是山東面安昌縣浦口. …文殊大聖, 現比丘身, 指佛歸處. 今之文殊村是也. …望見一尼踞石而坐, 問佛所在, 則指西嶺卽去, 亦是文殊化身也. …創寺安之, 因楡樹以名其寺焉."

의 영향에 따른 것이라고 이해되고 있다.[55]

금강산의 담무갈보살 신앙이 성립된 시기는 민지의 『사적기』 이전인 최자(崔滋, 1188~1260)의 『보한집』에 이미 나타나 있는데, 금강산 대신 풍악산이라 하고 있지만 담무갈보살이 상주하는 산이라고 분명히 밝힌 것이다.

> 崔滋, 『補閑集』 卷上:
>
> "<u>楓嶽</u>, 皆骨立無土, 因名爲皆骨. <u>曇無竭菩薩</u>眞身所住, 居僧雖無行亦成道.
>
> 풍악(산)은 모두 뼈처럼 서 있고 흙이 없기에 개골이라 이름하였다. 담무갈보살의 진신이 살고 있는 곳이어서, 거주하는 승려들이 수행이 없어도 도를 이룬다."

이와 같은 담무갈보살신앙과 금강산의 결합은 「발연수진표율사장골비(鉢淵藪眞表律師藏骨碑)」(1199)에도 나타나 있으며, 산의 이름을 '기달'이라고 하여 60권본 『화엄경』에 의거하였음도 확인된다.[56]

> 瑩岑, 「關東楓岳山鉢淵藪開刱祖眞表律師眞身骨藏立石碑銘」:
>
> "蓋楓岳山者亦名皆骨山也. 曇無竭菩薩而爲山主▨▨之▨▨▨菩薩以▨▨▨四▨. 海中有菩薩住之▨怾怛. 過去▨菩薩常於忠任役. 現▨▨▨▨曇無竭有萬二千法▨眷屬常爲▨▨▨▨是也.
>
> 일반적으로 풍악산을 개골산이라고도 이름한다. 담무갈보살이 이 산의 주인이 되어 많은 보살 대중을 거느리고 있다. 사대해중에 보살이 계시는 곳이 있으니, 그곳이 곧 기달산이다. 과거의 많은 보살들이 여기에서 설법교화하였으며 현재에도 담무갈보살이 1만 2천 권속을 거느리고

---

55) 염중섭, 「한국불교 聖山인식의 시원과 전개 -五臺山, 金剛山, 寶盖山을 중심으로」, 『사학연구』 126(2017. 6), 98-105쪽.

56) 金鐸, 「金剛山의 由來와 그 宗教的 意味」, 『동양고전연구』 1(1993. 5), 229-230쪽.

그들을 위하여 설법하고 있다고 한 화엄경 보살주처품의 말씀이 바로 이를 가리키는 말이다."[57]

즉, 금강산의 이름이 널리 알려지기 이전으로 추정되지만, 1199년의 비명이나 13세기 전반 경의 『보한집』의 기록으로 보아 담무갈보살과 금강산에 대한 신앙은 늦어도 12세기 경에는 성립하였다고 판단된다. 물론 이 산이 『화엄경』 80권본의 「보살주처품」의 명칭 그대로 금강산으로 확실히 자리 잡고 일반에 보다 널리 알려지게 된 것은 고려말 원간섭기일 것으로 추정되지만[58], 금강산-담무갈보살 신앙은 그 이전부터 시작되었던 것이다.

금강산-담무갈보살 진신상주 신앙을 바탕으로 제작된 신라대의 미술은 현존하지 않는다. 다만 고려 말 1307년에 화가 노영(魯英)에 의해 제작된 〈태조예불도〉를 비롯한 고려, 조선의 그림과 불상들이 유존하고 있다(도 6). 특히 이 〈태조예불도〉는 고려 개창조인 태조가 높은 산 정상에서 구름 위로 솟아오른 보살을 향해 무릎을 꿇고 정례(頂禮)한 모습으로 추정되었다.[59] 이러한 판단의 근거는 『신증동국여지승람』 권47 「회양도호부(淮陽都護府)」의 '정양사'조 협주의 다음과 같은 글이다. 그림에는 정례한 인물 옆에 '대조(大祖)'라고 명기되어 있어 기록과 합치하는 모습을 보이고 있다.

"諺云, 高麗太祖登此山曇無竭現身石上放光. 太祖率臣僚頂禮仍刱此寺. 故寺後岡

57) 허흥식 판독, 이지관 번역.

58) 허흥식, 「指空의 遊歷과 定着」, 『伽山學報』 1(1991. 12), 92-95쪽; 金鐸(1993. 5), 234-236쪽.

59) 高裕燮, 「高麗畵跡에 對하야」, 『震檀學報』 3(1935. 9), 109-131쪽; 文明大, 「魯英筆 阿彌陀九尊圖 뒷면 佛畵의 再檢討-高麗 太祖의 金剛山拜岾 曇無竭(法起)菩薩 禮拜圖」, 『古文化』 18(1980. 6), 4-6쪽.

曰放光臺前嶺曰拜岾.

세간에서 말하기를, 고려 태조가 이 산에 오르니, 담무갈보살이 몸을 드러내어 돌 위에서 빛을 발하였다. 태조는 신료들과 함께 머리를 조아려 예배하였으며, 이에 이 절을 창건하였다. 그러므로 절 뒤의 언덕을 방광대라 하였고, 절 앞의 고개를 배점이라 하였다."[60]

태조가 금강산을 찾아 담무갈보살을 예배하였는지에 대한 근거는 없다. 그러나 14세기 당시에는 태조와 담무갈보살의 설화가 세간에 알려져 있었던 것은 이 그림과 『동국여지승람』의 기록을 통해 확인된다.

장흥 지제산의 천관보살 진신상주신앙도 『화엄경』 「보살주처품」에 의거한 것이다.[61] 이 산에 대한 가장 오래된 기록은 고려 정명국사 천인(天因, 1205~1248)이 지은 「천관산기(天冠山記)」인데, 이에 따르면 화엄경의 천관보살이 이 산에 머물고 있으며, 산 주변의 돌무더기가 아육왕이 세운 8만 4천 탑 중의 하나라고 하였다.[62]

天因, 「天冠山記」, 『東文選』 卷68:

"相傳云, '此山亦名支提山.' 如華嚴經說, 有菩薩住處名支提山, 現有菩薩, 名曰天冠是也. 山之陽, 有累石屹立數仞者. 是西竺阿育王, 假聖師神力, 建八萬四千塔, 此其一也. 塔前斷崖之上, 有層臺斗起丈餘者. 是吾佛與迦葉宴坐處也.

서로들 전하기를, '이 산을 지제산이라고도 한다' 하는데, 『화엄경』에 '보살이 머무는 곳이 있으니 지제산이라 하고, 보살이 나타나 있으니 이

60) 『新增東國輿地勝覽』(1481/1530) 卷47, 淮陽都護府-正陽寺; 문명대(1980. 6), 3-4쪽.

61) 佛陀跋陀羅 譯, 『大方廣佛華嚴經』(T.9-278) 卷29, 590쪽: "東南方有菩薩住處, 名枝堅固, 過去諸菩薩常於中住. 彼現有菩薩, 名天冠. 有一千菩薩眷屬, 常爲說法"; 實叉難陀 譯, 『大方廣佛華嚴經』(T.10-279) 卷45, 241쪽: "東南方有處, 名支提山, 從昔已來, 諸菩薩眾於中止住. 現有菩薩, 名曰天冠. 與其眷屬, 諸菩薩眾一千人俱, 常在其中而演說法."

62) 天因, 「天冠山記」, 『東文選』 卷68.

름을 천관이라고 한다는 것이 이것이다. 산 남쪽에 우뚝 서서 수 仞(8척)이나 되는 포개진 돌이 있다. 이것은 서축의 아육왕이 성스런 스님의 신통력을 빌려서 세운 8만 4천개의 탑 중의 하나이다. 탑 앞의 깎아지른 듯한 낭떠러지 위에 일 장 남짓하게 삐죽삐죽 솟아 있는 층대가 있다. 이것은 우리 부처[석가모니불]와 가섭불이 설법하였던 곳이다."

천인의 기록 이후에 조선에 들어서도 『신증동국여지승람』, 『지제산사적(支提山事蹟)』(1569), 『지제지(支提誌)』(1779) 등에 이와 동일한 설화가 실려 있다.[63] 천인이 아육왕탑과 가섭불・석가불의 연좌석이라고 했던 돌기둥이 어느 것인지 확실하지는 않지만, 천관산 능선에 늘어선 기이한 자연암을 설화화한 것으로 추정되고 있다. 그러나, 석탑이나 석조불좌상 등 신라 말에서 고려시대에 제작된 것으로 추정되는 유물들이 천관사에 남겨져 있는 것으로 보아 지제산의 천관보살신앙도 신라말-고려초의 시기에 시작되었을 가능성도 있다.[64]

다음으로 살펴볼 진신상주신앙은 신라 불교에서 가장 큰 영향을 준 신앙의 하나인 양양 낙산사의 관음보살 진신상주신앙이다. 앞의 세 보살주처가 『화엄경』「보살주처품」에 의거한 것임에 반해, 낙산사 관음상주신앙은 『화엄경』「입법계품」의 선재동자 이야기에 근거한 차이가 있다.[65] 60화엄, 80화엄, 40화엄을 비롯한 『화엄경』의 제 한

63) 김희태, 「기록으로 본 장흥 천관사의 창건과 변천에 관한 고찰」, 『불교문화재연구』 4(2023), 7쪽.

64) 정명호, 「長興天冠寺新羅石燈」, 『고고미술』 138・139(1978. 9), 110-118쪽; 김희태(2023), 7-12쪽.

65) 佛馱跋陀羅 譯, 『大方廣佛華嚴經』(T.9-278) 卷51, 718쪽: "善財童子 … 漸漸遊行, 至光明山 … 見觀世音菩薩住山西阿 … 結跏趺坐金剛寶座 … 爾時, 東方有一菩薩, 名曰正趣. 來詣此土, 住金剛山頂. … 然後來詣觀世音所"; 實叉難陀 譯, 『大方廣佛華嚴經』(T.10-279) 卷68, 366-367쪽: "於此南方有山, 名補怛洛迦, 彼有菩薩, 名觀自在 … 觀自在菩薩 於金剛寶石上結

역본에 전하는 선재동자의 구도이야기는 첫 번째 선지식인 문수보살로부터 시작하여 차례로 53명의 선지식을 방문한 후 마지막으로 보현보살에게서 진리를 깨닫는다는 내용이다. 선재동자는 여러 선지식(善知識)을 찾아다니며 보살행(菩薩行)과 보살도(菩薩道)를 묻는 도중, 27번째 선지식인 비슬지라거사(鞞瑟胝羅居士)의 교시로 28번째인 보타락가산의 관음보살을 예방하게 된다.

관음보살의 상주처인 보타락가산 또는 광명산(光明山)은 화엄계 경전들의 한역과 함께 중국에 소개되었지만, 한국을 비롯한 동아시아 불교도들에게 관음주처에 대한 갈망은 당나라 때 인도로 구법여행을 하였던 현장(玄奘)이 현지를 답사한 후 7세기 중엽 저술한 『대당서역기』에 의해 더욱 강하게 촉발되었다.[66)]

玄奘 譯, 『大唐西域記』(T.51-2087) 卷10, 931-932쪽:

"秣羅矩吒國 … 國南濱海有秣剌耶山 … 秣剌耶山東有布呾洛迦山. 山徑危險, 巖谷敧傾, 山頂有池, 其水澄鏡, 流出大河, 周流繞山二十匝, 入南海. 池側有石天宮, 觀自在菩薩往來遊舍.

말라구타국의 남쪽 해안가에 있는 말라야산의 동쪽에 포달락가산(布呾洛迦山)이 자리하고 있다고 한다. (포달락가)산은 험하고 암곡이 기이하며, 산꼭대기에는 연못이 하나 있는데, 물은 흘러 큰 강을 이루며, 포달락가산을 20바퀴 돌아 남해로 흘러든다. 연못 옆에는 돌로 만들어진 천궁이 하나 있는데, 관자재보살이 오고 가며 묵는 곳이라 하였다."

跏趺坐 … 爾時, 東方有一菩薩, 名曰正趣, 從空中來, 至娑婆世界輪圍山頂 … 然後來詣觀自在所"; 般若 譯, 『大方廣佛華嚴經』(T.10-293) 卷16, 732-735쪽: "於此南方有山, 名補怛洛迦, 彼有菩薩名觀自在 … 於清淨金剛寶葉石上結跏趺坐 … 爾時, 有一菩薩名正性無異行, 從於東方虛空中來, 至此世界輪圍山頂 … 然後來詣觀自在菩薩摩訶薩所."

66) 송은석, 「麗末鮮初 補陀落迦山 觀音의 信仰과 美術」, 『불교미술사학』 28(2019. 10), 251-252쪽.

한국의 대표적인 관음주처인 강원도 양양(襄陽) 낙산사(洛山寺)도 당에 유학한 의상대사(義湘大師)의 귀국 후인 7세기 후반 경부터 자리를 잡게 되었던 것으로 추정된다.[67) 『삼국유사』의 「낙산이대성관음정취조신(洛山二大聖觀音正趣調信)」조에 채록된 낙산사의 관음진신 신앙은 신라 통일기의 두 고승인 의상과 원효의 극적인 친견설화가 더해져 대중화되었다. 의상이 7세기 중반에 관음 진신이 상주한다는 낙산 해변의 굴 안에서 관음을 친견한 후 낙산사를 창건하였고, 이곳이 관음진신의 상주처로 확정된 내용이 그것이다.[68)

一然 撰, 『三國遺事』 塔像第4, 洛山二大聖觀音正趣調信:

"昔義湘法師, 始自唐來還, 聞大悲眞身住此海邊窟內. 故因名洛山. 盖西域寶陁洛伽山, 此云小白華, 乃白衣大士眞身住處, 故借此名之. 齋戒七日, 浮座具晨水上, 龍天八部, 侍從引入崛內, 參禮空中, 出水精念珠一貫□之, 湘領受而退. 東海龍亦獻如意寶珠一顆, 師捧出. 更齋七日, 乃見眞容. 謂曰: '於座上山頂, 雙竹湧生, 當其地作殿宜矣.' 師聞之出崛, 果有竹從地湧出. 乃作金堂, 塑像而安之, 圓容麗質, 儼若天生. 其竹還沒, 方知正是眞身住也. 因名其寺曰洛山. 師以所受二珠, 鎭安于聖殿而去.

옛날 의상법사가 처음으로 당나라에서 돌아와 관음보살의 진신이 이 해변의 굴 안에 산다고 들었다. 이로 인하여 낙산이라고 이름하였다. 대개 서역의 보타락가산은 여기서는 소백화라고도 하는데, 관음보살의 진신이 머무는 곳이다. 그러므로 이를 빌어 이름 지은 것이다. (그가) 재계한 지 7일째에 좌구를 새벽 물위에 띄웠더니 용천팔부중이 모시고 굴속으로 인도하였다. 공중을 향하여 예배를 드리니 수정염주 한 꾸러미를 내어주므로 의상이 받아 물러났다. 동해의 용 역시 여의보주 한 알을 바치므로 법사가 받들고 나왔다. 다시 7일을 재계하고 나서 곧 (관음의) 진용을 보았다. (관음이) 말하기를, '자리 위의 산정에 한 쌍의 대나무가 솟

67) 鄭炳三, 「統一新羅 觀音信仰」, 『韓國史論』 8(1982. 12), 38-41쪽.

68) 송은석(2019. 10), 251쪽.

아날 것이니, 그 땅에 불전을 지음이 마땅하리라'고 하였다. 법사가 그 말을 듣고 굴 밖으로 나오니 과연 대나무가 땅에서 솟아났다. 이에 금당을 짓고 (관음)상을 빚어 모시니 그 원만한 모습과 고운 자질은 엄연히 하늘이 낸 듯 하였다. 그 대나무는 다시 없어졌는데, 그제야 그 땅이 (관음) 진신의 주처임을 알았다. 이로 인해 그 절 이름을 낙산이라고 하였다. 법사는 받은 두 구슬을 성전에 모셔두고 떠났다."

낙산의 관음보살 진신신앙과 관련된 신라의 미술은 현존하지 않는다. 다만, 고려시대에 제작된 다수의 〈수월관음도〉는 낙산 관음보살신앙과 직결된 주요 미술품으로 판단되고 있다. 의상의 관음진신 예배 설화에 등장하는 동해 용왕, 천룡팔부, 대나무 등의 요소들이 고려 〈수월관음도〉에 등장하고 있기 때문이다. 특히, 일본 대덕사(大德寺) 소장 〈수월관음도〉는 용왕과 용녀, 관음보살의 예언에 나오는 대나무, 그리고 원효대사의 이야기에 등장한 파랑새 등이 표현되어 있어서, 『삼국유사』의 이야기를 바탕으로 구성된 것으로 판단된다(도 7).

6. 수미산 중심의 소세계(小世界)로서의 불국

마지막은 남염부주 전역을 포괄하는 소세계 전체를 불국으로 인식한 것이다. 하나의 소세계는 수미산을 중심으로 칠산(七山)과 팔해(八海)가 둘러싸고 있으며, 마지막 8해 위에 사주(四洲)가 위치하며 그 바깥을 철위산(鐵圍山)이 둘러싸고 있고, 수미산 주변에 日月이 자리하고 있는 세계이다. 이 모두를 합하여 소세계라 하고, 소세계의 천 배를 소천세계(小千世界), 소천세계의 천 배를 중천세계(中千世界), 중천세계의 천 배를 대천세계(大千世界)라고 한다. 삼천은 소천·중천·대천을 모두 가리키는 것이며, 삼천대천세계는 하나의 대천세계를 뜻한다. 이중 수미산을 중심으로 한 우리 소세계 전역을 불국으로 인식한 것이지만, 실제로는 중심의 수미산과 우리가 살고 있는 남염부주에 제한된 것으로 추정된다.

『삼국유사』「선덕왕지기삼사(善德王知幾三事)」조에는 선덕왕이 자신의 죽음을 예언하였고, 낭산이 곧 수미산임을 보여주는 기록이 있다.

> 一然 撰, 『三國遺事』 紀異第1, 善德王知幾三事:
>
> "'朕死於某年某月日, 葬我於忉利天中.' 群臣罔知其處, 奏云, '何所?' 王曰, '狼山南也.' 至其月日, 王果崩, 群臣葬於狼山之陽. 後十餘年, 文武大王創四天王寺於王墳之下. 佛經云, 四天王天之上, 有忉利天, 乃知大王之靈聖也.
>
> 나는 몇 년 몇 월에 죽을 것인데, 나를 도리천에 묻어라. 여러 신들은 그곳을 알 수 없어서, 주청하여 '어느 곳입니까?'라고 물었다. 왕은 '낭산의 남쪽입니다'고 대답하였다. 그날이 되어 왕이 과연 죽었는데, 여러 신하들은 낭산의 남쪽에 장사지냈다. 십여 년 뒤에 문무대왕이 왕의 무덤 아래에 사천왕사를 지었다. 불경에, 사천왕천의 위에 도리천이 있다고 하는데, 이에 대왕의 훌륭함을 알게 되었다."

수미산은 우리가 사는 소세계의 중심에 있는 산이다. 경주(금성)의 낭산이 수미산이라는 것은 경주(금성)와 신라가 세계의 중심이라는 인식인 것이다. 또한 낭산이 수미산이었다는 사실이 삼국통일을 기념하여 794년 창건된 사천왕사를 통하여 증명된 점은 삼국통일이 새로운 세계관의 형성에 관련된 것임을 증명한다. 낭산의 수미산화(化)에 직접 관련된 미술은 사천왕사에 남겨져 있는 두 목탑지에서 발굴된 신장상들이 있다(도 8).

7. 결론

신라 불교신앙의 저변에 깊이 뿌리를 내린 불국신앙(佛國信仰)을 네 가지 범주로 나누어 살펴보았다. 지금까지 주로 정치적, 종교적 관점에서 해석되었던 신라 불국신앙 연구에 새로운 미술문화적 관점을 더하여 보다 원형에 가깝게 복원해 본 것이다. 이를 위하여 신라 불국신앙의 시각적 결과물인 미술문화를 중심에 두고 정치적, 종교적 해석을 종합함으로써 신라 불국신앙의 원상에 좀더 가깝게 접근하였다. 기록에 의존하여 신라 불국신앙의 대략적인 틀을 살펴보았으며, 유존한 미술문화를 직·간접적으로 분석함으로써, 신라 불국신앙 미술의 성격을 구명한 후, 종합적으로 신라 불국신앙의 전모를 드러내도록 하였다.

기록과 미술을 통하여 구분된 네 가지 불국은 석가모니의 탄생지인 가비라국, 석가모니가 출가하고 성도한 이후 열반에 들 때까지 활동하였던 북인도 지역, 여러 불보살들의 상주처인 인도 전역, 수미산을 중심으로 한 소세계 전체 등이다. 각각의 불국에 대응하여 신라와 금성(경주)에 다양한 불국적 요소가 상정되었으며, 이를 통하여 신라의 불국화가 기도되었다. 한편, 신라의 황룡사, 사천왕사, 불국사, 석굴암, 낙산, 오대산 등 인도의 각 불국과 연결된 신라 불국신앙의 대상지들은 대부분 현재 세계문화유산으로 지정되어 있으며, 신라 불국신앙은 이들 세계문화유산적 가치 형성에 중요 부분을 이루고 있음도 확인되었다. 이처럼 불국신앙의 기록과 미술문화의 연구를 통하여 경주의 신라불교 미술품들은 세계문화유산으로서의 깊고 다양한 가치가 새로이 확인되었다.

【참고문헌】

『舊唐書』.

曇無讖 譯, 『大方等無想經』.

道宣 撰, 『道宣律師感通錄』.

道宣 撰, 『律相感通傳』.

道宣 撰, 『釋迦方志』.

道宣 撰, 『集神州三寶感通錄』

道世 撰, 『法苑珠林』.

閔漬, 「金剛山楡岾寺事蹟記」

般若 譯, 『大方廣佛華嚴經』.

法藏 述, 『華嚴經探玄記』.

法顯 記, 『高僧法顯傳』.

浮陀跋摩·道泰等 譯, 『阿毘曇毘婆沙論』.

佛陀跋陀羅 譯, 『大方廣佛華嚴經』.

佛陀耶舍·竺佛念 譯, 『長阿含經-轉輪聖王修行經』.

僧祐 撰, 『釋迦譜』.

『新增東國輿地勝覽』.

實叉難陀 譯, 『大方廣佛華嚴經』.

義淨 撰, 『南海寄歸內法傳』.

一然 撰, 『三國遺事』.

一行 記, 『大毘盧遮那成佛經疏』.

天因, 「天冠山記」.

竺法護 譯, 『佛說彌勒下生經』.

玄奘 譯·辯機 撰, 『大唐西域記』.

강우방, 「석불사 본존의 도상 小考」, 『미술자료』 35, 1984. 12.

高裕燮, 「高麗畵跡에 對하야」, 『震檀學報』 3, 1935. 9.

郭磊, 「신라 오대산문수신앙의 성립에 대한 재검토」, 『불교학연구』 54, 2018. 3.

金理那, 「皇龍寺의 丈六尊像과 新羅의 阿育王像系佛像」, 『震檀學報』 46·47, 1979. 6.

金福順, 「新羅 下代 華嚴의 1例 -五臺山事蹟을 중심으로」, 『史叢』 33, 1988. 6.

金鐸, 「金剛山의 由來와 그 宗教的 意味」, 『동양고전연구』 1, 1993. 5.

김남윤, 「新羅 彌勒信仰의 전개와 성격」, 『역사연구』 2, 1993. 11.

김리나, 「印度佛像의 中國傳來考: 菩提樹下 金剛座眞容像을 중심으로」, 『한우근박사정년기념사학논총』, 지식산업사, 1981.
金相鉉, 「新羅 三寶의 成立과 그 意義」, 『東國史學』 14, 1980. 1,
김철준, 「新羅上代社會의 Dual Organization 下」, 『歷史學報』 2, 1952. 10.
김희태, 「기록으로 본 장흥 천관사의 창건과 변천에 관한 고찰」, 『불교문화재연구』 4, 2023.
남동신, 「佛教的 理想世界로서의 佛國寺」, 『신라문물연구』 12, 2019. 12.
남동신, 「불국으로서의 불국사」, 『불국사 -불국사박물관 개관전 도록』, 2018. 11.
남동신, 「자장의 불교사상과 불교치국책」, 『한국사연구』 76, 1992. 3.
文明大, 「魯英筆 阿彌陀九尊圖 뒷면 佛畵의 再檢討-高麗 太祖의 金剛山拜岾 曇無竭(法起)菩薩 禮拜圖」, 『古文化』 18, 1980. 6.
문명대, 「상원사 목문수동자상의 연구」, 『월정사성보박물관 학술총서 II -강원도 불교문화재의 종합적 검토』, 2001.
박광연, 「신라 중대의 정불국토(淨佛國土) 인식과 의미」, 『불교학보』 68, 2014. 7.
박노준, 「당대(唐代) 오대산신앙(五臺山信仰)과 징관(澄觀)」, 『관동사학』 3, 1988. 2.
朴魯俊, 「五臺山信仰의 起源硏究 -羅・唐 五臺山信仰의 比較論的 考察」, 『영동문화』 2, 1986. 2.
석길암, 「화엄경의 편집은 호탄(Khotan)에서 이루어졌는가」, 『불교학연구』 42, 2015. 3.
소현숙, 「佛像의 複製와 變奏 -6~8세기 중국 阿育王像의 標準形式과 異形을 중심으로」, 『동악미술사학』 33, 2023. 6.
소현숙, 「新羅 皇龍寺 丈六像의 淵源과 性格 -6세기 중국 南北朝時代 '政治的瑞像'과 比較分析을 통한 연구」, 『선사와 고대』 37, 2012. 12.
소현숙, 「위진남북조시대 阿育王像 전승과 숭배」, 『불교미술사학』 11, 2011. 3.
소현숙, 「政治와 祥瑞, 그리고 復古 南朝 阿育王像의 形式과 性格」, 『美術史學研究』 271・272, 2011. 12.
송은석, 「麗末鮮初 補陀落迦山 觀音의 信仰과 美術」, 『불교미술사학』 28, 2019. 10.
신동하, 「신라 골품제의 형성 과정」, 『韓國史論』 5, 1979. 10.
신동하, 「新羅 佛國土思想의 展開樣相과 歷史的 意義」, 서울대학교 박사학위논문, 2000. 2.
염중섭, 「한국불교 聖山인식의 시원과 전개 -五臺山, 金剛山, 寶盖山을 중심으로」, 『사학연구』 126, 2017. 6.
유근자, 「강릉 보현사 목조문수보살좌상의 복장 유물과 중수발원문의 분석」, 『동국사학』 72, 2021. 12.
정명호, 「長興天冠寺新羅石燈」, 『고고미술』 138・139, 1978. 9.
鄭炳三, 「統一新羅 觀音信仰」, 『韓國史論』 8, 1982. 12.
최성은, 「신라 皇龍寺 중금당 장육삼존불상에 대한 연구」, 『신라사학보』 23, 2011. 12.

허흥식, 「指空의 遊歷과 定着」, 『伽山學報』 1, 1991. 12.

祁海寧, 「東晋阿育王像研究」, 『東南文化』 280, 2021. 4.
董華鋒, 「成都出土石刻阿育王瑞像研究」, 『敦煌學輯刊』 95, 2017. 3.
米田美代治, 「慶州石窟庵の造營計劃」, 『考古學』 10-3, 1939. 3.
成都市文物考古工作隊・成都市文物考古研究所, 「成都市西安南路南朝石刻造像清理簡報」, 『文物』 510, 1998. 11.
孫英剛, 「轉輪王與皇帝-佛教對中古君主概念的影響」, 『社會科學戰線』 221, 2013. 11.
王劍平・雷玉華, 「阿育王像的初步考察」, 『西南民族大學學報』 193, 2007. 9.
袁曙光, 「四川省博物館藏萬佛寺石刻造像整理簡報」, 『文物』 545, 2001. 10.
井上以智爲, 「五臺山佛教の展望」, 『支那佛教史學』 3, 1938. 3.

【도판】

(도1)

<石造釋迦佛立像> 梁 551년, 현재 높이 48.0cm, 중국 四川省 成都市 西安南路 출토, 成都市文物考古研究所

(도2)

<金製佛立像> 新羅 692년 이전, 높이 14.0cm, 경주 전 황복사지 석탑 출토, 국립중앙박물관

(도3)

<石造釋迦佛坐像> 新羅 8세기 중엽, 높이 342.0cm, 경주 석굴암

(도4)

<木造文殊菩薩坐像> 朝鮮 1466년, 높이 70.0cm, 평창 상원사 봉안, 강릉 보현사

(도5)
<木造文殊童子坐像> 朝鮮 1466년, 높이 97.0cm, 평창 상원사

(도6)
<金泥太祖禮佛圖> 高麗 1307년, 木版에 墨漆, 22.4×10.1cm, 서울 국립중앙박물관

(도7)

<水月觀音圖> 高麗 14세기, 絹에 彩色, 229.7×125.8cm, 일본 京都 大德寺

(도8)

<綠釉神將像> 新羅 679년경, 현재 높이 52.0cm, 경주 사천왕사 출토, 서울 국립중앙박물관

신라불교의 수행 윤리로서의 효순 개념과 그 현대적 의의

-원효의 『범망경보살계본사기』와 태현의 『범망경고적기』를 중심으로-

이 해 임

1. 서론

효(孝)와 순(順)은 동아시아 전통 윤리 사상에서 중요한 개념으로 자리 잡아 왔다. 유교에서는 효를 부모에 대한 절대적 공경과 복종으로 이해하며, 이를 사회 질서와 국가 운영의 기초로 삼았다. 이러한 유교적 효 개념은 단순한 가족 윤리를 넘어 충(忠)과 연결되면서 국가적 윤리로 확장되었다. 반면, 불교에서는 효를 혈연적 관계를 넘어 모든 중생에 대한 자비와 보살행(菩薩行)으로 확장하여 해석하였다. 유교와 불교의 이러한 차이는 때때로 갈등을 유발하기도 했지만, 동아시아라는 공통된 문화적 배경 속에서 상호 영향을 주고받으며 조화로운 방식으로 변형되었다.

불교가 중국을 거쳐 한반도로 전해지면서 효순 개념은 불교적 윤리와 결합하여 독자적인 발전을 이루었으며, 신라불교에서 더욱 그 깊이를 더하였다.[1] 본 연구는 유교와 불교의 효순 개념이 조화를 이루며 발전하는 과정을 분석하고, 이 과정이 단순한 융합이 아니라 '통섭(consilience)'적 사고를 바탕으로 새로운 윤리적 체계로 변모하는 방식에 주목한다.[2] 여기서 말하는 통섭은 단순히 서로 다른 사상을 절충하거나 절반씩 수용하는 방식이 아니라 오히려 각 사상이 지닌 세계관의 차이, 실천 윤리의 차이를 분명히 인식하면서도, 그 차이를 넘어설 수 있는 새로운 사유의 틀을 창출하려는 시도를 의미한다. 특히 신라불교에서 원효와 태현이 효순 개념을 변용하여 유교와 불교의 상호작용을 수행 윤리로 정립하는 과정이 통섭적 사고의 대표적인 사

1) 신라불교의 효, 효순 개념에 대한 선행연구는 적잖다. 다만 대부분 선행연구는 효에만 초점을 맞추고 있는 경우가 많다. 이 때문에 유교 경전에서 다루는 효 개념이 다른 덕목과 어떻게 연결될 수 있는지, 그리고 유교의 효뿐만 아니라 이와 짝을 이루는 개념이 불교와 어떤 식으로 접점을 이루고 다양하게 해석되는지를 정밀하게 다루지 못하는 경우가 많다. 예컨대 유교의 효 개념을 부모 봉양에 초점을 맞춤으로써 불교의 효선 개념이 유교와 같은 부모 봉양의 의미를 담고 있다든지 혹은 부모에 대한 효와 군주에 대한 충에 초점을 맞추어 효순을 효충의 맥락으로 해석하는 논의를 펼치는 경우가 많다. 대표적인 선행연구는 다음과 같이 정리할 수 있다. 김익수, 「統一新羅時代의 孝思想과 孝文化展開樣相」. 『韓國思想과 文化』 39, 2007, 97-122쪽; 노용필, 「신라시대 효경의 수용과 그 사회적 의의」, 『이기백선생고희기념논총』, 서울: 일조각, 1994; 이기백, 「新羅佛敎에서의 孝觀念」, 『東亞硏究』 2, 서울: 서강대학교 동아연구소, 1983; 이병학, 「元曉의 大乘菩薩思想과 그 意味」, 『한국고대사연구』 24, 서울: 서경문화사, 2001; 정병삼, 「7세기 후반 신라불교의 사상적 경향」, 『불교학연구』 9, 2004; 최원식, 「신라 보살계 사상의 성격과 역사적 의의」, 『불교사연구』 1, 서울: 중앙승가대학교 불교사학연구소, 1996.

2) '통섭(統攝, consilience)'은 다양한 학문이나 사상이 서로 결합하여 새로운 지식 체계를 형성하는 과정을 의미한다. 에드워드 윌슨 지음, 최재천, 장대익 옮김, 『통섭: 지식의 대통합』 사이언스북스, 2005, 12쪽.

례로 작용했음을 논의한다.

불교가 동아시아에 유입되면서, 유교와의 관계는 단순한 철학적 교류를 넘어 정치·사회적 갈등을 포함하는 복합적인 양상을 띠게 되었다. 유교적 가치 체계가 확립된 고대 중국에서 불교는 외래 사상으로 인식되었으며, 이에 따라 유교적 가치와 충돌하는 부분이 문제로 대두되었다. 특히, 불교의 출가수행과 독신주의는 유교적 가족 윤리와 배치되는 요소로 여겨졌으며, 이는 배불론(排佛論)으로 이어졌다. 유학자들은 불교가 부모와의 관계를 단절하고 효의 실천을 방해한다고 비판하였고, 이러한 갈등은 남북조 시대를 거치며 더욱 고조되었다.[3]

이러한 시대적 배경 속에서 등장한 『범망경』은 유교적 윤리와 불교적 계율을 조화시키려는 시도로 평가된다.[4] 『범망경』은 불교의 보살계를 규정하는 중요한 경전으로, 기존의 출가자 중심 계율에서 벗어나 재가자도 보살계를 수지할 수 있도록 설계되었다. 이를 통해 불교는 좀 더 포괄적인 윤리 체계를 구축하려 했으며, 특히 효순을 불교적 계율의 핵심 덕목으로 설정하여 유교적 비판에 대응하고자 했다. 하지만 이러한 시도에도 불구하고, 남북조 시대 중국에서 『범망경』의 해석은 주로 불교의 사회적 정당성을 확보하는 데 초점이 맞추어졌고, 유교와 불교의 본질적 조화를 도모하기보다는 불교 내부에서 유교적 가치를 전략적으로 수용하는 방식이 많았다.

반면, 신라불교에서는 『범망경』을 적극적인 수행 윤리로 정착시키

3) 에릭 쥐르허 저자, 최연식 번역, 『불교의 중국 정복』(중국에서 불교의 수용과 변용), 씨아이알, 2010, 533~570쪽.

4) 조은수, 「『범망경』 이본을 통한 고려대장경과 돈황유서 비교 연구」, 『보조사상』 32, 2009, 159-164쪽; 이상엽, 「『범망경』 보살계와 유식학파 보살계의 비교 연구 -인성에 대한 입장 차이를 중심으로」, 『불교학연구』 27, 불교학연구회, 2010, 108-112쪽.

려는 경향이 나타났다. 신라는 남북조 시대 중국과 달리 신라불교가 국교의 성격을 띠면서 사회 전반에 깊이 뿌리내렸으며, 이에 따라 효순 개념이 불교적 수행과 밀접하게 결합하였다. 특히, 원효와 태현은 『범망경』을 단순한 불교 계율서가 아니라, 유교와 불교의 통섭적 가치를 정교하게 해석하는 경전으로 접근하였다. 원효는 『범망경보살계본사기(梵網經菩薩戒本私記)』에서 불성이 모든 존재에게 내재한다는 관점을 바탕으로, 효순의 실천을 자비와 평등을 실현하는 보편적 윤리로 확장하였다. 원효의 효순 개념은 단순한 가족 윤리가 아니라, 보살행의 핵심 윤리로 변형되었으며, 이는 단순한 유교와 불교의 융합이 아니라 유교적 효순이 불교적 수행 속에서 재해석되면서 새로운 통섭적 가치를 창출하는 과정으로 볼 수 있다. 반면, 태현은 『범망경고적기(梵網經古迹記)』에서 부모에 대한 감사와 공경으로 효순을 해석하였으며, 이를 통해 유교적 질서와 불교적 수행이 조화를 이루어야 한다고 주장하였다.

본 연구는 이러한 논의를 바탕으로 유교와 불교의 효순 개념이 신라불교에서 수행 윤리로 정착되는 과정을 고찰하고, 현대적 시사점을 탐구하고자 한다. 이를 위해 『범망경』 출현 전후 유교와 불교의 관계 변화, 유교의 효순 유래, 원효와 태현의 효순 개념 비교, 그리고 효순 개념의 현대적 적용 가능성을 중심으로 논의를 전개할 것이다. 특히, 유네스코의 『교육을 위한 새로운 사회계약 보고서(2021)』에서 제안하는 세대 간 협력과 연대 교육과의 접점을 분석하며, 효순 개념이 단순한 전통 윤리가 아닌 사회적 연대와 공동체 윤리의 핵심 원리로 확장될 가능성을 탐색할 것이다.[5] 이를 통해 유교와 불교의 상

5) 유네스코, 『함께 그려보는 우리의 미래 -교육을 위한 새로운 사회계약』, 유네스코 한국위원회, 2022, 55-69쪽.

호작용이 단순한 사상적 교류를 넘어 동아시아 문명의 정체성을 형성하는 데 일조했음을 논의하고자 한다. 또한, 효순의 통섭적 가치를 현대 사회와 유네스코가 제시하는 교육의 미래 비전 속에서 재조명함으로써 전통 사상이 오늘날에도 유의미한 지침이 될 수 있음을 밝히고자 한다.

2. 『범망경』 출현 전후 유교와 불교의 갈등과 조화

불교가 중국에 전해진 이후, 유교와 불교의 관계는 지속적인 갈등과 타협의 과정을 거쳐왔다. 특히 위진 남북조 시대(3~6세기)에 이르러 유교적 가치 체계와 불교적 세계관 사이의 충돌이 본격적으로 표면화되었다. 불교가 급속히 그 세력을 확장했고, 유교적 입장에서 이는 가족과 국가 질서를 위협하는 요소로 작용했다. 불교의 출가수행은 부모에 대한 절대적 복종을 강조하는 유교의 효 개념과 정면으로 충돌했으며, 이는 불교가 남북조 시대 중국 사회에서 정당성을 확보하는 데 가장 큰 장애물 중 하나로 작용했다. 따라서 당시 불교는 유교적 비판을 수용하면서도 불교적 가르침을 유지할 수 있는 새로운 해석이 필요했고, 그 결과 『범망경』과 같은 위경(僞經)이 등장하게 되었다.[6]

『범망경』의 진위 문제와 함께 성립 시기는 설왕설래가 많았다. 예컨대 고려대장경의 『범망경노사나불설보살심지계품제십(梵網經盧遮那佛

6) 조은수, 「『범망경』 이본을 통한 고려대장경과 돈황유서 비교 연구」, 『보조사상』 32, 2009, 159-160쪽.

說菩薩心地戒品第十)』의 서문에서 구마라집(鳩摩羅什, 344~413)이 산스크리트어 경전을 한역했다고 주장한다. 다만 『범망경』이 위경이라는 사실은 재론의 여지가 없을 만큼 많은 연구로 밝혀졌다. 또 5세기 양나라 때 승우(僧祐, 444~518)가 『출삼장기집(出三藏記集)』에서 『범망경』이 위경임을 의심했을 뿐 아니라, 519년 제작된 돈황문서에서도 그 명칭이 발견되었다. 이러한 점을 미루어 볼 때, 『범망경』 성립 시기는 대략 420년 전후부터 519년까지라고 추정할 수 있다.7)

『범망경』 저작 시기 전후로 불교가 남북조 시대 중국의 전통적 가치관과 부합하지 않을 뿐만 아니라 국가의 경제와 정치, 사회 질서, 그리고 가정 윤리를 파괴한다고 강하게 비판하며 배척하였다. 이 시기에 불교와 유교의 충돌 상황을 보여주는 대표 사례로 하승천(何承天, 370~447)과 장융(張融, 444~497)의 불교 비판을 꼽을 수 있다.

하승천은 중화와 오랑캐의 구분을 단순한 지역적 차원이 아니라, 문명과 야만의 본질적 대립으로 재구성한다.

> 중화 민족과 오랑캐는 본래 같지 않다. 왜냐하면 중국의 사람은 기품이 맑고 조화로워 인을 머금고 의를 가지고 있기 때문이다. 따라서 주공과 공자는 본성과 습성의 가르침을 밝혔다. 외국의 무리는 부여된 성품이 억세고 강포하며 탐욕스럽고 성내며 흉포하다. 따라서 부처는 다섯 가지 계율의 과목을 엄격하게 정했다. 보내주신 편지에서 "성인은 고정된 마음이 없고, 대상의 성품에 맞추어 나간다"라고 말한 것이 이에 해당한다. 포악함을 징계하는 데에 지옥만한 것이 없고, 선으로 유

7) 조은수, 「『범망경』 이본을 통한 고려대장경과 돈황유서 비교 연구」, 『보조사상』 32, 2009, 159쪽. 이 논문에 따르면, 후나야마 토루(船山 徹)는 『범망경』 성립 시기를 431년에서 519년으로, 그리고 Paul Groner는 440년에서 480년으로 추정한다. 다만 고려대장경본, 돈황유서로 볼 때 구마라집이라는 권위를 빌린다는 점에서 그의 사후를 전후로 범망경이 성립될 가능성이 크다고 추정할 수 있다.

> 도하는 권고로는 천당보다 좋은 것이 없습니다. 상대를 해치는 근원을 완전히 없애는 것을 중용이라고 말하지 않는다. 주공과 공자는 그렇지 않았으니, 각각의 천성에 맞추되 너무 심한 것을 없앴다. 간음과 도적질은 오형으로 막았고, 술의 폐단은 「주고」에 밝혀 두었고, 봄 사냥에서 늪을 에워싸지 않았고, 살아 있는 것을 보면 차마 죽이지 않았고, 오범(五犯)과 삼구(三驅)로 낚싯대를 드리우되 그물로 잡지 않았다. 이 때문에 인정과 사랑을 두루 펼칠 수 있었고 은택이 돼지와 물고기까지 미치게 되었다.[8)]

중화는 인(仁)과 의(義)를 품은 도덕적 주체이며, 오랑캐는 타고난 기질이 강포하고 탐욕스러워 법과 도덕이 통하지 않는 존재로 규정된다. 주공과 공자는 본성과 습성을 따라 인도적 교화를 실천한 성인으로 찬양받지만, 부처는 그러한 도덕적 기반 없이 포악한 무리를 억제하기 위해 지옥과 천당이라는 극단적 장치를 동원한 교화자로 폄하된다.

하승천의 이러한 규정은 불교가 도덕적 품성의 계발이 아니라 공포와 보상, 즉 형벌과 보상의 기제를 통해 사람을 통제한다고 보는 비판으로 나아간다. 특히 그는 유교의 인도적 교화가 사람의 본성을 따르는 중용의 도에 기반한다면, 불교는 중용을 벗어나 사람을 극단적 두려움으로 몰아넣는 사상으로 규정한다.

여기서 주목할 점은, 이 비판이 단순히 불교의 교리적 차이만을 지적하는 것이 아니라는 점이다. 하승천은 불교를 남북조 시대 중국 사회의 도덕적 기반, 즉 효와 인륜 질서 자체를 위협하는 사상으로

---

8) 『弘明集』 卷3, "曰: 華戎自有不同, 何者? 中國之人稟氣清和, 含仁抱義, 故周、孔明性習之教. 外國之徒受性剛強, 貪欲忿戾, 故釋氏嚴五戒之科, 來論所謂'聖無常心, 就之物性'者也. 懲暴之戒, 莫若乎地獄; 誘善之勸, 莫美乎天堂. 將盡殘害之根, 非中庸之謂. 周、孔則不然, 順其天性, 去其甚泰, 淫盜著於五刑, 酒辜明乎「周誥」, 春田不圍澤, 見生不忍死, 五犯三驅釣而不網. 是以仁愛普洽, 澤及豚魚."

몰아간다. 부모와 자식, 임금과 신하, 형과 아우의 도리를 삶의 근본으로 삼았던 유교적 세계관에서 볼 때, 불교의 출가는 가정 질서의 해체이자 사회적 붕괴를 초래할 위험한 이단으로 비추어졌기 때문이다. 하승천은 이를 노골적으로 드러내지는 않지만, 유교 성인의 인도적 교화와 대비시켜 불교를 타율적 공포 정치의 상징으로 묘사함으로써, 그 이면에 효 윤리 붕괴에 대한 깊은 불안을 은폐된 방식으로 드러내고 있다.

또 위진 남북조 시기에 접어들며 유학자들은 불교를 단순한 종교적 이단이 아니라, 국가의 존립과 사회 질서를 위협하는 해악으로 규정하기 시작했다. 그 대표적 사례가 제나라의 유학자 장융이 저술한 『삼파론(三破論)』이다. 장융은 불교가 국가 경제를 파괴하고, 사회 질서를 문란하게 만들고, 가정 윤리를 해체한다고 강하게 비판하였다.

그는 먼저 불교의 경제적 무책임을 지적한다.

> 나라에 들어와서 나라를 파괴한다. 현혹하는 말로 제멋대로 가르침을 설하고 절과 탑을 짓는데 국가의 재정을 고려하지 않는다. 백성을 괴롭혀 나라의 국민이 줄어들게 한다. 양잠하지 않고도 옷을 입고, 밭을 갈지 않고도 밥을 먹는다. 국가가 쇠퇴하고 인구가 줄어드는 것은 바로 여기서 비롯되었다. 날마다 비용을 쓰며 손해를 남겨서 조금의 이익도 없으니, 다섯 가지 재앙의 해악도 이보다 심한 것은 없다.[9]

장융이 볼 때, 불교 승려들은 절과 탑을 세우며 국가 재정을 소모하고, 백성을 동원하여 백성의 삶을 피폐하게 만든다. 또 그는 양잠하지 않으면서도 옷을 입고, 밭을 갈지 않으면서도 밥을 먹으며, 날마다

---

9) 『弘明集』 卷8, "入國而破國者, 誑言說爲, 興造無費, 苦克百姓, 使國空民窮. 不助國, 生人減損. 見人不蠶而衣, 不田而食, 國滅人絕, 由此爲失. 日用損費, 無纖毫之益, 五災之害, 不復過此."

재정을 탕진하니 오히려 다섯 가지 재앙보다 더 심각한 국가적 손실을 일으킨다고 주장한다. 이는 불교가 노동과 생산을 중시하는 유교적 경제윤리를 철저히 외면하는 데 그치지 않고 국가 경제의 순환을 무너뜨린다는 것이다.

불교의 경제 논리는, 유교적 세계관이 국가의 안정과 유지를 생산적 노동과 경제적 자립을 통해 실현하려는 것과 뚜렷이 대조된다. 장융의 비판은 불교가 국가를 유지하는 근본을 해치는 경제적 기생자로 기능한다고 본 것이다.

더 나아가 장융은 불교의 출가수행이 가정을 해체하고, 효 윤리를 근본적으로 파괴한다고 비판한다.

> 가정에 들어가서는 가정을 파괴한다. 아버지와 아들이 서로 다른 일을 하며, 형제들이 각기 다른 법을 따른다. 부모를 버리고 효도는 완전히 사라진다. 근심과 즐거움이 각기 다르고, 노래와 곡을 달리하고, 골육 사이에 원수를 낳고, 복속을 영원히 버리게 된다. 교화를 어그러뜨리고 순리를 저버리고 하늘 같은 부모의 은혜에 보답함이 없으니, 오역 가운데 불효가 이보다 심한 것은 없다.[10)]

여기서 불교 비판의 본질은 아버지와 아들이 서로 다른 법을 따르고, 형제가 서로 갈라서며, 부모를 버리고 효도를 단절시키는 것이다. 다시 말해서 불교의 교리는 부자의 정을 끊어버리고, 형제의 애정을 적대감으로 바꾸며, 마침내 골육 간에 원수가 되어 가문과 가정을 영원히 파괴하는 것이다.

장융은 이를 '오역 가운데 가장 큰 불효'라고 규정하며, 불교가 천

---

10) 『弘明集』 卷8, "入家而破家, 使父子殊事, 兄弟異法, 遺棄二親, 孝道頓絕. 憂娛各異, 歌哭不同, 骨血生讎, 服屬永棄. 悖化犯順, 無昊天之報, 五逆不孝, 不復過此."

륜을 거스르고 교화를 어지럽히는 사상이라고 단언한다. 여기서 장융의 비판이 단순한 종교적 혐오를 넘어서 유교적 질서 수호의 논리로 발전하고 있음을 주목할 필요가 있다.

불교는 출가를 통한 해탈과 수행을 이상으로 삼지만, 유교는 부모와 자식, 형제, 군신 관계 속에서 삶의 의미를 찾고, 인간관계의 질서를 유지하는 것을 최고의 가치로 삼는다. 장융은 바로 이 지점에서 불교를 가정 해체와 함께 사회 붕괴를 초래하는 이단적 사상으로 고발하는 것이다. 장융의 이러한 논리는 유교적 세계관이 효를 단순한 가정의 윤리가 아니라 국가와 사회의 존립 기반으로 간주했음을 보여준다. 그의 관점에서 볼 때, 불교는 단순히 다른 사상이 아니라, 국가 경제를 좀먹고 가정을 해체하며, 사회 질서를 허무는 문명 파괴적 존재였다. 이는 유불 갈등이 단순한 종교적 대립이 아닌, 국가적·사회적 생존의 문제로까지 확장되어 있음을 잘 보여준다.

불교는 이러한 유교적 비판에 대응하기 위해 다양한 논리를 발전시켰으며, 특히 『범망경』이 중요한 역할을 했다. 『범망경』은 불교적 계율을 설명하면서도 유교적 가치 체계를 적극적으로 수용하고자 하였다.

> 불자여! 자신이 훔치거나, 다른 사람에게 훔치게 하거나, 훔치는 데 방편을 제공하거나, 훔치는 데 원인을 제공하거나, 훔치는 데 조건을 마련하거나, 훔치는 데 방법을 제시하거나, 훔치는 행위를 하거나, 주문을 외워 훔치게 하거나, 심지어 귀신이 주인인 물건이거나, 도적이 훔쳤던 물건이거나, 모든 재물은 바늘 하나이든 풀 한 포기이든 고의로 훔쳐서는 안 된다. 보살은 마땅히 불성, 효순과 자비의 마음을 일으켜야 하고, 항상 모든 사람이 복락을 받도록 도와야 한다. 그런데 도리어 남의 재물을 훔치는 자는 보살의 바라이죄를 범한 것이다.[11]

불교는 유교로부터 가해진 도덕적 비판에 대응하기 위해 단순히 방어적인 입장에 머무르지 않았다. 예컨대 『범망경』은 단순히 "훔치지 말라"라는 계율을 나열하는 데에 그치지 않는다. 스스로 훔치는 것뿐만 아니라, 타인을 시켜 훔치게 하거나, 훔칠 수 있도록 방편이나 조건, 그리고 방법을 제공하는 모든 행위를 금지한다. 심지어 귀신이나 도적이 소유한 물건일지라도 바늘 하나, 풀 한 포기라도 고의로 훔쳐서는 안 된다고 명확히 규정한다.

그러나 이러한 세세한 행위 규정만큼이나 주목해야 할 점은, 『범망경』이 절도 금지의 윤리적 근거를 불성(佛性), 효순(孝順), 자비(慈悲)라는 삼중의 가치 구조에서 찾고 있다는 사실이다. 『범망경』은 보살이 마땅히 불성과 효순, 그리고 자비의 마음을 일으켜 모든 생명이 복락을 얻을 수 있도록 도와야 한다고 선언한다. 이는 계율이 단순히 금지 조항의 나열이나 처벌의 규정에 머무는 것이 아니라, 긍정적 윤리의식의 함양과 실천을 동시에 요구하고 있음을 보여준다. 즉, 보살은 타인의 재물을 훔치지 않는 데 그치는 것이 아니라, 모든 존재가 안락을 누릴 수 있도록 적극적으로 돕는 실천적 주체가 되어야 한다는 것이다.

더욱이 『범망경』은 이러한 절도 행위가 보살 수행자에게 가장 무거운 죄에 해당하는 바라이죄에 해당한다고 규정한다. 이 죄는 단순한 윤리적 일탈이 아니라, 보살 수행자의 근본 자격을 박탈하는 심각한 파계로 간주한다. 이는 계율이 단순히 행위의 규제가 아닌, 보살로서의 존재 방식 자체를 규정하는 수행의 기준임을 보여주는 대목이

11) 『梵網經』, "若佛子, 自盜教人盜方便盜, 盜因盜緣盜法盜業呪盜, 乃至鬼神有主劫賊物, 一切財物, 一針一草, 不得故盜, 而菩薩應生佛性孝順慈悲心, 常助一切人生福生樂, 而反更盜人財物者, 是菩薩波羅夷罪."

다. 따라서 『범망경』의 절도 금지 계율은 불성 자각, 효순 실천, 자비 확장의 삼중 구조를 통해 불교가 유교의 비판을 넘어 스스로 윤리적 정당성을 재구성하고 있음을 잘 보여준다. 이는 불교가 단순히 유교적 윤리를 외면하거나 변형한 것이 아니라, 이를 보살계의 핵심 가치로 능동적으로 재해석하고 수행의 동력으로 삼고자 했던 철저한 윤리적 재구성의 과정이라 평가할 수 있다.

또 다른 한편으로, 『범망경』은 효와 충을 불교적 계율 속에 통합하는 방식으로 유교적 비판에 대응하고 있다.

> 만약 불자라면 부모와 스승, 그리고 삼보에게 효순해야 하며, 국왕에게 충성해야 한다. 심지어 짐승이라 할지라도 살해해서는 안 된다.[12)]

부모와 스승에 대한 공경과 국가에 대한 충성을 강조함으로써, 불교가 유교적 질서를 해치지 않으며 오히려 이를 강화하는 역할을 한다는 점을 부각하였다. 또한, 재가자도 보살계를 받을 수 있도록 한 점 역시 유교와의 갈등을 완화하는 중요한 요소였다. 기존 불교 계율은 출가 수행자를 중심으로 구성되어 있었으나, 『범망경』은 재가자도 보살계를 받을 수 있도록 하여, 가족을 유지하면서도 불교적 수행을 병행할 수 있는 길을 열어주었다. 이는 불교가 유교적 윤리를 전면적으로 거부하는 것이 아니라, 불교적 원칙을 유지하면서도 유교적 가치를 절충하려는 시도였음을 보여준다.

『범망경』은 불교가 남북조 시대 중국 사회에서 살아남기 위한 전략적인 측면에서 위작되었음을 추론할 수 있다. 다만 그 내용을 살펴보면 남북조 시대 중국에 유입된 불교가 유교 경전의 깊은 이해를 토

12) 『梵網經』, "若佛子, 孝順父母師僧三寶, 忠於國王, 乃至畜生, 皆不殺害."

대로 함을 추정할 수 있다. 특히 주목할 점은, 효순 개념을 불성 개념과 짝을 이루어 설명할 뿐만 아니라 군주와 신하, 그리고 스승과 제자의 구도로 풀어낸다는 점이다. 이는 고대 중국 유교 경전 가운데 『효경』과 『주례』에 연원을 두고 있다. 따라서 『범망경』의 출현은 불교가 유교적 효순 전통을 단순히 끌어다 쓰거나 형식적으로 절충한 결과가 아니라, 유교와 불교가 지닌 윤리적 긴장과 차이를 인식하면서도 이를 새로운 수행 윤리로 재구성하려는 철학적 통섭의 시도라고 추정할 수 있다.

3. 효순의 두 가지 유래 : 『효경』과 『주례』

불교가 『범망경』을 통해 계율수행의 틀 안에 효순 개념을 적극적으로 끌어들일 수 있었던 이유는, 이미 유교 경전 전통 속에 효순이 가정과 사회, 국가윤리의 핵심 가치로 자리 잡고 있었기 때문이다. 그 가운데 『효경(孝經)』과 『주례(周禮)』는 효순 개념의 전개에 각기 다른 방향성과 의미를 부여했을 뿐만 아니라, 동아시아 유교 윤리 전통의 기반을 형성하는 데도 적잖은 영향을 미친 문헌이라고 할 수 있다.

1) 『효경』의 효순 : 가족 윤리에서 사회윤리로의 확장

『효경』은 효를 중심으로 가족 내 질서에서 출발하여 사회와 국가윤리로 확장되는 과정을 담고 있다. 『논어』, 「학이」에서 “효제야자(孝

悌也者), 기위인지본여(其爲仁之本與)”라고 했다. 효는 단순히 부모에 대한 사랑과 공경에 머무르지 않고, 형제와 가족 구성원을 아우르는 제(悌)를 포함한다. 효와 제는 씨족공동체의 윤리적 기초로 작용하며, 이는 충(忠)과 순(順)이라는 사회적 윤리로 확장된다.

『효경』은 가족 내 윤리를 기반으로 사회적 질서를 유지하는 논리를 제시한다.

> 공자께서 말씀하셨다. '군자는 부모를 섬기는 데에 효성을 다하므로, 그 충성을 임금에게 옮길 수 있으며, 형을 섬기는 데에 공손함을 다하므로, 그 순종함을 어른에게 옮길 수 있다.'[13]

> 공자께서 말씀하셨다. '군자의 가르침은 효성에서 비롯되나, 단지 집에서 매일 부모님을 직접 뵙는 데에 그치는 것이 아니다. 효성을 가르치는 것은, 세상의 모든 아버지를 공경하도록 하기 위함이며, 공손함을 가르치는 것은, 세상의 모든 형을 공경하도록 하기 위함이며, 신하로서 도리를 가르치는 것은, 세상의 모든 임금을 공경하도록 하기 위함이다.' 『시경』에서 이르기를, '온화하고 화목한 군자는 백성들의 부모와 같다. 지극한 덕이 아니면, 어떻게 백성을 이렇게 널리 따르게 할 수 있겠는가?'[14]

위 인용문은 유학에서 효제(孝悌)와 충순(忠順)이 가족과 사회, 그리고 국가를 연결하는 핵심 윤리임을 잘 보여준다. 첫 번째 구절에서 “효성을 다하므로 충성을 군주에게 옮길 수 있다”와 “공손함으로 순

13) 『孝經正義』「廣揚名章」, “子曰, 君子之事親孝, 故忠可移於君. 事兄悌, 故順可移於長.”

14) 『孝經正義』「廣至德章」, “子曰, 君子之教以孝也, 非家至而日見之也. 教以孝, 所以敬天下之爲人父者也. 教以悌, 所以敬天下之爲人兄者也. 教以臣, 所以敬天下之爲人君者也. 詩云‘愷悌君子, 民之父母.’ 非至德, 其孰能順民, 如此其大者乎.”

종함을 어른에게 옮길 수 있다"라는 표현은 가족 내 윤리가 사회적, 정치적 관계로 자연스럽게 확대되는 과정을 나타낸다. 부모를 섬기는 효성은 군주를 섬기는 충성으로, 그리고 형제의 공손함은 사회적 관계에서 연장자를 대하는 순종함으로 발전한다. 이는 유교에서 개인의 내적 도덕성이 가족을 넘어 공적 윤리로 전환되는 구조적 특징을 보여준다.

두 번째 구절은 군자가 효를 단순히 교육적 수단으로 활용하는 것이 아니라, 그 자체로 사회적 모범이 되어 백성을 이끄는 역할을 한다는 점을 강조한다. "효성으로써 가르치는 것은, 집에서 매일 부모님을 뵙는 데에 그치는 것이 아니다"라는 구절은 군자가 규범을 강요하거나 반복적으로 교육하지 않고, 스스로 효성을 실천함으로써 백성이 자발적으로 이를 따르게 한다는 의미를 담고 있다. "세상의 아버지가 된 자들을 공경하게 하는 것"은 군자가 백성들에게 도덕적 행동을 본보기로 보여주어 효와 제가 사회적으로 확대되도록 하는 역할을 하는 것을 나타낸다.

『효경』의 논리는 "군자[임금]는 백성의 부모이다"라는 관점에서 더욱 구체화된다. 이 구절은 백성은 부모를 섬기듯 군주를 섬기고, 군주는 자식을 대하듯 백성을 사랑해야 한다는 상호적 윤리관을 제시한다. 군자는 백성들에게 단순히 행위규범[예법·계]을 전달하는 것이 아니라, 자신의 행동을 통해 도덕적 모범을 보임으로써 백성을 감화시킨다. 이는 유교에서 도덕적 통치자가 단순히 명령을 내리는 지도자가 아니라, 도덕적 실천의 본보기가 되어야 함을 의미한다.

이와 같은 논리는 효순의 개념이 가족 내 윤리와 국가적 윤리를 긴밀히 연결하고 있음을 보여준다. 효와 제는 혈연적 관계를 기반으로 시작되지만, 군주와 백성 간의 관계에서도 동일하게 적용된다. 부모를 대하는 효와 제의 마음이 곧 군주를 대하는 충과 순의 덕목으로 이어진다. "온화하고 화목한 군자여! 백성의 부모이다"라는 구절은 이러한 윤리가 단순한 도덕적 의무를 넘어, 사회적 조화와 안정의 기초가 된다는 점을 명확히 한다.

또한 여기서 군자는 군주로, 단순히 도덕적 지식을 전달하는 스승의 역할을 넘어선다. 군주는 백성의 정서적 공감을 끌어내며, 이를 통해 사회적 윤리를 확립한다. 이는 효와 제가 단순히 규범적 관계에 머무르지 않고, 백성들이 군주를 따르는 정서적 기반을 제공하는 도덕적 원리가 된다는 점을 시사한다. 따라서 효제와 충순은 효충이라는 윤리로 요약되며, 이는 가족 내 도덕이 사회적 윤리와 본질적으로 다르지 않음을 보여준다.

이는 『효경』이 가족 중심의 윤리를 국가와 사회적 윤리로 확장하는 구조를 설명하고 있음을 드러낸다. 군자는 부모처럼 백성을 보살피며, 백성은 부모를 섬기듯 군주를 존경한다. 이러한 관계는 유학이 가족 윤리를 사회적·정치적 질서의 근본으로 삼는 철학임을 잘 보여준다. 더불어 군자는 규범의 전달자가 아닌 도덕적 모범으로서, 자신의 행위를 통해 백성을 감화시키는 역할을 맡는다. 이는 유학에서 효순의 개념이 단순한 사제관계를 넘어 가족, 사회, 국가를 아우르는 윤리적 기초가 된다는 점을 명확히 한다.

2) 『주례』의 효순 : 통치 계층 양성으로서의 구조화

『주례』는 효순을 단순한 가정 윤리로 한정하지 않고, 이를 통치 계층의 덕행(德行)과 연결하여 사회적, 정치적 질서를 유지하는 도덕적 구조로 설명한다. 특히, 효순은 귀족 자제들에게 필수적으로 요구되는 교육 과정의 핵심 덕목으로 자리 잡으며, 통치 계층의 윤리적 자질을 함양하기 위한 체계로 기능한다.

> 사씨(師氏, 스승)는 왕의 명령을 전달하는 역할을 맡는다. 그리고 세 가지 덕으로 나라의 자제를 가르친다. 첫째, 지극한 덕은 도의 근본이 되다. 둘째, 민첩한 덕은 행실(行)의 근본이다. 셋째, 효의 덕은 선악을 아는 바탕이다. 또 세 가지 실천 덕목(三行)을 가르친다. 첫째, 효행(孝行)은 부모를 친애하는 것이다. 둘째, 우행(友行)은 어진 이와 선한 이를 공경하는 것이다. 셋째, 순행(順行)은 스승과 어른을 섬기는 것이다.15)

위 구절은 효순이 귀족계층의 윤리적 완성을 위한 중요한 덕목임을 보여준다. 사씨는 스승으로, 왕과 공경대부 이상의 자제들에게 효덕을 포함한 삼덕을 교육하며, 이를 통해 훌륭한 통치자의 자질을 갖추도록 한다. 효행은 부모를 공경하고 사랑하는 태도를, 우행은 능력 있는 사람을 존중하며 관계를 맺는 덕목을, 순행은 스승과 원로를 섬기는 행위를 강조한다. 이러한 삼덕은 가정과 사회, 정치적 관계를 아우르며, 덕성과 실천을 통해 통치의 이상을 실현하는 데 필요한 기초적 자질로 여겨진다.

『주례』는 특히 효순을 통치자의 자질로 규정하며, 교육을 통해 이를 완성하도록 구조화한다. 효순은 부모에 대한 공경을 출발점으로 하여, 스승을 통한 예법의 전수와 실천으로 확장된다. "효행은 부모를 친애하는 것이고, 순행은 스승과 어른을 섬기는 것이다"라는 설명은 효와 순이 스승과 제자의 관계를 통해 구체화된다는 점을 강조한다. 사씨는 귀족 자제들의 도덕적 결핍을 채우는 역할을 맡으며, 이들이

---

15) 『周禮』 「地官-師氏」, "師氏, 掌以微詔王. 以三德教國子. 一曰至德以爲道本, 二曰敏德以爲行本, 三曰孝德以知逆惡. 教三行. 一曰孝行, 以親父母, 二曰友行, 以尊賢良, 三曰順行, 以事師長."

자신의 덕성을 능동적으로 완성해 나가도록 지도한다.

『주례』는 효순을 덕행(德行)의 구조 속에서 설명하며, 이상적인 통치 계층이 갖추어야 할 필수적인 자질로 자리매김한다. 정현(鄭玄)의 주석에 따르면, 덕행은 내적 자질인 덕(德)과 외적으로 발현되는 행(行)의 조화로 이루어진다.16) 정현은 효에 대해 다음과 같이 풀어서 설명한다.

> 『中庸-19』, '무왕과 주공은 효성스럽다고 사방에서 칭찬받은 분들이다. 효는 부모의 뜻을 잘 계승하는 것이고, 부모의 일을 잘 전술하는 것이다.' 효는 삼덕 아래에 있고 삼행 위에 있다. 덕은 효보다 광대함이 있지만, 행은 효보다 존귀한 것이 없다.17)

이 인용문은 효의 개념을 단순히 부모에 대한 공경으로 한정하지 않고, 부모의 뜻과 행위를 계승하여 도덕적 실천을 통해 외적으로 발현하는 과정으로 설명한다. 효는 덕행의 한 축으로서, 내면의 자질로 머무르지 않고 행위로 드러날 때 그 진정한 가치를 발휘한다. 정현은 효를 삼덕(三德) 중에서도 기본적이며 핵심적인 덕목으로 간주하며, 효가 도덕적 완성을 이루는 시작점임을 강조한다.

『주례』는 효순을 덕행의 교육과 실천을 통해 구현하며, 스승과 제자의 관계를 중심으로 그 구체적인 방식을 설명한다. 스승은 예비통치자들에게 효행을 비롯한 삼덕을 가르치며, 이들이 도덕적 결핍을 채우고 이상적 통치자로 성장하도록 돕는다. 효행은 단순히 부모를 공경하는 것을 넘어, 사회와 국가를 이끄는 지도자로서 자질을 함양하는 데 핵심적인 요소이다. 이는 효가 가족 내의 윤리를 넘어서, 통

---

16) 『周禮鄭氏註』 「地官-師氏」, "德行內外之稱, 在心爲德, 施之爲行."

17) 『周禮鄭氏註』 「地官-師氏」, "'孔子曰, 武王周公其達孝矣乎, 夫孝者, 善繼人之志, 善述人之事者也.' 孝在三德之下, 三行之上."

치와 사회적 역할 수행에 필요한 도덕적 기반을 제공한다는 점을 보여준다.

『주례』에서 덕행은 농사의 비유를 통해 더욱 구체적으로 설명된다. 덕은 벼가 될 운명을 지닌 볍씨와 같으며, 이 볍씨가 벼로 성장하기 위해서는 농부의 정성스러운 돌봄이 필요하다. 여기서 농부는 스승을, 볍씨는 제자를 상징한다. 제자는 스승의 가르침 아래 효와 같은 기본적인 덕목을 내면화하고, 이를 통해 도덕적으로 완성된 통치자로 성장할 수 있다. 이 과정은 단순히 스승의 가르침을 수동적으로 받아들이는 것이 아니라, 스스로 덕목을 실천하며 자질을 완성해 나가는 능동적 자기실현의 여정을 포함한다.

『주례』에서 효순은 통치 계층의 윤리적 자질을 강조하는 동시에, 신분적 제한 아래 귀족계층의 특권적 교육을 중심으로 실현된다. 이는 『효경』과의 중요한 차이를 드러낸다. 『효경』은 효와 제(悌)를 중심으로 가족 내 윤리를 충(忠)과 순(順)이라는 사회적 윤리로 확장하며, 부모와 자식의 관계를 군주와 백성의 관계로 치환한다. 효는 부모와 자식 간의 정서적 유대를 출발점으로 하여, 사회적 조화와 국가적 질서로 연결된다. 『효경』은 효순을 가족 윤리와 국가윤리 간의 연속성을 강조하며, 누구나 실천 가능한 보편적 윤리로서 제시한다.

반면, 『주례』는 효순을 통치 계층의 덕행으로 규정하며, 교육 체계를 통해 이를 실현하도록 구조화한다. 효행은 스승과 제자의 관계에서 구체화되며, 귀족계층의 도덕적 자질을 완성하기 위한 수단으로 한정된다. 효순은 가정 윤리를 넘어서 스승의 가르침과 예법의 전수를 통해 사회적 역할과 책임으로 확장되지만, 이는 특정 계층에 국한된 도덕적 체계로 남는다.

이상의 논의를 토대로 볼 때, 불교가 『범망경』을 통해 유교의 효순과 효충 구도를 수용한 것은, 바로 『효경』과 『주례』와 같은 유교 전통의 사상적 기반 위에서 가능했을 것이라고 짐작할 수 있다. 또 분명한 것은, 불교가 유교적 효순 개념을 단순히 외면하거나 타협한 것이 아니라, 이를 불교적 수행 윤리로 재구성하려고 적극적으로 시도했다는 점이다. 이제 이 시도가 신라 불교, 특히 원효와 태현의 『범망경』 해석 속에서 어떻게 구체화 되는지를 살펴보고자 한다.

4. 원효의 『범망경보살계본사기』 : 수계와 성불의 보편 윤리

『범망경보살계본사기』에서 논의된 효순 개념은 사제 간에 계율이 전수되는 과정을 중심으로 정의된다.

> 효순은 행위가 계율을 위배하지 않는 것이다. … 부모에 대해서는 두 가지 해설이 있다. 첫째, 인연에 의해 낳아 준 부모로, 세상의 부모와 같다. 둘째, 불도로 이끌어준 부모이다. [師僧은] 삼사를 따르는 것이고, 승은 나머지 일곱 승려를 따르는 것이다. 사는 별인을 따라서 별행을 취하는 것이고, 승은 중승을 따라서 중행을 취하는 것이다. 오직 효순을 행함은 대부분 중행과 별행을 벗어나지 않기 때문에, 중행과 별행을 어기지 않는 것이다. 따라서 [효순을 행함은] 사승에 효순한다는 것을 말한다.[18)]

18) 『韓國佛教全書』 1, 591쪽, "孝順者, 不違行義. … 父母者有二說, 一云, 有緣生父母, 如世間有父母也, 入道父母者, 約三師等, 僧者, 約餘七僧等, 言師者, 約別人取別行, 言僧者, 約衆僧取衆行, 唯孝順行, 多不出衆別二行故, 不違衆別二行, 故言孝順師僧也."

이 구절에서 효순은 계율을 중심으로 한 수행과 관련된 행위로 정의되며, 단순히 부모에 대한 공경을 넘어, 불교적 계율 준수와 윤리적 실천을 포함한다. 여기서 부모는 두 가지로 구분된다. 첫째는 인연에 따라 육신을 낳아 준 세간의 부모이고, 둘째는 불도에 입문하도록 이끈 스승이다. 이를 통해 효순은 혈연적 관계를 넘어 계율 준수 및 계율 수행이라는 더 넓은 윤리적 틀 속에서 논의된다.

효순의 실천은 수계의식을 통해 구체화된다. 수계의식은 삼사칠승이라는 구조 속에서 이루어지며, 각 구성원이 특정한 역할을 수행한다. 삼사는 화상, 갈마사회자, 심문자로 나뉜다. 화상은 스승으로서 부모와 같은 역할을 하며, 수계 지원자를 지도하고 보호한다. 화상은 직접적으로 의식을 주관하기보다는 후견인으로서 지원자가 올바른 길로 나아가도록 돕는다. 갈마사회자는 승단 전체의 의사결정을 주관하며 의식을 진행한다. 심문자는 수계 지원자의 자격을 심사하며, 지원자가 계율을 받을 만한 조건을 충족하는지 확인한다. 이 과정에는 부모의 허락을 받았는지, 빚이 없는지 등의 조건이 포함된다. 칠승은 의식의 증인 역할을 맡는다. 이들은 수계의 적법성을 보증하며, 의식이 바르게 진행되고 있음을 확인한다. 칠승의 전원 동의가 있어야만 수계의식이 완료된다. 이를 통해 효순은 개인의 수행이 아니라 공동체적 협력 속에서 이루어진다는 점이 강조된다. 이러한 구조는 효순 개념의 본질을 명확히 드러낸다. 효순은 스승과 제자 간의 윤리적 관계와 공동체적 협력을 기반으로 한 수행으로 이해되며, 스승을 통한 계율 전수와 제자의 실천을 통해 완성된다.

원효는 효순 개념을 통해 사제 관계를 통한 윤리적 수행의 중요성을 강조하며, 이 과정이 단순히 혈연적 윤리를 넘어 보편적 수행 원칙으로 확장된다고 본다. 이는 『주례』에서의 사제 관계와 유사하지만 중요한 차이를 가진다. 『주례』가 주로 귀족과 통치 계층에 한정된 사제 관계를 다룬다면, 『범망경보살계본사기』의 효순은 신분과 혈통의 제한을 넘어 모든 출가자와 재가자를 포괄한다.[19] 이를 통해 효순은 대승적 이상을 구현하며, 모든 존재가 깨달음에 나아갈 가능성을 열어둔 보편적 윤리로 자리 잡는다.

『주례』에서의 사제관계는 주로 관료 계층[사씨]과 통치 계층[귀족 자제]에 한정되어 있다. 이는 특정 신분과 혈통을 중심으로 형성된 관계망에 기초한 것이었다. 그러나 『범망경보살계본사기』에서 논의된 사제관계는 이 같은 제한을 뛰어넘는다. 이 경전에서 다루는 10중계와 48경계는 출가 수행자뿐만 아니라 재가 수행자도 포함하여 계율을 수지하고 실천하도록 한다. 이는 신분이나 혈연적 제약을 넘어, 모든 사람에게 계율을 통해 깨달음의 길을 열어주는 대승적 관점을 반영한다. 원효는 이러한 점을 강조하며, 재가자 또한 출가자와 마찬가지로 계율을 철저히 받아들이고 실천해야 한다고 주장한다.

> 보살계란 흐름을 거슬러 근원으로 되돌아가는 큰 나루터이며, 삿됨을 버리고 바른 길로 나아가는 중요한 문이다. 그러나 삿됨과 바름은 서로 쉽게 뒤섞이며, 죄와 복의 본성은 구별하기 어렵다. 왜냐하면 어떤 경우에는 내적인 의도는 실로 삿되지만, 외적인 모습은 바른 것처럼 보이며, 어떤 경우에는 겉으로 드러난 행위는 번뇌에 물들었으나 그 중심은 순수

---

19) 처음 『범망경』에 주목한 인물은 天台 智顗(538~597)로, 그는 수나라 양제로 등극한 진왕 광을 비롯한 왕족 관료들에게 10중계와 48경계를 준다. 수나라는 북주의 노선을 따른 국가로, 『주례』를 관제로 채택했다. 고구려, 백제, 신라 또한 『주례』를 받아들였을 뿐만 아니라, 원효는 지의의 『범망경』 해석을 계승하고 발전시킨다. 남동신, 「元曉의 戒律思想」, 『韓國思想史學』 17, 서울: 한국사상사학회, 2001, 269-272쪽; 이유진, 「『三國史記』에 보이는 『周禮』 受用 樣態」, 『東院論集』 6, 서울: 동국대학교, 1993, 82-85쪽 참조.

> 하고 깨끗할 수도 있다. 또 어떤 경우에는 행위가 작은 복을 얻는 듯하지만 큰 재앙을 초래하기도 하고, 어떤 경우에는 마음과 행위가 깊고 먼 대의를 따르는 것 같지만, 가까운 도리를 위배하기도 한다. 이 때문에 불결한 도인(道人)들과 사사로운 이익을 탐하는 승려들은 표면적인 형식을 고수하면서도 진정한 올바름을 잊고 있다. 그들은 깊은 계율을 어기면서도 천박한 행위를 추구한다. 이제 얕은 것을 버리고 심오한 것을 온전히 해야 하며, 형식적인 모습에서 벗어나 실질을 추구해야 한다. 이를 잊지 않도록 간추려 기록하니, 뜻을 함께하는 자들은 이를 상세히 살펴 결정하길 바란다.[20]

이 구절에서 보살계는 흐름을 거슬러 근원으로 돌아가는 나루터로 비유된다. 이는 계율이 그 자체로 깨달음은 아니지만, 깨달음을 향해 나아가는 필수적 출발점임을 강조한다. 계율은 수행자가 올바른 방향으로 나아갈 수 있도록 안내하는 기준점과도 같다. 이러한 관점에서 계율은 단순한 규범적 명령이 아니라, 수행자의 도덕적 좌표를 설정하고 이를 통해 깨달음으로 이끌어주는 길잡이다.

원효는 이러한 계율의 중요성을 부각하며, 계율을 수지하지 않는 사람은 행동을 자의적으로 합리화하거나 깨달은 사람인 척하는 위험에 빠질 수 있다고 경고한다. 그는 특히 천박한 행동을 일삼는 도인과 참된 수행을 저버린 사이비를 비판하며, 계율을 수지함으로써 올바른 수행의 길에 서야 한다고 강조한다. 계율은 단순히 악행을 금지하기 위한 것이 아니라, 선행을 통해 도덕적 완성과 깨달음을 이루도록 돕는 도구로 기능한다.

---

20) 『韓國佛教全書』 1, 581쪽, "菩薩戒者, 返流歸源之大津, 去邪就正之要門也, 然邪正之相易濫, 罪福之性難分, 何則或內意實邪, 而外迹似正, 或表業同染, 而中心淳淨, 或有作業合少福, 而致大患, 或有心行順深遠, 而違淺近, 是以專穢道人, 剋私沙門, 長專似迹, 以亡眞正, 每剋深戒, 而求淺行, 今將遺淺事而全深, 去似迹而逐實, 爲自忽忘, 撮要記別, 幸同趣者, 詳而取決矣."

그러나 원효는 계율을 단순한 규범적 준수로만 이해하지 않는다. 그는 계율의 준수가 수행의 첫걸음이자 필수적인 조건이지만, 수행자의 내면적 의지와 실천이 결합되어야만 비로소 깨달음에 이를 수 있음을 주장한다. 계율을 수지하는 것은 외부적 기준을 받아들이는 행위지만, 궁극적으로는 수행자의 자발적 노력과 도덕적 의지를 통해 그 의미가 완성된다. 따라서 원효는 보살계의 중요성을 강조하며, 계율이 모든 수행자에게 깨달음의 길을 열어주는 보편적 원리로 작동해야 한다고 역설한다. 이는 계율을 단지 규범적 요구가 아니라, 개인의 수행과 도덕적 성장의 기반으로 자리매김하는 대승적 이상을 구현하는 것이다.

원효의 『범망경보살계본사기』에서 효순 개념은 계율을 통한 수행자의 도덕적 성장과 깨달음을 탐구하는 과정에서 핵심적인 위치를 차지한다. 초학보살들에게 있어 효순의 동기는 계를 암송하고 이를 통해 자신의 마음을 선(善)으로 전환하려는 성불의 의지에서 출발한다. 이 의지가 지속적으로 발현되어 마음속에 다양한 지혜가 갖추어지면, 궁극적으로 성불에 이를 수 있다.

> 여기서 말하는 비보살(非菩薩)이란, 계율을 암송하지 않으려는 마음을 발한 것이기 때문이다. 마음의 측면에서 볼 때 보살이 아니라고 말하는 것이다. 영원히 보살이 아니기 때문에 보살이 아니라고 말한 것은 아니다. 또한 계율을 익히고 실천하는 데 익숙하지 않기 때문에 불종자가 아니라고 말한 것이다. 영원히 불자가 되지 못하기 때문에 불종자가 아니라고 말한 것은 아니다. 어떤 사람이 말하길, "성불한 사람은 일체 각종 지혜를 갖추고 있기에, 비로소 성불한 것이라고 말한다. 따라서 계율을 외우려 하지 않거나 선하지 않으려는 마음을 발했기 때문에 각종 지혜를 갖추지 못한다. 따라서 불종자가 아닌 것이 된다."[21]

위 인용문은 성불의 조건이 단순히 타고난 자질에 의해 결정되는 것이 아니라, 계율의 수지와 이를 실천하려는 수행자의 의지에서 비롯된다는 점을 강조한다. 계를 암송하고 실천하려는 마음은 초학보살에게 필수적인 성불의 전제 조건이다. 성불은 모든 존재에게 열려 있는 가능성이라는 불교의 보편적 명제는 이와 같은 계율의 실천 의지를 통해 비로소 구체화된다.

그러나 여기서 보살과 비보살, 불종자와 비불종자의 구분은 오해를 불러일으킬 여지가 있다. 이러한 구분은 특정한 존재만이 성불할 수 있다는 제한을 의미하지 않는다. 오히려 계를 받아들이고 실천하려는 마음가짐에 따라, 누구나 보살이 될 수 있고 불종자가 될 수 있음을 나타낸다. 보살은 계를 암송하고 이를 통해 자신의 마음을 선하게 바꾸려는 자이며, 불종자는 이를 실천하는 자이다. 반면 비보살과 비불종자는 단지 이러한 마음을 일으키지 않는 자일 뿐, 본질적으로 다르거나 열등한 존재를 의미하지 않는다. 이로써 성불은 계율의 수용과 실천이라는 수행의 과정에 달려 있으며, 이는 모든 존재에게 공평하게 열려 있다.

이 아래는 세 번째로 계를 받는 사람들을 열거했다. 황문이라 한 것에는 여섯 가지 종류가 있으니, 반이 스스로 끊어진 육종의 사람들이다. 팔부(八部)에 속하는 범속한 귀신들은 사천왕 등이 각각 야차 등으로 변한 이부이다. 따라서 2×4=8부가 된다. 변신하여 인간의 모습으로 나타난 존재들, 즉 천(天), 용(龍), 신(神) 등이 보살계를 받고자 사람 등으로 변신해 온 무리를 말함이다. 무색계인은 어찌해서 이 대열에 빠졌는가?

---

21) 『韓國佛教全書』 1, 594쪽, "所言非菩薩者, 發不誦戒心故, 約心故言非菩薩, 不謂永不菩薩, 故非菩薩, 亦熟行, 故言非佛種子, 不謂永非佛子, 故非佛種子, 一云, 成佛者具一切種智故, 方成佛故, 發不誦戒不善心故, 不具種智故, 爲非種子."

> 무색계인도 화인이어서 위에 말한 대열에 다 포함된 것이다. 모두 대승 가운데서 계를 받은 것이니 저 소승은 막히고 어렵기 때문에 대승에 포섭된 것임을 알아야 한다. 누군가가 묻기를, "무색계(無色界)의 존재들은 왜 여기에 포함되지 않는가?"라고 한다면, 대답하겠다. 이들도 변신하여 나타날 수 있기에, 이미 포함되었다고 볼 수 있다.[22)]

원효는 보살계가 특정한 신체적 조건, 존재의 형태, 사회적 신분에 의해 제한될 필요가 없음을 강조한다. 그는 신체적 결함이 있는 자[黃門]도 수행할 수 있으며, 인간이 아닌 신적 존재[八部神將]와 귀신(鬼神)들도 보살계를 받을 수 있다고 보았다. 또한, 천(天), 용(龍), 신(神)과 같은 존재들은 변신하여 인간의 모습으로 수행할 수 있으며, 물질적 육체를 가지지 않은 무색계(無色界)의 존재들조차도 보살계에 포함될 수 있다고 설명한다. 이를 통해 원효는 보살계의 실천이 신체적 형상이나 사회적 신분에 구속되지 않으며, 오직 수행하려는 의지와 계율을 실천하려는 마음가짐이 가장 중요한 요소임을 강조한다. 이와 같은 논의는 대승불교가 모든 존재를 깨달음으로 이끄는 보편적인 수행 체계를 제공한다는 점을 잘 보여준다.

원효는 보살계의 실천을 통해 효와 순의 개념을 보편적 윤리로 확장하려고 시도했다. 기존의 유교적 효 개념은 혈연적 관계와 가정 내 도덕성에 초점을 맞추고 있었지만, 원효는 범망경을 통해 효를 단순한 가족 윤리를 넘어 보살행의 핵심 요소로 해석하였다. 그는 효를 단순히 부모에 대한 도덕적 의무로 보는 것이 아니라, 모든 중생을

---

22) 『韓國佛教全書』 1, 593쪽, "此下第三列受戒之人, 言黃門者有六種, 謂半自截六種人也, 八部凡鬼神者, 四天等各各將夜叉等二部, 故爲二四八部, 及化人者, 天龍神等及化來受菩薩戒人等, 問無色界人者, 何以故非列耶, 答亦得言及化, 以攝許上, 皆大乘中得受戒, 若小乘遮難, 所攝可知."

부모처럼 공경하고 돌보는 실천적 수행으로 확대했다.

특히 원효는 효와 순을 불교적 계율과 결합하여, 이를 단순한 윤리적 가치가 아닌 깨달음의 필수 조건으로 설정하였다. 그는 계율을 준수하는 것이 곧 보살의 길이며, 계율을 통해 효를 실천하는 것이 불성을 드러내는 핵심적 방법임을 강조했다. 이는 기존의 유교적 효 개념이 부모와 자식 간의 관계 속에서 이루어지는 것과 달리, 보살계의 실천을 통해 모든 존재에게 확장된다는 점에서 중요한 의미를 지닌다.

또한, 원효는 효를 단순한 정서적 감정이나 도덕적 의무로 규정하는 것이 아니라, 수행의 핵심으로 삼아야 한다고 주장했다. 그는 효가 단순히 부모에게 순종하는 것이 아니라, 모든 존재에게 자비와 연민을 실천하는 행위이며, 나아가 깨달음으로 나아가는 길임을 역설하였다. 이를 통해 효순의 개념을 혈연적 관계에서 수행적 관계로 전환하고, 불교적 윤리의 핵심으로 자리매김하려고 시도하였다.

결국, 원효의 『범망경보살계본사기』에서의 효순 개념은 계율을 출가 수행자만의 규범이 아닌, 재가자와 모든 중생이 실천할 수 있는 보편 윤리로 확장하며, 유교적 효 개념을 불교적 보살행의 길로 이끌었다. 이는 유교와 불교의 경계를 지우는 얕은 융합이 아니라, 각각의 사상이 지닌 윤리적 긴장을 오히려 드러내면서 그 차이를 넘어설 수 있는 수행의 길을 제시한 시도라 할 수 있다. 원효의 효순 개념에서 통섭은 유교와 불교의 개념을 서로 타협시키는 것이 아니라, 그 차이를 깊이 자각할 뿐만 아니라, 모든 존재가 함께 나아갈 수 있는 보편적 수행 윤리를 창출하는 과정이었다.

5. 태현의 『범망경고적기』
: 은혜와 공경의 공동체 윤리

신라의 태현은 『범망경고적기』에서 효와 순의 개념을 불교적 맥락에서 새롭게 해석하였다. 그는 효를 단순한 혈연적 윤리로 한정하지 않고, 이를 보편적인 수행의 원리로 확장하였다. 특히 그는 효와 순을 '은혜(恩)'라는 개념을 통해 설명하며, 부모와 스승에 대한 관계뿐만 아니라 모든 존재에 대한 보편적 윤리로서의 효순을 강조하였다.

태현은 효를 부모와 스승에게 받은 양육과 가르침에 대한 보답으로 정의하고, 이를 공경(恭敬)과 실천(實踐)이라는 두 가지 핵심 요소로 설명한다. 그는 효를 '양육(養育)'의 측면에서, 순을 '공경'의 측면에서 파악하며, 이러한 관계가 단순한 혈연적 윤리를 넘어서 수행의 윤리로 작용해야 한다고 주장하였다.

> 효란 양육을 의미하고, 순은 곧 공경을 의미한다. 은혜를 알고 은혜에 보답하는 것이 바로 효도이다. 은혜에는 두 가지 종류가 있다. 첫째는 생명을 길러 준 은혜로, 이는 부모를 의미하며, 둘째는 법신을 길러 준 은혜로, 이는 스승과 승가 등을 의미하니, 물질적 보시와 가르침의 보시로써 마땅히 공경하고 봉양해야 한다.[23]

여기서 태현이 효의 개념을 유교적 부모-자녀 관계를 넘어서 스승과 승가 공동체로 확장한 점이 중요하다. 이는 효를 단순한 혈연적 의무가 아니라, 불법과 깨달음을 전수하는 관계 속에서 이해하려는

---

23) 『韓國佛教全書』 3, 447쪽, "孝謂養育, 順卽恭敬, 知恩報恩, 卽是孝道. 恩有二種, 一滋長生身恩, 謂卽父母, 二長養法身恩 卽師僧等, 以財法二, 如應敬養."

불교적 윤리의 반영이다. 유교에서는 효가 기본적으로 부모에 대한 도덕적 의무이지만, 불교에서는 스승이 부모와 동등한 위치에서 윤리적 존경의 대상으로 설정된다.

태현은 효를 단순한 도덕적 감정이나 의무로 보지 않고, 이를 불교적 계율(戒律)과 동일한 위치에 놓는다. 그는 효가 모든 선행(善行)의 근원이 되며, 나아가 악행(惡行)을 제어하는 역할을 한다고 보았다.

> 효를 계(戒)라고도 하고, 제지(制止)라고도 한다. 효는 모든 행위의 근본이며, 선왕(先王)들의 핵심 도리이다. 계(戒)는 모든 선한 행위의 기초이며, 모든 부처의 근원이다. 선(善)은 효에서 비롯되므로, 효는 곧 계라고 불릴 수 있으며, 악(惡)은 효를 통해 사라지므로, 효는 제지(制止)라고도 불린다. 그러므로 효와 계는 이름은 다르나, 그 의미는 동일하다.[24]

태현의 이러한 주장은 효를 단순한 도덕적 가르침으로 보았던 유교적 해석과 차별된다. 유교에서 효는 윤리적 실천의 기초가 되지만, 불교에서 태현이 주장하는 효는 수행자가 계율을 지키고 바른 길로 나아가기 위한 근본적인 원리로 작용한다. 즉, 효는 단순한 윤리적 가르침이 아니라, 선악을 구별하는 계율적 기준이 된다는 것이다.

특히 태현이 효를 '제지(制止)'라고 표현한 점은 중요하다. 불교의 계율은 탐욕과 번뇌를 통제하는 역할을 하는데, 태현은 효가 바로 이러한 역할을 한다고 본다. 부모와 스승에 대한 존경과 감사는 인간이 본능적 욕망을 절제하고 수행을 지속하도록 돕는 가장 근본적인 계율이라는 것이다.

태현은 세속적 효와 승의(勝義)의 효를 구분한다. 세속적 효는 혈연

---

24) 『韓國佛教全書』 3, 447쪽, "孝名戒亦名制止者, 孝爲百行之本, 先王要道, 戒爲萬善之基, 諸佛本原. 善從此生, 孝名爲戒, 惡從此滅, 亦名制止. 所以孝戒名異義同."

적 관계와 특정 윤리에 따라 보복적 정의를 실현하려는 데에 초점을 맞춘다. 이는 유교적 예법의 논리와도 상통하지만, 태현은 이를 비판하며 불교적 자비와 평등의 마음이 승의적 효의 본질임을 강조한다.

> 세속의 예는 군부의 원한을 보복하지 않는다면 효가 아니라고 하는데, 왜 지금 왕친을 해친 것에 대해서 보복하면 효를 거스르는 것이라고 하십니까? 효에는 두 가지 종류가 있다. 세간의 효는 원한을 원한으로 갚는 것이니, 마치 풀로 불을 끄려는 것과 같다. 승의의 효는 자애로 원한을 갚는 것이니, 마치 물로 불을 끄는 것과 같다. 육도의 중생이 모두 나의 부모임을 믿는다면 어찌 한 부모를 위해 다른 한 부모를 해할 수 있겠는가? 저들이 지금 부모를 해친다면 후에 지옥에 떨어질 것이니, 단지 가엽고 불쌍할 뿐 다시 갚을 것이 없다. 따라서 자비와 평등의 마음으로 원한을 풀어 빨리 끊어버리도록 하는 것이 효 가운데 으뜸이다.[25]

태현은 세속적 효와 승의적 효를 구분하며, 후자가 불교적 이상을 담고 있다고 주장한다. 세속적 효는 혈연적 관계와 특정 윤리에 따라 원한에 원한으로 대응하는 윤리를 의미한다. 이는 유교에서 정의와 예법을 통해 질서를 유지하려는 접근이다. 하지만 태현은 이러한 방식이 마치 풀로 불을 끄려는 것과 같이 더 큰 원한의 악순환을 초래할 뿐이라고 비판한다. 그는 효의 본질이 보복적 정의가 아니라, 자비와 평등을 바탕으로 한 도덕적 실천에 있다고 보았다.

유학의 전통에서는 도덕적 실천을 규범과 질서의 틀 속에서 이해하며, 그 대표적인 예로 『논어』의 다음 구절을 들 수 있다. "덕으로

---

25) 『韓國佛教全書』 3, 465쪽, "問俗禮之中, 君父之怨, 不報非孝, 何故今言於害王親, 報之違孝. 答孝有二種, 世間之孝, 以怨報怨, 如草滅火. 勝義之孝, 以慈報怨, 如水滅火. 旣信六道皆我父母, 豈爲一親更害一親, 彼殺今親, 後墮地獄, 但可悲愍, 更無可報, 故以慈心平等解怨, 速令斷絶, 孝中之孝."

덕을 갚고, 원한은 바름으로 갚는다.(「헌문」, '以直報怨, 以德報德')" 이 구절은 유교에서 덕(德)과 직(直)을 중심으로 한 도덕적 질서의 구조를 명확히 보여준다. 덕은 은혜에 대해 공경과 보답으로 응답하는 도덕적 정서와 실천을 의미하며, 직은 원한이나 불의한 행위에 대해 명확한 판단과 정의로운 행위를 통해 대응하는 것을 뜻한다. 유교적 관점에서, 덕은 상대방이 베푼 선의에 대한 응답으로, 이를 통해 인간관계의 조화를 이루며, 직은 사회적 질서를 유지하기 위한 공적 정의의 구현을 강조한다. 이는 효순을 포함한 유교적 윤리가 정서적 교감과 규범적 판단을 통합하여 개인과 사회의 조화를 추구한다는 점을 보여준다.

반면 태현의 승의적 효는 모든 존재를 윤회의 관계망 속에서 연결된 존재로 보며, 원한을 자애로 갚아야 한다고 강조한다. "육도의 중생이 모두 나의 부모임을 믿는다면 어찌 한 부모를 위해 다른 한 부모를 해할 수 있겠는가?"라는 태현의 주장은 은혜와 자비의 도덕적 감정을 통해 원한의 악순환을 끊어야 한다는 점을 부각한다. 불교적 효는 은혜를 받은 만큼 보답해야 한다는 점에서 유교적 효와 유사하지만, 그 적용 범위를 초월적으로 확장하여 모든 중생을 포괄한다는 점에서 차별화된다.

태현의 효순 개념은 단순한 유교적 윤리를 불교적으로 수용한 것이 아니라, 이를 불교 수행의 핵심 원리로 변형한 것이다. 그는 효를 계율과 동일한 위치에 놓음으로써, 효가 수행자의 삶 속에서 필수적으로 실천되어야 함을 강조했다. 또한, 승의적 효를 통해 효를 보편적 자비로 확장함으로써, 모든 존재를 포용하는 불교적 윤리로 자리매김하였다. 이는 효가 단순히 가족 윤리가 아니라, 수행을 완성하는 필수적인 요소임을 시사한다.

6. 효순 개념 중심의 유네스코 문화콘텐츠 제작 관련 정책 제안

효순은 동아시아 문화에서 전통적으로 부모와 자식 간의 윤리를 강조하는 개념으로 발전해 왔다. 그러나 원효와 태현의 해석을 통해, 효순 개념이 단순한 혈연적 관계를 넘어 보편적 윤리 실천과 공동체 윤리의 핵심 원리로 확장될 수 있음이 드러난다.

원효는 『범망경보살계본사기』에서 효순을 단순한 가족 윤리가 아닌, 불교적 계율과 수행의 필수 요소로 규정하였다. 그는 '효순은 계율에서 벗어나지 않는 것을 의미하며, 사제관계 속에서 계율을 전수하고 실천하는 과정에서 완성된다'라고 하며, 효순 개념이 스승과 제자 간의 윤리적 관계 속에서 더욱 중요해짐을 강조하였다. 이는 단순히 혈연적 부모에 대한 공경을 넘어, 사승관계 속에서 수행의 연속성과 보살행의 실천을 강조하는 방향으로 발전되었다.

반면 태현은 『범망경고적기』에서 효를 은혜(恩)의 개념으로 설명하며, 윤회의 관점에서 모든 존재가 상호 은혜를 주고받는 관계임을 강조하였다. 그는 '효란 양육이며, 순은 공경이다. 은혜를 알고 보답하는 것이 곧 효의 도리'라고 말하며, 효순 개념을 인간관계를 넘어 스승과 제자, 그리고 공동체의 조화로운 질서를 유지하는 도덕적 실천으로 확장하였다. 특히, 태현은 효의 개념을 세속적 효와 불교적 승의적 효로 구분하였다. 세속적 효는 혈연관계에서 원한을 원한으로 갚는 방식이며, 승의적 효는 자비를 통해 원한을 소멸시키는 방식이다. 이로 인해 태현의 효 개념은 단순한 가족 윤리가 아니라, 보편적인 인류 윤리로 확장될 가능성을 내포한다.

이러한 원효와 태현의 효순 개념은 현대 사회에서 단순한 가족 중심 윤리를 넘어, 사회적 연대와 공동체 윤리의 확립이라는 방향으로 확장될 필요가 있다. 특히 급격한 고령화, 가족 구조 변화, 세대 간 갈등, 공동체 윤리 해체 등의 문제를 고려할 때, 효 개념을 현대적으로 재구성하는 것은 단순한 전통 윤리의 유지가 아니라, 유교적 윤리와 불교적 자비가 결합한 통섭적 가치로서, 사회적 연대와 공동체 윤리를 확립하는 방향으로 발전해야 한다. 예를 들어, 노령화 사회에서 효순 개념이 단순한 가족 책임이 아니라 지역 공동체와 국가의 역할을 통합하는 윤리적 틀로 작용할 수 있다. 이는 유교적 가족 윤리와 불교적 보편 윤리가 조화를 이루며 현대적 윤리로 변모하는 과정으로, 효순 개념의 통섭적 발전을 의미한다. 이를 위해 일본, 유럽, 미국에서 진행되고 있는 효순 개념 관련 프로젝트들을 분석하고, 원효와 태현의 효순 개념을 반영한 글로컬(GLOCAL) 효순 프로젝트를 설계하고자 한다. 글로컬(GLOCAL)이란 '글로벌(Global) + 로컬(Local)'의 합성어로, 국제적 보편성을 유지하면서도 각 지역의 특성과 문화를 반영한 정책과 프로젝트를 의미한다. 즉, 한국의 효순 개념을 현대적 의미로 재구성하여 세계적으로 확산하면서도, 각 지역 사회에서 실질적으로 적용할 수 있도록 조정하는 것이 이 프로젝트의 핵심 방향이다.

국제적으로 효순 개념과 관련된 프로젝트로는 일본의 '가족 간병인 제도(Family Helper Program)', 유럽연합의 '세대 간 연대 프로젝트(Intergenerational Solidarity Initiative)' 등이 있다. 일본의 가족 간병인 제도는 가족이 직접 노인을 돌볼 수 있도록 정부가 보조금을 지급하는 방식으로 운영되지만, 돌봄 부담이 가족에게 과중된다는 점에서 한계를 가진다.[26] 유럽연합의 세대 간 연대 프로젝트는 공동체 기

26) 日本厚生労働省, 介護保険事業状況報告(暫定), 2020.12.

반의 세대 간 협력을 장려하는 모델이지만, 국가의 지속적인 개입 없이는 지속 가능성이 떨어진다.[27] 이처럼 각국의 기존 모델들은 효순 개념을 사회적 복지와 연계하려고 하지만, 가족에게 과도한 책임이 전가되거나 국가의 개입이 부족해 지속 가능성이 떨어지는 한계를 보인다.

이러한 기존 모델의 한계를 보완하고, 원효와 태현의 사상을 반영한 글로컬(GLOCAL) 효순 프로젝트는 가족 중심 윤리, 공동체 연대, 사회적 책임을 포괄하는 모델을 구축하는 것을 목표로 한다. '보살행 효순 글로벌 네트워크(Filial Piety as Bodhisattva Action Global Network)'는 원효와 태현의 사상을 반영하여, 효순 개념을 단순한 가족 윤리가 아니라 모든 존재에 대한 연민과 보살행의 실천으로 확장하는 프로그램이다. 이는 유네스코의 '지속 가능한 교육을 위한 평생학습 모델(SDG4)'과 연계하여, 글로벌 사회에서 실천할 수 있도록 설계된다.[28]

1) '질서 속의 효순: 세대 간 윤리 교육 프로그램'은 태현의 사상을 반영하여, 효순 개념을 인간관계의 질서와 조화 속에서 실천할 수 있도록 하는 윤리 교육 모델이다. 이는 단순한 가족 윤리가 아니라, 공동체 내에서 질서를 유지하며 조화로운 관계를 형성하는 윤리적 원칙으로 발전해야 한다. 이를 위해 학교, 직장, 지역 공동체에서 다양한 세대가 함께 참여하는 방식으로 교육을 진행하며, AI 기반의 윤리 교육 콘텐츠 개발과 온라인 학습 플랫폼을 구축하여 접근성을 높인다.

이와 유사한 유럽연합(EU)의 세대 간 연대 프로젝트는 세대 간 협

---

27) European Economic and Social Committee(EESC), European Commission, Intergenerational Solidarity: The Way Forward, 2010.

28) 유네스코, 『함께 그려보는 우리의 미래 -교육을 위한 새로운 사회계약』, 유네스코한국위원회, 2022, 55-69쪽.

력을 장려하는 모델이지만, 국가의 지속적인 개입 없이는 실행력이 약화될 수 있다는 문제가 있다. 한국의 경우, 국가 차원에서 정책을 지속적으로 지원할 수 있는 체계를 갖추고 있기 때문에, 공공 교육 기관과 지자체를 연계하여 실행력을 확보하는 방식으로 운영할 수 있다.

2) '디지털 시대의 효순: 글로벌 효순 메타버스 프로젝트'는 효순 개념을 전통적인 윤리 교육에서 벗어나, 디지털 기술을 활용한 글로벌 확산 프로젝트로 발전시키는 것을 목표로 한다. 원효의 사상을 반영하여, 효순 개념을 단순한 가족 윤리가 아닌 모든 존재에 대한 연민과 보살행의 실천으로 확장하는 것이 핵심이다.

이 프로젝트는 VR(가상현실)과 AR(증강현실) 기술을 활용하여, 역사 속에서 효순 개념이 어떻게 실천되었는지를 직접 경험하게 하며, 메타버스 공간에서 국제적인 효순 윤리 학습 플랫폼을 운영한다. 이는 세계 경제 포럼(WEF)의 메타버스 미래 교육 프로젝트와 연계하여 글로벌 협력을 추진할 수 있다.

3) '포용적 효순 돌봄 공동체: 지역 기반 사회적 효순 프로젝트'는 한국의 전통적 효순 개념을 가족 돌봄의 부담을 줄이는 방향으로 재구성하여, 공동체 차원의 돌봄 네트워크를 구축하는 것이 핵심 목표다. 이는 일본의 가족 간병인 제도(Family Helper Program)가 가족에게 과도한 돌봄 부담을 전가하는 방식과는 차별화된 접근이 필요하다.

한국에서는 지역 사회 내에서 효순 윤리를 실천할 수 있도록 '포용적 효순 돌봄 공동체' 모델을 구축하여, 가족 단위의 돌봄을 넘어 지역 사회가 함께 노인을 돌보는 체계를 형성할 수 있다. 이 모델은 공공 부문의 지원을 강화하여 미국의 커뮤니티 케어 네트워크가 갖고 있는 공공 개입 부족 문제를 해결할 수 있다.

4) '지속 가능한 미래를 위한 효순: 환경 윤리와 효순 개념의 융

합'은 효순 개념을 단순한 인간관계 윤리에서 확장하여, 환경 보호와 지속 가능한 사회 실현을 위한 윤리적 원칙으로 발전시키는 프로젝트이다. 이는 원효의 보편적 윤리와 보살행 개념을 반영하여, 모든 생명과 자연을 존중하는 윤리적 실천을 강조하는 방향으로 효순 개념을 확장하는 시도이다.

이를 위해, 유네스코(UNESCO)의 지속 가능한 교육을 위한 평생학습 모델(SDG4)과 연계하여 효 개념이 단순한 가족 중심 윤리가 아니라, 환경 윤리와 연결될 수 있도록 하는 글로벌 캠페인을 추진할 수 있다.

이와 같은 GLOCAL 효순 개념 기반 사업은 원효의 보편적 윤리와 보살행 개념과 태현의 질서와 관계 중심의 효순 개념을 결합하여, 현대 사회에서 실천 가능한 글로벌 프로젝트로 설계되었다. GLOCAL 효순 개념 기반 사업은 단순한 가족 중심 윤리를 넘어서, 사회적 연대, 환경 보호, 디지털 시대의 윤리 실천을 포함하는 종합적인 정책 모델이다. 한국 정부는 이를 유네스코와 협력하여 국제적인 문화콘텐츠 사업으로 확대하고, 글로벌 윤리 교육 및 공동체 복지 정책의 한 축으로 활용할 필요가 있다. 이를 통해 효 개념이 단순한 전통적 윤리가 아니라 현대 사회에서 지속 가능한 가치로 자리 잡을 수 있도록 정책적 지원을 강화해야 한다. 궁극적으로, "글로컬 효순 프로젝트"는 윤리 교육, 사회 복지, 디지털 기술이 융합된 새로운 형태의 국제 협력 모델이 될 수 있으며, 한국이 주도하는 글로벌 윤리 정책의 한 축이 될 수 있을 것이다.

7. 맺음말

효와 순은 동아시아 전통 윤리의 핵심 덕목으로서, 유교와 불교의 사유체계 안에서 독자적으로 발전해 왔다. 유교에서는 효순을 가족 중심의 윤리로 간주하며, 사회 질서 유지의 기초로 삼았다. 반면, 불교는 효순을 혈연적 관계를 초월한 보편적 자비와 깨달음의 실천으로 확장하였다. 이처럼 두 전통은 효순 개념을 상이하게 정의했지만, 역사적으로는 긴밀한 영향을 주고받으며 조화를 모색해 왔다. 본 연구는 이러한 유교와 불교의 상호작용 속에서 효순 개념이 어떻게 발전하고 변용되었는지를 검토하고, 특히 신라 불교에서 효순이 수행 윤리로 자리 잡는 과정을 원효와 태현의 논의를 중심으로 분석하였다.

남북조 시대 중국에서 『범망경』은 불교가 유교적 가치와 조화를 이루려는 과정에서 탄생한 경전으로, 효순을 불교적 계율의 핵심 덕목으로 설정하였다. 당시 불교는 외래 사상으로서 유교적 질서와 충돌하였으며, 이에 대한 대응 논리로서 효순을 강조하는 전략을 채택하였다. 그러나 남북조 시대 중국에서 『범망경』의 해석은 주로 불교의 정당성을 확보하는 데 집중되었으며, 유교적 가치와의 본질적 융합보다는 불교 내부에서 이를 수용하는 방식으로 이루어졌다. 이는 불교가 유교적 사회 구조 안에서 존속하기 위해 선택한 일종의 적응 전략이었다.

반면, 신라에서 『범망경』의 수용 방식은 남북조 시대 중국과 차이를 보였다. 신라는 불교가 국가 이념으로 확립된 배경 속에서 효와 순을 수행 윤리로 적극적으로 받아들였으며, 유교와 불교의 조화를 단순한 이념적 수용을 넘어 실천적 수행의 차원에서 구현하려는 경향을 보였다. 원효는 『범망경보살계본사기』에서 효순을 단순한 혈연적 윤리가 아닌, 모든 존재에 대한 보편적 윤리로 확장하였다. 그는 불성이 모든 존재에게 내재한다는 관점을 바탕으로, 효순의 실천을 자비와 평등을 실현하는 핵심 요소로 해석하였다. 특히 효순을 계율과 연결함으로써 불교적 수행이 단순한 개인적 깨달음에 국한되지 않고, 윤리적 실천과 사회적 조화를 이루는 과정으로 발전할 수 있음을 강조하였다.

태현 또한 『범망경고적기』에서 효순을 부모와 스승에 대한 감사와 공경으로 해석하면서도, 이를 불교적 수행과 연결하는 독자적인 논리를 전개하였다. 그는 효순 개념을 승의적 효로 발전시켜, 혈연적 관계를 초월하여 모든 존재에 대한 자비와 조화를 실천하는 방식으로 해석하였다. 세속적 효가 혈연관계 속에서 원한을 갚는 방식이라면, 승의적 효는 원한을 자애로 갚는 방식으로, 태현은 이를 통해 효 개념을 보다 근본적인 자비와 보살행의 차원으로 승화시켰다.

이와 같은 신라 불교의 『범망경』 해석은 단순한 사상적 논의에 그치는 것이 아니라, 실천적 윤리로서 효순을 정립하는 데 큰 역할을 하였다. 유교의 효순이 혈연적 관계와 가부장적 질서를 강화하는 도덕 규범으로 기능했다면, 신라 불교의 효순은 개인의 수행과 공동체 윤리가 결합된 보편적 가치로 발전하였다. 이는 불교가 단순히 유교적 전통을 수용한 것이 아니라, 수행 윤리 속에서 효순 개념을 새롭게 재해석하고 실천적 차원에서 적용하려는 적극적인 시도였음을 보여준다.

오늘날 가족 구조의 변화, 개인주의의 확산, 세대 간 갈등, 그리고 공동체 윤리의 해체는 전통적 효순 개념의 지속 가능성을 위협하고 있다. 그러나 원효와 태현이 강조한 효순 개념은 단순한 가족 중심 윤리를 넘어 사회적 연대와 공동체 윤리를 형성하는 원리로 작용할 수 있다. 그들의 효순 개념은 현대적 맥락에서 개인과 공동체 간의 관계를 재구성하고, 보편적 인류애와 연대 의식을 강화하는 윤리적 기반이 될 수 있다.

유네스코의 『교육을 위한 새로운 사회계약 보고서(2021)』에서는 지속 가능한 미래를 위해 세대 간 협력과 윤리적 교육이 강조되고 있으며, 이는 효순 개념과 밀접한 연관이 있다. 효와 순이 단순히 전통적 가족 질서 안에서 유지되어야 할 덕목이 아니라, 지속 가능한 공동체 형성과 윤리적 삶의 방식으로 확장될 수 있다는 점은 원효와 태현의 사유가 오늘날에도 여전히 유의미한 가치로 기능할 수 있음을 시사한다.

본 연구에서 제안한 GLOCAL 효순 프로젝트는 원효와 태현의 사상을 현대적으로 재해석하여, ①보살행 효순 글로벌 네트워크(Filial Piety as Bodhisattva Action Global Network), ②질서 속의 효순: 세대 간 윤리 교육 프로그램, ③디지털 시대의 효순: 글로벌 효순 메타버스 프로젝트, ④포용적 효순 돌봄 공동체: 지역 기반 사회적 효순 프로젝트, ⑤지속 가능한 미래를 위한 효순: 환경 윤리와 효순 개념의 융합을 통해 이 개념을 현대적 사회 구조와 글로벌 환경에 적용할 수 있는 실천적 모델로 제안해 보았다.

이를 통해 효순 개념은 단순히 동아시아 전통 윤리를 넘어, 현대 사회에서 사회적 연대와 공동체 윤리를 형성하는 핵심 원리로 자리잡을 수 있음을 가늠해보았다. 특히, 유네스코의 '지속 가능한 교육을 위한 평생학습 모델(SDG4)'과의 연계를 통해, 효순 개념이 윤리적 교육과 지속 가능한 사회 구축을 위한 핵심 요소로 활용될 수 있음을 기획해보았다. 본 연구에서 제안한 효순 프로그램이 실제로 구현된다면, 효순 개념은 가족 중심의 전통적 덕목에서 벗어나, 21세기 글로벌 공동체 윤리의 새로운 패러다임으로 자리 잡을 수 있다. 따라서 향후 연구는 이러한 윤리적 전환이 국내외 정책에 실질적으로 기여할 수 있도록 구체적 실행 전략과 함께 실천 방안을 심화하는 방향으로 나아가야 할 것이다.

【참고문헌】

원전:

『梵網經』

『韓國佛教全書』

元曉, 『梵網經菩薩戒本私記』(『韓國佛教全書』1:586-604)

鄭玄, 『周禮鄭氏註』

鄭太鉉, 『孝經大義』

本田二郎, 『周禮通釋-上』

『弘明集』

단행본:

에릭 쥐르허, 『불교의 중국 정복』(중국에서 불교의 수용과 변용), 씨아이알, 2010.

에드워드 윌슨 지음, 최재천, 장대익 옮김, 『통섭: 지식의 대통합』, 사이언스북스, 2005.

연구논문:

김익수, 「統一新羅時代의 孝思想과 孝文化展開樣相」, 『韓國思想과 文化』 39, 2007.

노용필, 「신라시대 효경의 수용과 그 사회적 의의」, 『이기백선생고희기념논총』, 서울: 일조각, 1994.

이기백, 「新羅佛教에서의 孝觀念」, 『東亞硏究』 2, 서울: 서강대학교 동아연구소, 1983.

이병학, 「元曉의 大乘菩薩思想과 그 意味」, 『한국고대사연구』 24, 서울: 서경문화사, 2001.

남동신, 「元曉의 戒律思想」, 『韓國思想史學』 17, 2001.

유네스코, 『함께 그려보는 우리의 미래 -교육을 위한 새로운 사회계약』, 유네스코한국위원회, 2022.

이상엽, 「『범망경』 보살계와 유식학파 보살계의 비교 연구 -인성에 대한 입장 차이를 중심으로」, 『불교학연구』 27, 불교학연구회, 2010.

이유진, 「『三國史記』에 보이는 『周禮』受用 樣態」, 『東院論集』 6, 1993.

정병삼, 「7세기 후반 신라불교의 사상적 경향」, 『불교학연구』 9. 2004.

조은수, 「범망경 이본을 통한 고려대장경과 돈황유서 비교연구」, 『보조사상』 32, 2009.

최원식, 「신라 보살계 사상의 성격과 역사적 의의」, 『불교사연구』 1, 서울: 중앙승가대학교 불교사학연구소, 1996.
European Economic and Social Committee(EESC), European Commission, *Intergenerational Solidarity: The Way Forward*, 2010.
日本厚生労働省, 介護保険事業状況報告(暫定), 2020.12.

총결

본 저술은 「경상도 지역 유네스코세계유산의 특성과 문화다양성 가치 연구」를 주제로 하여 경상도 지역의 유네스코 세계유산이 어떤 보편적인 탁월성과 특수한 가치를 지니고 있는가를 문화콘텐츠의 개발하는 차원에서 연구하였다. 경상도 지역의 서원 사찰 등 유교와 불교 문화유산과 한국국학진흥원에 소장되어 있는 유교 전적 책판을 중심으로 하는 기록유산은 유네스코의 탁월한 보편적 가치와 함께 문화적 다양성의 가치를 어떻게 내포하고 있다. 본 연구는 경상도 지역 유네스코세계유산을 통하여 다양성 속에 내재해 있는 보편성을 지향하고, 보편성에 근거하면서도 문화적 다양성의 가치를 드러냄으로써 글로컬 가치를 실현하고자 하는 점에 특성을 갖는다.

본 저술의 세부 장절에서 논의한 내용들이 지니는 종합적 의미를 요약해 보기로 한다. 먼저 조민재는 경상도 지역의 유네스코세계유산을 의미를 되새기는데 유네스코세계유산의 이념으로서 탁월한 보편성과 문화적 다양성 사이의 균형을 유지하는 태도를 취해야 하며, 지역과 국가의 특수성과 우월성을 강조해서는 안 될 것이라고 경계하였다. 이러한 관점은 유네스코 세계유산의 이념으로 세계시민 모두가 공감할 수 있는 보편적 가치를 가지고 있음을 강조하는 것이 좋으며, 다른 지역이나 유산과 비교하여 특별한 우월성을 가지는 것으로 이해해서는 안 된다는 것이다.

양일모는 안동지역의 유네스코세계유산이 지니는 탁월한 보편성과 문화적 다양성 이념이 과거를 표상하는 골동품이 아니라 근대 시기에 안동의 역사적 현장에 계승되고 이어지고 있었음을 논증하였다. 뿐만 아니라 양일모는 안동이라는 공간의 모든 역사 문화적 요소가 분절적인 것이 아니라 서로가 유기적으로 연결되어 있는 것이기 때문에 안동이란 공간 전체가 세계유산으로서 평가되어야 한다고 주장하였다. 이러한 관점은 안동 지역의 문화유산, 기록유산, 무형유산 등 여러 유형의 유네스코세계유산을 하나의 유기적인 연결성을 가지고 이해하는 것으로 세계유산을 새로운 시각에서 그 현실적 실용적으로 활용하는 방향과 시야를 가지는 것으로 중요한 의미를 갖는다고 할 것이다.

엄연석은 『성학십도』가 도덕적 이성을 인간이 지니고 있음을 강조함으로써 인류에 통용될 수 있는 보편적 도덕 이념을 실현하는 방법론으로 수양을 강조했다면, 『성학집요』는 특수한 시대적 정치적 상황에서 객관적이고 합리적인 제도적 시스템을 구축하는 것에 중점을 두고 있음에 주목하였다. 이것은 예컨대 민주주의 제도가 구성되어 있어도 도덕적 이성과 선의지를 가진 인물이 이를 실행하지 않으면 제도가 작동하지 못하고, 도덕적 선의지를 가진 사람이 있어도 제도가 갖추어져 있지 않으면 선의지가 실현되지 않음을 고려할 때 두 저술이 지니는 상호보완적인 의미를 증명할 수 있다. 그는 이러한 의미를 교육, 수양, 다문화문제, 정치 경제, 힐링, 평화 지향, 종교적 수행 등 구체적 문화콘텐츠로 구체화하는 방안을 제시하고 있다.

전성건은 퇴계가 직접 지은 도산서당과 퇴계 사후에 단계적으로 영조한 도산서원을 구분하여 전자를 공부와 치유의 공간으로, 후자를 추모와 교류의 공간, 공간형 콘텐츠로서 지위를 가지는 것으로 해석하였다. 그는 유네스코세계유산으로서 도산서원의 추상적 의미가 아닌 실제적인 기능을 위주로 재해석함으로써 유네스코세계유산으로서 미래적 실용적 의미를 제안했다고 할 수 있다. 따라서 그의 이러한 해석은 공부와 치유의 공간, 추모와 교류의 공간, 인문학적 공간형 콘텐츠로서의 의미를 구체적인 실천 방안으로 연결할 필요가 있다.

강경현은 퇴계의 『병명』에서 이상정의 『병명발휘』 간행으로 이어지는 도(道)의 계승과 관련한 연구를 통하여 유학의 도가 어떤 방식으로 이어지며 현재화되는지를 탐색하였다. 이것은 유네스코세계유산으로 되어 있는 유교 책판의 하나를 중심으로 시대를 초월한 보편적 가치가 선후 시대를 이어 지속적으로 계승하는 과정을 살피고 있다는 점에서 중요한 의미를 갖는다. 특히 이 자료가 담고 있는 도의 내용이 세계인들이 공감할 수 있는 보편성을 갖고 있음을 구체적으로 언급하는 것이 필요하다. 이것은 또한 통시적으로 선후의 시대에 과거의 가치를 재구성하면서 이를 미래의 가치로 이어주는 점에서 현재적 의미를 갖는다.

박재현은 부석사의 선묘설화를 통하여 인간의 실존적 문제 의식으로서 '상실(loss)'과 그것의 '승화(昇華, Sublimation)'를 성찰함으로써 인간의 삶에서 부닥치는 사랑의 사실과 삶의 상실을 극복하는 인간의 보편적 감정을 표상하였다. 그는 불교의 근본원리로서 고(苦)를 상징하는 사랑과 삶의 상실이라는 인간의 실존적 문제가 설화를 통한 심미적 경험을 거쳐 새로운 의미 찾기로 승화함으로써 치유된다는 점에 주목하였다. 이러한 불교적 고를 뜻하는 상실로부터 승화를 거쳐 치유의 단계로 나아가는 부석사의 설화는 고통을 극복하고 삶을 승화시키는 인류의 보편적인 감정을 상징할 수 있다는 점에서 의미를 갖는다.

송은석은 문헌 기록자료와 미술 자료를 통하여 신라 불국 신앙의 원형에 더욱 접근하는 연구를 진행하였다. 그는 연구를 통하여 신라 불국 신앙의 장소적 특성을 인도의 석가모니가 출가하여 성도를 이루고 설법하고 입적했던 장소와 유비적으로 일치시킴으로써 신앙의 보편적 특성을 부각시키고자 하였다. 신라의 불국 신앙을 드러내는 많은 장소가 유네스코세계유산으로 지정됨으로써 불국 신앙의 보편적 특성이 불국 신앙을 구체적으로 드러내 줄 수 있다고 보았다.

이해임은 불교와 유교에서 언급하는 효순 개념을 비교하면서도 원효의 『범망경보살계본사기(梵網經菩薩戒本私記)』과 태현의 『범망경고적기(梵網經古迹記)』의 논의를 현대적 보편적 의미로 해석하고자 하였다. 그는 『범망경』 출현 전후 유교와 불교의 관계 변화, 유교의 효순 유래, 원효와 태현의 효순 개념 비교, 효순 개념의 현대적 적용 가능성을 논의하면서 한편으로 유네스코의 『교육을 위한 새로운 사회계약 보고서(2021)』에서 제안한 세대 간 협력과 연대 교육과의 접점을 분석하였다. 그는 유네스코세계기록유산이 내포하고 있는 효순 개념의 전 인류에 보편성을 가지는 현재적 의미를 제시하였다.

경상도 지역의 유네스코세계유산은 대한민국의 세계유산 가운데 유교와 불교를 중심으로 하는 종교와 이념, 사상적 측면에서 핵심적인 부분을 차지하고 있다. 유형문화유산, 무형문화유산, 그리고 기록유산 등이 어우러져 하나의 유기적인 그물로 엮여져 종합적인 체계를 이루는 유산군으로 이루어져 있다. 예컨대, 하회마을은 전통마을로서의 문화유산과 2022년 유네스코 세계기록유산 아시아·태평양 지역 목록으로 기록유산으로서 내방가사, 유네스코 무형문화유산인 하회별신굿탈놀이를 보유하고 있는 유산군 지역으로서 여러 종교 사상적 역사 문화적 요소를 종합적으로 갖추고 있는 지역으로서 의미를 갖는다. 경주 남산을 중심으로 하는 역사 문화지구 또한 최치원의 유산을 지니고 있는 '상서장(上書莊)'과 '양동(良洞)마을'의 유교적 요소와 남산의 유적들과 불국사 석굴암 등 불교적 요소가 어우러진 복합 연속유산 지역이다.

경상도 지역의 유네스코세계유산을 활용하여 문화콘텐츠 정책 방안을 설계하여 정책과 제도로 실행할 때 대한민국 국민뿐만 아니라 세계인들이 문화적 다양성과 보편적 가치를 향유할 수 있을 것이다. 이에 경상도 유네스코 세계유산과 관련한 몇 가지 정책 제언 내용을 제시하고자 한다. 조민재는 무엇보다도 경상도 지역이 포함된 연속유산 등재를 통해 '연결성'과 '연합'을 강조하고, 지역 단위에서 제공할 수 있는 '보존' 방한을 제시 및 실행하고, 지리적 차원에서 경상도 지역을 세계 관광객들이 즐겨 찾아 예외적인 영감과 창의성을 제공할 수 있는 정책들을 시행하는 것이 필요하다. 양일모는 구체적으로 안동의 유네스코 유산이 과거에서 현재로, 그리고 이어져 갈 수 있는 방안을 모색해야 할 것이며, 조선시대뿐만 아니라 근현대의 안동이 지니는 문화적 역할에 주목하여 이들 문화 유산을 현대인들이 향유할 수 있는 정책 방안을 제시하는 노력이 필요하다.

또 다른 사례로 퇴계의 『성학십도』의 내용으로 인격도야의 수단으로 서예를 익히는 교육프로그램, 자기혁신관련 프로그램을 구성, 종교적 심성으로 마음의 안정을 이루는 정신적 힐링프로그램, 경건(敬)을 통한 청소년들의 인성교육을 위한 프로그램을 설계할 수 있다.

율곡의 『성학집요』를 통해서는 사회·문화적 기반을 확충하는 웰빙 문화 프로그램, 창조적 지성을 발현하는 인성교육 프로그램, 관계의 리더십 훈련을 위한 프로그램 등을 개발하여 정책에 반영할 수 있다. 한국국학진흥원의 유교 책판과 관련해서는 유교책판의 내용 가운데는 인문적 내용과 정치경제, 군사외교, 사회문화적 관련 내용이 풍부하게 담겨 있다. 이런 내용에 관한 교육프로그램, 유학적 사회적 가치 함양 체험 프로그램, 정신적 힐링 및 치유 프로그램 등을 개설함으로써, 이를 전문가 그룹과 전공자 그룹에 소개하고 홍보하여 문화답사 및 연수 코스로 구성하는 것도 필요할 것이다. 또한 유네스코 세계유산이 소재한 지역을 연결하여 주제별 지역별로 순례 코스를 개발하는 복합적 프로그램도 기획할 수 있다.

경상도 지역에 소재한 유산으로서 가치가 있는 것들은 유네스코 세계유산으로 등재시키는 정책 방안도 제시할 수 있다. 양일모는 안동 지역의 경우는 복합문화유산을 풍부하게 소유한 지역으로 이러한 여러 유산의 요소가 분절적으로 이루어진 것이 아니라 하나의 유기적인 연결성을 가지고 동시에 통시적인 시대적 연속성을 가지고 이루어졌던 만큼, 안동이라는 지역 전체를 유네스코 연속유산 지역으로 등재하는 정책적 노력을 할 필요가 있다고 보았다. 강경현은 조선시대에 국가가 편찬한 문집 만이 아니라 개인 문집 출판 또한 자체가 특정 시기와 지역을 넘어서서 한국의 고유한 문화를 보여주는 가능성을 지니므로, 이러한 개인 문집에 대한 종합적인 발굴 및 집성을 추진하여 이를 또 하나의 유네스코 세계기록유산으로 등재하는 정책적 노력을 할 필요가 있다.

또 박재현은 부석사의 선묘(善妙)와 소조여래좌상(塑造如來坐像)에 관련된 연기설화처럼 종교 관련 문화유산의 가치는 예배자들의 심리적 정서적 맥락과 관련된 실제 신앙생활과 종교 활동에 있으므로, 한국의 산사가 인간 보편의 인문적 성찰을 할 수 있는 공간으로 활용될 수 있도록 하는 정책 방안을 마련하는 것이 중요하다고 하였다. 이해임은 원효와 태현의 효순 개념이 현대 사회에서 단순한 가족 중심 윤리를 넘어, 사회적 연대와 공동체 윤리의 확립하는 데 기여해야 한다고 주장하였다. 그는 이런 목표를 이루기 위하여 일본, 유럽, 미국에서 진행되고 있는 효순 개념 관련 프로젝트를 제안하였다. 이것은 한국의 효순 개념을 현대적 의미로 재구성하여 세계적으로 확산하면서도, 각 지역 사회에서 실질적으로 적용할 수 있도록 조정하는 원효와 태현의 효순 개념을 반영한 글로컬(GLOCAL) 효순 프로젝트이다. "글로컬 효순 프로젝트"는 윤리 교육, 사회 복지, 디지털 기술이 융합된 새로운 형태의 국제 협력 모델이 될 수 있으며, 한국이 주도하는 글로벌 윤리 정책의 한 축이 될 수 있다고 보았다.

정빈나는 유네스코 세계유산으로서 경주 남산지구가 과거의 유산으로만 남지 않고 오늘날 유네스코에서 추구하는 가치를 실현하고 전파하는 공간이 될 수 있도록 하는 방안을 모색해야 하며, 이를 위해서는 남산 전체의 문화유산을 답사하고 상세한 기록을 남겨서 남산의 문화적 가치와 미적 가치를 밝혀냈던 고청 윤경렬의 업적과 유산을 보존하는 과제가 절실하다고 주장하였다. 이를 위하여 고청기념관과 고청생활관을 보존하고 고청 윤경렬의 업적과 유산을 연구하고 발전시키기 위해서 지방정부 차원에서 문화재단 혹은 연구소를 창설하여 기념관과 생활관을 통합하는 등 정책 방안을 강구해야 한다고 강조하였다.

2024년 10월 중순에 있었던 안동국제컨벤션센터(ADCO)에서 열린 유네스코 지정유산 국제학술대회에서 한국국학진흥원 정종섭(鄭宗燮)

원장은 안동지역의 유네스코 세계유산이 모두 9건임을 언급하면서 이 유산들이 모두 안동 지역 및 공동체의 삶과 문화를 담고 있다는 점이 두드러진다고 하면서 다음과 같이 언급하였다. "무형문화유산에 등재된 '하회별신굿탈놀이' 또한 지역민들의 삶에 밀착되어 있는 만큼 기록유산의 흔적이 있는데, 기록유산은 문화 또는 무형유산의 맥락을 제공하고, 문화 또는 무형유산은 기록유산의 정보를 실물로 구체화하여 서로의 가치를 풍부하게 한다. 현재적 관점에서 유산이 지닌 가치와 의미를 풍부하게 하여 이들을 보존하고 전승하는 공동체에게 강력한 동기를 부여하는 것이 필요하다"[29]고 강조하였다. 요컨대, 정종섭 원장은 여러 유산이 상호 연결되고 통합된 문화적 의미를 긴밀하게 가지고 있는 만큼, 이를 정책 방안과 문화콘텐츠로 구현하여 해당 지역민들의 문화적 정체성과 문화의식을 고양시키는 것이 매우 필요하다는 것이다.

요컨대, 경상도지역의 유네스코세계유산은 한국 전체의 유네스코 세계유산과 문화적 의미론적으로 긴밀하게 연결되어 있고, 세계의 수많은 유네스코세계유산과도 인류의 정신적 문화적 가치를 매개로 긴밀하게 연결되어 있다. 다시 말하면 유네스코의 이념으로 연구의 기준으로 삼은 유산이 지닌 탁월한 보편성과 문화적 다양성의 가치를 매개로 세계유산은 모두 연결되어 있다. 유네스코세계유산을 보다 통합적이고 전체적인 연관성을 가지는 관점에서 연구해야 하는 필요성이 여기에 있다. 따라서 경상도 지역의 유네스코세계유산에 대한 연구도 전체적으로 유기적 연관성을 지니는 의미를 도출하고, 이를 바

29) 안동시, 『유네스코 지정유산 국제학술대회 -안동 하회마을을 중심으로- 발표자료집』, UNESCO Inscribed Heritage Conference-Hahoe Folk Village in Andong, 2024. 10, 17쪽.

탕으로 인류가 향유할 수 있도록 문화적 요소와 콘텐츠를 창출하기 위한 노력을 기울여야 한다. 특히 연구자들이나 정책 입안자들은 모든 유네스코 세계유산이 내포하고 있는 인류의 보편적 가치와 다양성의 가치를 모든 인류 사회 시민이 공감할 수 있도록 방향성을 제시해야 할 것이다. 이러한 노력을 통하여 경상도 지역의 유네스코 세계유산 또한 풍부한 문화콘텐츠로 구체화되어 많은 인류 공동체 구성원들이 그 문화적 정신적 가치를 향유할 수 있기를 기대한다.

【부록】

1. 한국의 유네스코 세계문화유산/자연유산

세계문화 유산명	등재 연도	내용과 가치	비고
석굴암, 불국사	1995	석굴암(石窟庵)과 불국사(佛國寺)는 신라 시대에 만들어진 고대 불교 유적이다. 석굴암과 불국사는 신라인들의 창조적 예술 감각과 뛰어난 기술로 조영한 불교 건축과 조각으로 경주 토함산의 아름다운 자연환경과 어우러져, 한국 고대 불교예술의 정수를 보여주는 걸작이다.	
해인사 장경판전	1995	경상남도 합천군 가야산에 있는 해인사(海印寺) 장경판전(藏經板殿)은 13세기에 제작된 팔만대장경(八萬大藏經)을 봉안하기 위해 지어진 목판 보관용 건축물이다. 대장경 자체도 인류의 중요한 기록유산이지만 판전 또한 매우 아름답고 건축사적 가치가 높은 유산이다.	
종묘	1995	서울시 종로구에 있는 종묘(宗廟)는 조선 시대 역대 왕과 왕비의 신위를 봉안한 사당이다. 왕이 국가와 백성의 안위를 기원하기 위해 문무백관(文武百官)과 함께 정기적으로 제사에 참여한 공간으로 왕실의 상징성과 정통성을 보여 준다.	
창덕궁	1997	창덕궁(昌德宮)은 서울시 종로구에 위치한 조선 시대의 궁궐이다. 건축과 조경이 잘 조화된 종합 환경디자인 사례이면서 동시에 한국적인 공간 분위기를 읽게 하는 중요한 문화유산이다.	
화성	1997	화성(華城)은 경기도 수원에 있는 조선 시대의 성곽이다. 정조(正祖)가 자신의 부친인 장헌세자의 묘를 옮기면서 읍치소를 이전하고 주민을 이주시킬 수 있는 신도시를 건설하기 위해 방어 목적으로 조성하였다. 1794년 2월에 착공하여 2년 반에 걸친 공사 후 완공되었다.	
고창, 화순, 강화의 고인돌유적	2000	한국의 고인돌은 거대한 바위를 이용해 만들어진 선사시대 거석기념물로 무덤의 일종이며, 고창, 화순, 강화 세 지역에 나뉘어 분포하고 있다. 한 지역에 수백 기 이상의 고인돌이 집중 분포하고 있으며, 형식의 다양성과 밀집도 면에서 세계적으로 유례를 찾기 어렵다.	

경주역사 유적 지구	2000	경주역사유적지구에는 조각, 탑, 사지, 궁궐지, 왕릉, 산성을 비롯해 신라 시대의 여러 뛰어난 불교 유적과 생활 유적이 집중적으로 분포되어 있다. 특히 7세기부터 10세기 사이의 유적이 많으며 이들 유적을 통해 신라 고유의 탁월한 예술성을 확인할 수 있다.	
조선왕릉	2009	조선왕릉(朝鮮王陵)은 18개 지역에 흩어져 있고 총 40기에 달한다. 1408년부터 1966년까지 5세기에 걸쳐 만들어진 왕릉은 선조와 그 업적을 기리고 존경을 표하며, 왕실의 권위를 다지는 한편 선조의 넋을 사기(邪氣)로부터 보호하고 능묘의 훼손을 막는 역할을 했다.	
한국의 역사마을	2010	14세기~15세기에 조성된 하회(河回)마을과 양동(良洞)마을은 한국을 대표하는 역사적인 씨족 마을이다. 숲이 우거진 산을 뒤로 하고, 강과 탁 트인 농경지를 바라보는 마을의 입지와 배치는 조선 시대(1392~1919) 초기의 유교적 양반 문화를 잘 반영하고 있다.	
남한산성	2010	서울에서 남동쪽으로 25km 떨어진 산지에 축성된 남한산성(南漢山城)은 조선시대에 유사시를 대비하여 임시 수도로서 역할을 담당하도록 건설된 산성이다. 초기 유적에는 7세기의 것들도 있지만 이후 수차례 축성되었으며 그중에서도 17세기 초, 중국 만주족이 건설한 청(淸)나라의 위협에 맞서기 위해 여러 차례 개축되었다.	
백제역사 유적지구		백제역사유적지구는 공주시, 부여군, 익산시 3개 지역에 분포된 8개 고고학 유적지로 이루어져 있다. 사비시대 백제의 두 번째 수도였던 익산시 지역의 왕궁리 유적(王宮里 遺蹟), 미륵사지(彌勒寺址) 등으로, 이들 유적은 475년~660년 사이의 백제 왕국의 역사를 보여주고 있다.	
산사 한국의 산지승원	2018	'산사, 한국의 산지 승원'(이하 '산사')은 오늘날에 이르기까지 유형과 무형의 문화적 전통을 지속하고 있는 살아있는 불교 유산이다. '산사'를 구성하는 7개 사찰은 모두 불교 신앙을 바탕으로 하여 종교 활동, 의례, 강학, 수행을 지속적으로 이어왔으며 다양한 토착 신앙을 포용하고 있다.	
한국의 서원	2019	한국의 서원은 조선시대 성리학 교육 시설의 한 유형으로, 16세기 중반부터 17세기 중반에까지 향촌 지식	

		인인 사림에 의해 건립되었다. 이 유산은 교육을 기초로 형성된 성리학에 기반한 한국 사회 문화 전통의 특출한 증거이다. 이 유산은 동아시아 성리학 교육기관의 한 유형인 서원의 한국적 특성을 나타낸다.	
가야고분	2023	가야고분군은 1~6세기 중엽 한반도 남부에 존재했던 고대 문명 가야의 고분군 7개로 이뤄진 연속 유산으로, 주변국과 자율적이고 수평적인 독특한 체계를 유지하며 동아시아 고대 문명의 다양성을 보여주는 중요한 증거가 된다.	
제주도 화산섬과 용암동굴	2007	제주도 화산섬은 2007년에 등재된 자연유산으로, 한라산, 성산일출봉과 더불어 수많은 기생화산 및 용암 동굴과 다양한 생물의 서식지가 분포하고 있어 화산의 생성 과정 연구와 생태계 연구에 있어서 중요한 학술적 가치를 지니고 있다.	자연유산
한국의 갯벌	2021	한국의 갯벌은 자연생태계와 인간의 공존을 상징하는 독특한 환경으로 2021년 유네스코자연유산으로 등재되었다. 그것은 전라남도 신안, 보성-순천, 충청남도 서천, 전북 고창에 위치한 4곳의 갯벌로 이루어져 있다. 이 갯벌은 생물다양성과 생태적 중요성, 인간과 자연의 조화를 잘 보여준다.	자연유산
총건수		16건	

2. 한국의 유네스코 세계기록유산

세계기록 유산명	등재 연도	내용과 가치	비고
훈민정음 해례본	1997	1446년 음력 9월에 반포된 훈민정음(訓民正音) 판본에는 1443년에 창제된 한국의 문자 한글을 공표하는 조선왕조 제4대 임금 세종대왕(재위 1418~1450)의 반포문(頒布文)이 포함되어 있다. 또한 정인지(鄭麟趾) 등 집현전 학자들이 해설과 용례를 덧붙여 쓴 해설서 해례본(解例本)이 포함되어 있다. 그러므로 이 판본을 『훈민정음 해례본』이라 하며, 간송 미술관에 보관되어 있다.	
조선왕조 실록	1997	『조선왕조실록(朝鮮王朝實錄)』은 조선 왕조를 건립한 태조(太祖, 1392~1398) 때부터 철종(哲宗, 1849~1863, 조선의 제25대 왕)의 통치기에 이르는 470여 년간의 왕조의 역사를 담고 있다. 《실록》은 역대 제왕을 중심으로 하여 정치와 군사·사회 제도·법률·경제·산업·교통·통신·전통 예술·공예·종교 등 조선왕조의 역사와 문화 전반을 포괄하는 매일의 기록이다.	
불조직지 심체요절 하권	2001	이 책은 『직지심체요절』, 『직지심체』, 『직지심경(直指心經)』, 또는 『직지』 등의 다른 이름으로도 불린다. 『직지』는 1377년 7월 청주의 흥덕사(興德寺)라는 옛 절에서 가동 금속활자를 이용해서 인쇄되었다. 승려였던 석찬(釋贊)과 달담(達湛)이 『직지』의 간행을 도왔고 묘덕(妙德)이라는 여승이 이에 필요한 재원을 시주하였다. 『직지』는 본래 상(上), 하(下) 2권으로 인쇄되었으나 상권은 아직까지 발견되지 않았고, 하권만 프랑스 국립도서관에 소장되어 있다.	
승정원일기	2001	『승정원일기(承政院日記)』는 조선 왕조에 관한 방대한 규모(17~20세기 초)의 사실적 역사 기록과 국가 비밀을 담고 있다. 특히 19세기 후반에서 20세기 초 사이에 기록된 일기는 서구의 영향력이 당시 쇄국정책을 고수하던 조선 왕조의 문호를 어떻게 개방하였는지 잘 보여준다. 국왕을 가까이에서 관찰하면서 이들 방대한 기록을 담당한 사람은 승지(承旨)와 주서(注書)였다.	

고려대장경장판 및 제경판	2007	『고려대장경(高麗大藏經)』은 고려 왕조가 제작한 '삼장(三藏, Tripitaka, 산크리스트어로 '3개의 광주리'를 의미, 불경)'으로, 근대 서구 학계에 흔히 'Tripitaka Koreana'라고 알려져 있다. 총 81,258판의 목판에 새긴 『고려대장경』은 13세기 고려 왕조(918~1392)의 후원을 받아 만들었으며, 현재 대한민국 남동쪽에 있는 해인사(海印寺)라는 고찰에 보관되어 있다. 『고려대장경』은 이를 구성하는 목판의 판수 때문에 흔히 '팔만대장경'으로 불린다.	
조선왕조 의궤	2007	고유한 기록유산인 『의궤(儀軌)』는 조선왕조(1392~1910) 500여 년간의 왕실 의례에 관한 기록물로, 왕실의 중요한 의식(儀式)을 글과 그림으로 기록하여 보여주고 있다. 진귀한 『의궤』는 왕실 생활의 다양한 측면을 아주 자세하게 담고 있다는 점에서 그 가치가 높다.	
동의보감	2007	『동의보감(東醫寶鑑)』이라는 말은 '동양 의학의 이론과 실제'를 뜻하며, 1613년 우리나라에서 편찬된 의학지식과 치료법에 관한 백과사전적 의서이다. 왕명에 따라 의학 전문가들과 문인들의 협력 아래 허준(許浚, 1546~1615)이 편찬하였다. 국가적 차원에서 다양한 의학 지식을 종합하였고, 일반 백성을 위한 혁신적인 공공 의료 사업을 수립하고 실행한 것이다.	
1980년 인권기록유산 5·18 광주민주화운동 기록물	2011	1980년 5월 18일부터 5월 27일 사이에 한국 광주에서 일어난 5·18 민주화운동과 관련한 기록물은 시민의 항쟁 및 가해자들의 처벌과 보상에 관한 문서·사진·영상 등의 형태로 남아 있다.	
일성록	2011	『일성록(日省錄)』은 근세 전제군주정의 왕들이 자신의 통치에 대해 성찰하고 나중의 국정 운영에 참고할 목적으로 쓴 일기로서 세계적으로 유례가 거의 없는 고유한 가치를 지닌 기록유산이다. 글자 그대로 '하루의 반성문'을 의미하는 『일성록』은 조선왕조의 22대 왕 정조(正祖, 재위 1776~1800)가 왕위에 오르기 전부터 자신의 일상생활과 학문의 진전에 관해 성찰하며 쓴 일기에서 유래하였다.	

난중일기	2013	『난중일기(亂中日記)』는 이순신(李舜臣, 1545~1598) 장군의 진중일기(陣中日記)로, 한국 사람들에게 가장 존경 받는 영웅 중 한 사람인 이순신 장군이 임진왜란(1592~1598) 때에 진중에서 쓴 친필일기이다. 『난중일기』는 1592년 1월부터 노량(露梁) 해전에서 결정적인 승리를 앞두고 전사하기 직전인 1598년 11월까지 거의 날마다 적은 기록으로 총 7책 205장의 필사본으로 엮어져 있다.	
새마을운동 기록물	2013	'새마을운동 기록물'은 1970년~1979년까지 대한민국에서 전개된 새마을운동에 관한 기록물들이다. 이 기록물은 대통령 연설문, 정부 문서, 마을 단위의 기록물, 편지, 새마을운동 교재, 관련 사진, 영상 등으로 이루어져 있다. 새마을운동 문서 기록물들이 보여주고 있는 농촌 발전의 모델은 효과적인 빈곤 퇴치 방안이자 대외 원조의 방안으로서 인정받고 있다.	
KBS특별생방송 '이산가족을 찾습니다'기록물	2015	KBS특별생방송 '이산가족을 찾습니다' 기록물은 KBS가 1983년 6월 30일 밤 10시 15분부터 11월 14일 새벽 4시까지 방송기간 138일, 방송시간 453시간 45분 동안 생방송한 비디오 녹화원본 테이프 463개와, 담당 프로듀서업무수첩, 이산가족이 작성한 신청서, 일일 방송진행표, 큐시트, 기념음반, 사진 등 20,522건의 기록물을 총칭한다.	
한국유교의 책판	2015	'유교책판(儒教冊版,)'이라 불리는 기록유산은 조선시대에 718종의 서책을 간행하기 위해 판각한 책판이다. 305개 문중과 서원에서 기탁한 총 64,226장으로 되어 있으며 현재는 한국국학진흥원에서 보존 관리하고 있다. 유교책판은 시공을 초월하여 책을 통하여 후학이 선학(先學)의 사상을 탐구하고 전승하며 유교의 인륜공동체 실현이라는 주제를 담고 있는 것이 공통적인 특징이다.	
조선통신사에 관한 기록	2017	조선통신사에 관한 기록은, 1607년부터 1811년까지, 일본 에도막부의 초청으로 12회에 걸쳐, 조선국에서 일본국으로 파견되었던 외교사절단에 관한 자료를 총칭하는 것이다. 이 자료는 역사적인 경위로 인해 한국과 일본에 소재하고 있다.	일본과 공동등재

조선왕실 어보와 어책	2017	유네스코 세계기록유산 등재신청 대상은 금•은•옥에 아름다운 명칭을 새긴 어보, 오색비단에 책임을 다할 것을 훈계하고 깨우쳐주는 글을 쓴 교명, 옥이나 대나무에 책봉하거나 아름다운 명칭을 수여하는 글을 새긴 옥책과 죽책, 금동판에 책봉하는 내용의 금책 등이다. 이런 책보(冊寶)는 조선조 건국 초부터 근대까지 570여년 동안 지속적으로 제작되고 봉헌되었다.	
국채보상운동 기록물	2017	1900년대 초 국채보상운동 전개 당시 만들어졌던 각종 기록물들을 총체적으로 분류, 총집편한 것으로, 국채보상운동 100주년 기념 자료집을 통해 모은 8,000여종의 한국의 문적 자료 중 엄선된 2,475건의 기록물이다. 자국을 구하고자 전 국민의 약 25%가 자발적으로 외채를 갚아 국민으로서 책임을 다하려 한 전국민적 기부운동을 벌이자, 중국・멕시코・베트남 등도 한국의 국채보상운동을 보고 유사한 방식으로 국채보상운동을 벌였다.	
조선통신사 기록물	2017	조선통신사 기록물은 17세기부터 19세기 동안 이루어진 한・일간 평화구축과 문화교류의 역사로서 단순히 전쟁의 재발방지를 넘어 신뢰를 기반으로 한 조선과 일본의 평화와 우호를 상징하는 기록물이다. 2017년 한국의 부산문화재단과 일본의 조선통신사 연지연락협의회가 주도하여 조선 통신사와 관련된 기록 및 회화 등 양국이 합하여 총 111건 333점이 등재되어 있다.	일본 공동 등재
조선시대 금속활자	2023	금속활자 인쇄술 발달 자료	
총건수		18건	

3. 한국의 유네스코 세계무형문화유산

세계무형유산명	등재연도	내용과 가치	비고
종묘제례 및 종묘제례악	2001	조선왕실 제사와 음악	
판소리	2003	소리꾼과 고수가 함께하는 전통 성악극	
강릉단오제	2005	단오절(음력 5월 5일) 전통축제	
강강술래	2009	여성들이 둥글게 돌며 부르는 노래를 중심으로 한 전통놀이	
남사당놀이	2009	유랑 예인 집단의 전통 공연	
영산재	2009	불교의식으로 영혼을 천도를 위한 의례	
제주칠머리당 영동굿	2009	제주도 해녀들의 풍어제	
처용무	2009	처용설화를 바탕으로 한 궁중무용	
가곡	2010	조선시대 문인들이 즐긴 성악곡	
대목장 (전통목조건축)	2010	한옥 및 궁궐 건축 기술	
매사냥	2010	매를 이용한 전통 수렵법	
줄타기	2011	곡예와 익살스러운 대화가 함께하는 놀이	
택견	2011	한국 전통 무예, 발을 이용한 공격 기술	
한산모시짜기	2011	전통적인 모시 제작기술	
아리랑	2012	한국을 대표하는 민요	
김장문화	2013	공동체 중심의 김치담그기 전통	
농악	2014	흥겨운 장단과 함께하는 농민들의 풍물놀이	
줄다리기	2015	마을단위로 협력하는 공동체 놀이	
제주해녀문화	2016	바다에서 물질하는 여성중심의 생업문화	
씨름	2018	한국 전통레슬링	
연등회	2020	부처님 오신날을 기념하는 전통 등 축제	
탈춤	2022	가면을 쓰고 행하는 풍자와 해학이 담긴 전통춤	